庫

暇と退屈の倫理学

國分功一郎著

新 潮 社 版

11547

増補新版のためのまえがき

我々は妥協を重ねながら生きている。

何かやりたいことをあきらめたり、何かやるべきことから眼を背《そむ》けているだけではない。

どういうことなのか。なぜこうなってしまうのか。何か違う、いや、そうじゃないんだ……。そのように感じられる何ごとかについて、「まぁ、いいか」と自分に言い聞かせながら、あるいはむしろ、自分にそう言い聞かせるよう心がけながら生きている。

この本は、そうした妥協に抗《あらが》いながら書かれた。自分が感じてきた、曖昧《あいまい》な、ボンヤリとした何かに姿形を与えるには、それが必要だった。

もちろん、妥協に抗うことは楽ではない。けれども、大きな慰《なぐさ》めもあった。自分が相手にしている何かは、実は多くの人に共有されている問題であること、それどころか、人類にとってのこの一万年来の問題であることが分かってきたからである。

その問題は「暇と退屈」という言葉で総称されている。本書は、暇と退屈の問題への取り組みの記録である。問題は解決したわけではない。それどころか、いくつもの問いが残されたままである。そこでこの新版には、残された問いを論じた試論、「傷と運命──『暇と退屈の倫理学』増補新版によせて」が収録されている。

本書は哲学の本であるが、哲学を勉強したことがない人でも、自分の疑問と向き合おう、自分で考えようという気持ちさえもっていれば、最後まできちんと読み通せる本として書かれている。実際、初版発行以来、実に多くの方がこの本を通読してくださった。

本書が哲学の本であるとは、それがある問題を扱っていることを意味する。哲学とは、問題を発見し、それに対応するための概念を作り出す営みである。過去の哲学者たちも、各々《おのおの》が各々の問題を発見し、それに対応するべく新しい概念を作り出してきた。本書もまた新しい概念の創造を試みている。

人の生は確かに妥協を重ねる他ない。だが、時に人は妥協に抗おうとする。哲学はその際、重要な拠点《きょてん》となる。問題が何であり、どんな概念が必要なのかを理解することは、人を、「まぁ、いいか」から遠ざけるからである。

筆者は本書を執筆する中で、哲学をそのようなものとして体験した。本書を読むことが読者の皆さんにそのような体験をもたらすことを心から期待している。

二〇一五年二月　國分功一郎

暇と退屈の倫理学　目次

暇と退屈の倫理学

だからもろもろの物を利用してそれをできるかぎり楽しむことは賢者にふさわしい。たしかに、味のよい食物および飲料をほどよくとることによって、さらにまた、芳香、緑なす植物の快い美、装飾、音楽、運動競技、演劇、そのほか他人を害することなしに各人の利用しうるこの種の事柄によって、自らを爽快《そうかい》にし元気づけることは賢者にふさわしいのである。

——スピノザ『エチカ』

まえがき

数年前のこと。

俺は歌舞伎町《かぶきちょう》が好きなフランス人の友人といっしょにあの界隈《かいわい》をぶらついていた。入る店がなくて一時間ぐらいはぶらついていただろうか。

同じ客引きに二度も会った。すこし苦労の跡が見える、やさしい表情をした太めの若い男は、「どんな店をお探しなんですか？」と親切に尋ねてきた。ゆっくり飲んで話ができる店を探していただけだったので、すこし立ち話をして彼とは別れた。

歩きすぎて疲れた。仕方なくバーに入った。

テレビではイギリスのサッカーを放映していた。どうやらスポーツバーというものらしい。

ビールを飲み始めたのだが、テレビの方から何やらうるさい声が聞こえてきた。メガネをかけた短髪の男がサッカーの試合を見て騒いでいたのだった。俺よりもすこし年上だろうか。

彼はサッカーの試合の成り行きに一喜一憂しながら、大声を上げている。シュートが外れれば大きな声で落胆し、選手がドリブルで進めば大きな声で歓声を上げた。

不思議だったのは彼が楽しんでいるようには見えないことだった。彼の声は明らかに周囲にいる人たちに向けられていた。それは何というか、自分を見て欲しいとの思いが込められた声だった。自分はサッカーの試合に熱中している、と、彼は全力で周囲に訴えかけている、そんな風に見えた。

俺はそのことを友人に伝えられなかった。そう感じたのは俺の感覚にすぎない。それは証明できることではないし、そもそものときにはその感覚はうまく言葉にならなかった。

もう一五年前のことだ。

俺はある財団から留学のための奨学金を得て、フランスのストラスブールに留学しようと準備を進めていた。

周囲にそのような経験のある人はいなかったので、まったくの手探りだった。向こうの大学から提出をもとめられた書類がいったい何を指しているのか、それすらも分からない状態でひどく困っていた。

そんななか、留学に役立つ情報を集めたセンターがあると耳にした。俺は藁《わら》にもすがる気持ちでそこに行くことにした。

詳しいことは覚えていないのだが、海外の大学のパンフレットなどがたくさんそろっていたように思う。

そもそもどういう学部に行けばよいのかすら分からない。自分ではなんとなく哲学とか思想とか、そういった分野に関心があるのだろうと思っていたが、政治学科出身の自分が哲学科に行ってやっていけるのか、ほとほと自信がなかった。

パンフレットをぱらぱらと眺めていた。たいして役には立たない。ため息をついただろうか。目の前のものから気が逸《そ》れた。すると向こうのカウンターから話し声が聞こえてきた。センターでは確か予約制で留学相談を行っていた。おそらくその話だろうと思い、座ったままでぼんやりと相談話を聞いていた。

手前にいる女性は俺と同い年ぐらいの女子学生だろうか。その女子学生がカウンターの向こうにいる女性の相談員に話をしていた。相談員はどうもひどく困っている様子だった。

美術に関心があるということをその女子学生は相談員に伝えたようである。しかし、美大に行っているわけではないし、美術のことを何か自分で勉強したわけでもないようだ。特にだれが好きというわけでもないらしい。ただ「美術に関心がある」のである。

相談員はしきりに「もう決められた相談時間を過ぎましたので……」と女子学生に伝えていた。しかし次の相談相手が遅刻して来ないので、仕方なく相談を続けていた。覚えているのは、女子学生がほとんど何もしゃべらないことだった。何もしゃべらないのに執拗《しつよう》に相談をもとめているのが不思議だった。彼女はそれほどまでに執拗に、いったい何をもとめていたのだろうか。

やっと相談が終わった。というより相談員が無理矢理終わらせたという感じだった。相談員はこういう時間延長は例外的なことですからと何度も何度も女子学生に言っていた。彼女は晴れた表情を見せるでもなく、落胆するでもなく、首を動かさずに立ち上がり、首を動かさずに歩いて去っていった。

俺はストラスブール大学の哲学科に一年間留学したあと、帰国して修士論文を書いた。そして博士課程に入ってから今度はパリに留学した。二〇〇〇年のことである。パリにいる間、とある日本のテレビ番組のことを耳にした。高度経済成長期に様々な困難な仕事に携わった無名のリーダーやそれを支えた人たちを取り上げたこの番組は、当時、中高年男性から熱狂的な支持を受けていた。

留学中も何度か一時帰国することがあった。その時に実際に番組を見た。多くの中高年男性が支持する理由がよく分かった。そして俺自身も胸を熱くしながら物語を見ていた。

だが、その番組の主題歌に、なぜか違和感があった。それは、たたえられるべき仕事をしながらも、誰の目にもとまらずに消えていった人たちのことを歌っていた。歌い手のことはむしろ好きだった。ファンだった。しかし、なぜかその歌と、その歌の使い方は気に入らなかった。その時はその理由が分からなかった。

留学を終えて帰ってきた年のことだったと思う。その番組の特番が放送されていた。そこでこんなシーンが流れた。企業を定年退職した六〇代の男性たちが必死にその歌をコーラスで歌っていたのだった。

俺は悲しくなった。そして、あの歌が、あの歌のあの使い方が、なぜいやだったのかが分かった気がした。

俺はこの本を書きながら、これまでに出会ってきた、いや、すれ違ってきた多くの人たちのことを思い起こしていた。俺が彼らのことをこんなにも鮮明に記憶しているのは、間違いなく、自分は彼らにどこか似ていると思ったからだ。

この本は俺が自分の悩みに答えを出すために書いたものである。自分が考えてきた道がいかなるものであるかを示し、自分が出した答えをいわば一枚の画として描き、読者のみなさんに判断してもらってその意見を知りたいのである。

そのことを記して、この本を開始する。

序章
「好きなこと」とは何か？

人類の歴史のなかにはさまざまな対立があり、それが数えきれぬほどの悲劇を生み出してきた。だが、人類が豊かさを目指して努力してきたことは事実として認めてよいものと思われる。人々は社会のなかにある不正や不便と闘ってきたが、それは社会をよりよいものにしようと、少なくとも建前としてはそう思ってきたからだ。

しかし、ここに不可解な逆説が現れる。人類が目指してきたはずの豊かさ、それが達成されると逆に人が不幸になってしまうという逆説である。

イギリスの哲学者バートランド・ラッセル［1872-1970］は、一九三〇年に『幸福論』という書物を出版し、そのなかでこんなことを述べた。いまの西欧諸国の若者たちは自分の才能を発揮する機会が得られないために不幸に陥りがちである。それに対し、東洋諸国ではそういうことはない。また共産主義革命が進行中のロシアでは、若者は世界中のどこよりも幸せであろう。なぜならそこには創造するべき新世界があるから……。[1]

ラッセルが言っているのは簡単なことである。

二〇世紀初頭のヨーロッパでは、すでに多くのことが成し遂げられていた。これから若者たちが苦労してつくり上げねばならない新世界などもはや存在しないように思われた。したがって若者にはあまりやることがない。だから彼らは不幸である。

それに対しロシアや東洋諸国では、まだこれから新しい社会を作っていかねばならないから、若者たちが立ち上がって努力すべき課題が残されている。だからそこでは若者たちは幸福である。

彼の言うことは分からないではない。使命感に燃えて何かの仕事に打ち込むことはすばらしい。ならば、そのようなすばらしい状況にある人は「幸福」であろう。逆に、そうしたすばらしい状況にいない人々、打ち込むべき仕事をもたぬ人々は「不幸」であるのかもしれない。

しかし、何かおかしくないだろうか？　本当にそれでいいのだろうか？

ある社会的な不正を正そうと人が立ち上がるのは、その社会をよりよいものに、より豊かなものにするためだ。ならば、社会が実際にそうなったのなら、人は喜ばねばならないはずだ。なのに、ラッセルによればそうではないのだ。人々の努力によって社会がよりよく、より豊かになると、人はやることがなくなって不幸になるというのだ。

もしラッセルの言うことが正しいのなら、これはなんとばかばかしいことであろうか。人々は社会をより豊かなものにしようと努力してきた。なのにそれが実現したら人は逆に不幸になる。それだったら、社会をより豊かなものにしようと努力する必要などない。社会的不正などそのままにしておけばいい。豊かさなど目指さず、惨《みじ》めな生活を続けさせておけばいい。なぜと言って、不正をただそうとする営みが実現を見たら、結局人々は不幸になるというのだから。

なぜこんなことになってしまうのだろうか？　何かおかしいのではないか？

そう、ラッセルの述べていることは分からないではない。だが、やはり何かおかしい。そして、これをさも当然であるかのごとくに語るラッセルも、やはりどこかおかしいのである。

ラッセルが主張したように、打ち込むべき仕事を外から与えられない人間は不幸であると主張するなら、この事態はもうどうにもできないことになる。やはり私たちはここで、「何かがおかしい」と思うべきなのだ。

人類は豊かさを目指してきた。なのになぜその豊かさを喜べないのか？　以下に続く考察はすべてこの単純な問いを巡って展開されることとなる。

*

人間が豊かさを喜べないのはなぜなのだろうか? 豊かさについてごく簡単に考察してみよう。

国や社会が豊かになれば、そこに生きる人たちには余裕がうまれる。その余裕にはすくなくとも二つの意味がある。

一つ目はもちろん金銭的な余裕だ。人は生きていくのに必要な分を超えた量の金銭を手に入れる。稼いだ金銭をすべて生存のために使い切ることはなくなるだろう。

もう一つは時間的な余裕である。社会が富んでいくと、人は生きていくための労働にすべての時間を割く必要がなくなる。そして、何もしなくてもよい時間、すなわち暇を得る。

では、続いてこんな風に考えてみよう。富んだ国の人たちはその余裕を何に使ってきたのだろうか? そして何に使っているのだろうか?

「富むまでは願いつつもかなわなかった自分の好きなことをしている」という答えが返ってきそうである。たしかにそうだ。金銭的・時間的な余裕がない生活というのは、あらゆる活動が生存のために行われる、そういった生活のことだろう。生存に役立つ以外のことはほとんどできない。ならば、余裕のある生活が送れるようになった人たちは、その余裕を使って、それまでは願いつつもかなわなかった何か好きなことをしている、と、そのように考えるのは当然だ。

ならば今度はこんな風に問うてみよう。その「好きなこと」とは何か？　やりたくてもできなかったこととはいったい何だったのか？　いまそれなりに余裕のある国・社会に生きている人たちは、その余裕を使って何をしているのだろうか？

こう問うてみると、これまでのようにはすんなりと答えが出てこなくなる。もちろん、「好きなこと」なのだから個人差があるだろうが、いったいどれだけの人が自分の「好きなこと」を断定できるだろうか？

土曜日にテレビをつけると、次の日の日曜日に時間的・金銭的余裕をつぎ込んでもらうための娯楽の類《たぐい》を宣伝する番組が放送されている。その番組を見て、番組が勧める場所に行って、金銭と時間を消費する。さて、そうする人々は、「好きなこと」をしているのか？　それは「願いつつもかなわなかった」ことなのか？

「好きなこと」という表現から、「趣味」という言葉を思いつく人も多いだろう。趣味とは何だろう？　辞書によれば、趣味はそもそもは「どういうものに美しさやおもしろさを感じるかという、その人の感覚のあり方」（強調は引用者）を意味していた（『大辞泉』）。これが転じて、「個人が楽しみとしている事柄」を指すようになった。ところがいまでは「趣味」をカタログ化して選ばせ、そのために必要な道具を提供する企業がある。テレビCMでは、子育てを終え、亭主も家にいる、そんな年齢の主婦を演じる女優が、「でも、趣味ってお金がかかるわよね」とつぶやく。すると間髪を容《い》れず、「そんなことはありません！」とナレーションが入る。カタログから「趣味」を選んでもらえれば、必要な道具が安くすぐに手に入ると宣伝する。

　さて、カタログからそんな「その人の感覚のあり方」を選ぶとはいったいどういうことなのか？

＊

　最近他界した経済学者ジョン・ガルブレイス［1908-2006］は、二〇世紀半ば、一九五八年に著した『ゆたかな社会』でこんなことを述べている。

　現代人は自分が何をしたいのかを自分で意識することができなくなってしまっている。広告やセールスマンの言葉によって組み立てられてはじめて自分の欲望がはっきりするのだ。自分が欲しいものが何であるのかを広告屋に教えてもらうというこのような事態は、一九世紀の初めなら思いもよらぬことであったに違いない。[2]

　経済は消費者の需要によって動いているし動くべきであるとする「消費者主権」という考えが長く経済学を支配していたがために、自分の考えは経済学者たちから強い抵抗にあったとガルブレイスは述べている。[3] つまり、消費者が何かを必要としているという事実（需要）が最初にあり、それを生産者が感知してモノを生産する（供給）、これこそが経済の基礎であると考えられていたというわけだ。

ガルブレイスによれば、そんなものは経済学者の思い込みにすぎない。だからこう指摘したのである。高度消費社会——彼の言う「ゆたかな社会」——においては、供給が需要に先行している。いや、それどころか、供給側が需要を操作している。つまり、生産者が消費者に「あなたが欲しいのはこれなんですよ」と語りかけ、それを買わせるようにしている、と。

いまとなってはガルブレイスの主張はだれの目にも明らかである。消費者のなかで欲望が自由に決定されるなどとはだれも信じてはいない。欲望は生産に依存する。生産は生産によって満たされるべき欲望を作り出す。[4]

ならば、「好きなこと」が、消費者のなかで自由に決定された欲望にもとづいているなどとは到底言えない。私たちの「好きなこと」は、生産者が生産者の都合のよいように、広告やその他手段によって作り出されているかもしれない。もしそうでなかったら、どうして日曜日にやることを土曜日にテレビで教えてもらったりするだろうか？　どうして趣味をカタログから選び出したりするだろうか？

こう言ってもいいだろう。「ゆたかな社会」、すなわち、余裕のある社会においては、たしかにその余裕は余裕を獲得した人々の「好きなこと」のために使われている。しかし、その「好きなこと」とは、願いつつもかなわなかったことではない。問題はこうなる。そもそも私たちは、余裕を得た暁《あかつき》にかなえたい何かなどもっていたのか？

＊

すこし視野を広げてみよう。

二〇世紀の資本主義の特徴の一つは、文化産業と呼ばれる領域の巨大化にある。二〇世紀の資本主義は新しい経済活動の領域として文化を発見した。

もちろん文化や芸術はそれまでも経済と切り離せないものだった。芸術家だって霞《かすみ》を食って生きているわけではないのだから、貴族から依頼を受けて肖像画を描いたり、曲を作ったりしていた。芸術が経済から特別に独立していたということはない。

けれども二〇世紀には、広く文化という領域が大衆に向かって開かれるとともに、大衆向けの作品を操作的に作り出して大量に消費させ利益を得るという手法が確立された。そうした手法にもとづいて利益をあげる産業を文化産業と呼ぶ。

文化産業については厖大《ぼうだい》な研究があるが、そのなかでも最も有名なものの一つが、マックス・ホルクハイマー［1895-1973］とテオドール・アドルノ［1903-1969］が一九四七年に書いた『啓蒙《けいもう》の弁証法』[5]である。

アドルノとホルクハイマーはこんなことを述べている。文化産業が支配的な現代においては、消費者の感性そのものがあらかじめ製作プロダクションのうちに先取りされている。[6]

どういうことだろうか？　彼らは哲学者なので、哲学的な概念を用いてこのことを説明している。すこし嚙《か》み砕いて説明してみよう。

彼らが利用するのは、一八世紀ドイツの哲学者イマヌエル・カント［1724-1804］の哲学だ。カントは人間が行う認識という仕組みがどうして可能であるのかを考えた。どうやって人間は世界を認識しているのか？　人間はあらかじめいくつかの概念をもっている、というのがカントの考えだった。人間は世界をそのまま受け取っているのではなくて、あらかじめもっていた何らかの型（概念）にあてはめてそれを理解しているというわけだ。

たとえば、たき火に近づけば熱いと感じる。このとき人は、「炎は熱いから、それに近づくと熱いのだ」という認識を得るだろう。この「から」にあたるのが、人間があらかじめもっている型（概念）だ。この場合には、原因と結果を結びつける因果関係という概念である。因果関係という型があらかじめ頭のなかにあるからこそ、人は「炎は熱いから、それに近づくと熱いのだ」という認識を得られる。

もしもこの概念がなければ、たき火が燃えているという知覚と、熱いという感覚とを結びつけることができない。単に、「ああ、たき火が燃えているなぁ」という知覚と、「ああ、なんか顔が熱いなぁ」という感覚があるだけだ。

人間は世界を受け取るだけではない。それらを自分なりの型にあてはめて、主体的にまとめ上げる。一八世紀の哲学者カントはそのように考えた。そして、人間にはそのような主体性が当然期待できるのだと、カントはそう考えていた。

アドルノとホルクハイマーが言っているのは、カントが当然と思っていたこのことが、いまや当然ではなくなったということだ。人間に期待されていた主体性は、人間によってではなく、産業によってあらかじめ準備されるようになった。産業は主体が何をどう受け取るのかを先取りし、あらかじめ受け取られ方の決められたものを主体に差し出している。

もちろん熱いモノを熱いと感じさせないことはできない。白いモノを黒に見せることもできない。当然だ。だが、それが熱いとか白いとかではなくて、「楽しい」だったらどうだろう？　「これが楽しいってことなのですよ」というイメージとともに、「楽しいもの」を提供する。たとえばテレビで、ある娯楽を「楽しむ」タレントの映像を流す。その翌日、視聴者に金銭と時間を使い、その娯楽を「楽しんで」もらう。私たちはそうして自分の「好きなこと」を獲得し、お金と時間を使い、それを提供している産業が利益を得る。

＊

「好きなこと」はもはや願いつつもかなわなかったことではない。それどころか、そんな願いがあったかどうかも疑わしい。願いをかなえる余裕を手にした人々が、今度は文化産業に「好きなこと」を与えてもらっているのだから。

ならば、どうしたらいいのだろうか？

いまアドルノとホルクハイマーを通じて説明した問題というのはけっして目新しいものではない。それどころか、大衆社会を分析した社会学の本には必ず書かれているであろう月並みなテーマだ。だが本書は、この月並みなテーマを取り上げたいのである。

資本主義の全面展開によって、少なくとも先進国の人々は裕福になった。そして暇を得た。だが、暇を得た人々は、その暇をどう使ってよいのか分からない。何が楽しいのか分からない。自分の好きなことが何なのか分からない。

　そこに資本主義がつけ込む。文化産業が、既成の楽しみ、産業に都合のよい楽しみを人々に提供する。かつては労働者の労働力が搾取《さくしゅ》されていると盛んに言われた。いまでは、むしろ労働者の暇が搾取されている。高度情報化社会という言葉が死語となるほどに情報化が進み、インターネットが普及した現在、この暇の搾取は資本主義を牽引《けんいん》する大きな力である。

　なぜ暇は搾取されるのだろうか？　それは人が退屈することを嫌うからである。人は暇を得たが、暇を何に使えばよいのか分からない。このままでは暇のなかで退屈してしまう。だから、与えられた楽しみ、準備・用意された快楽に身を委《ゆだ》ね、安心を得る。では、どうすればよいのだろうか？　なぜ人は暇のなかで退屈してしまうのだろうか？　そもそも退屈とは何か？

　こうして、暇のなかでいかに生きるべきか、退屈とどう向き合うべきかという問いがあらわれる。〈暇と退屈の倫理学〉が問いたいのはこの問いである。

＊

〈暇と退屈の倫理学〉の試みはけっして孤独な試みではない。同じような問いを発した思想家がかつて存在した。時は一九世紀後半。イギリスの社会主義者、ウィリアム・モリス〔1834-1896〕がその人だ。

モリスはイギリスに社会主義を導入した最初期の思想家の一人である。当時の社会主義者・共産主義者たちは、どうやって革命を起こそうかと考えていた。いまでは想像もできないかもしれないが、彼らにとって社会主義革命・共産主義革命はまったくもって現実的なことだった。そして実際に二〇世紀初頭にはロシアで革命が起こるのである。

さて、モリスが実におもしろいのは、社会主義者であるにもかかわらず、革命志向の他の社会主義者たちとはすこし考えが違うことだ。彼らはどうやって革命を起こそうかと考えている。いつ、どうやって、労働者たちと蜂起《ほうき》するか？　それで頭のなかは一杯だ。

それに対しモリスは、もしかしたら明日革命が起こってしまうかもしれないと言う。そして、革命が起こってしまったらその後どうしよう、と考えているのである。

一八七九年の講演「民衆の芸術」で、モリスはこんなことを述べている。

革命は夜の盗人のように突然やってくる。私たちが気づかぬうちにやってくる。では、それが実際にやってきて、さらには民衆によって歓迎されたとしよう。そのときに私たちは何をするのか？　これまで人類は痛ましい労働に耐えてきた。ならばそれが変わろうとするとき、日々の労働以外の何に向かうのか？[7]

そう、何に向かうのだろう？　余裕を得た社会、暇を得た社会でいったい私たちは日々の労働以外のどこに向かっていくのだろう？

モリスは社会主義革命の到来後の社会について考えていた。二〇世紀末、社会主義・共産主義体制は完全に破綻《はたん》したが、それはモリスの問いかけをいささかもおとしめはしない。むしろいまこそ、この問いかけは心に響く。「豊かな社会」を手に入れたいま、私たちは日々の労働以外の何に向かっているのか？　結局、文化産業が提供してくれた「楽しみ」に向かっているだけではないのか？

*

モリスはこの問いにこう答えた。

革命が到来すれば、私たちは自由と暇を得る。そのときに大切なのは、その生活をどうやって飾るかだ、と。

なんとすてきな答えだろう。モリスは暇を得た後、その暇な生活を飾ることについて考えるのである。

いまでも消費社会の提供する贅沢品《ぜいたくひん》が生活を覆《おお》っていると考える人もいるだろう。「ゆたかな社会」を生きる人間は生活を飾る贅沢品を手に入れた、と。

実はそれこそモリスがなんとかしようとしていた問題であった。モリスは経済発展を続けるイギリス社会にあって、そこに生きる人々の生活がすこしも飾られていないことに強い不満を抱いていたのである。

当時のイギリス社会では産業革命によってもたらされた大量生産品が生活を圧倒していた。どこに行っても同じようなもの、同じようなガラクタ。モリスはそうした製品が民衆の生活を覆うことにガマンならなかった。講演のタイトルになっている「民衆の芸術」とは、芸術を特権階級から解放し、民衆の生活のなかにそれを組み込まねばならないという意志をあらわしたものだ。

つまり、モリスは消費社会が提供するような贅沢とは違う贅沢について考えていたのである。

モリスは実際にアーツ・アンド・クラフツ運動という活動を始める。彼はもともとデザイナーだった。友人たちと会社を興《おこ》し、生活に根ざした芸術品を提供すること、日常的に用いる品々に芸術的な価値を担《にな》わせることを目指したのだった。人々が暇な時間のなかで自分の生活を芸術的に飾ることのできる社会、それこそがモリスの考える「ゆたかな社会」であり、余裕を得た社会に他ならなかったのだ。[8]

モリスが作り出した工芸品は金持ちの嗜好品《しこうひん》になってしまい、すこしも民衆のなかに芸術が入り込むための手伝いにはならなかったという批判もある。この批判は間違ってはいない。だが、モリスの考える方向は私たちに大きなヒントを与えてくれるだろう。

かつてイエスは「人はパンのみにて生きるにあらず」と言った。

吉本隆明はこの言葉を解釈して、人はパンだけで生きるのではないが、しかしパンがなければ生きられないことをイエスは認めたのだと言った。[9]

モリスの思想を発展させれば次のように言えるのではないだろうか。

——人はパンがなければ生きていけない。しかし、パンだけで生きるべきでもない。私たちはパンだけでなく、バラももとめよう。生きることはバラで飾られねばならない。

*

もう一つ、重要な論点を付け加えておこう。

文化産業はあらかじめ受け取られ方の決められた楽しみを、産業に都合のよいように人々に与え続けるのだと言った。私たちはそれを受け取り、「楽しむ」。

だが、人間はそれほどバカではない。何か違う、これは本当じゃない、ホンモノじゃないという気持ちをもつものだ。楽しいことはある。自分は楽しんでいるのだろう。だが何かおかしい。打ち込めない……。

アレンカ・ジュパンチッチ［1966-］という哲学者が、大変興味深く、そして、大変恐ろしいことを述べている。すこし言葉を足しながら紹介しよう。

近代はさまざまな価値観を相対化してきた。これまで信じられてきたこの価値もあの価値も、どれも実は根拠薄弱であっていくらでも疑い得る、と。

その果てにどうなったか？　近代はこれまで信じられてきた価値に代わって、「生命ほど尊いものはない」という原理しか提出できなかった。この原理は正しい。しかし、それはあまりに「正しい」が故《ゆえ》にだれも反論できない、そのような原理にすぎない。それは人を奮い立たせない。人を突き動かさない。そのため、国家や民族といった「伝統的」な価値への回帰が魅力をもつようになってしまった。

だが、それだけではない。人は自分を奮い立たせるもの、自分を突き動かしてくれる力を欲する。なのに、世間で通用している原理にはそんな力はない。だから、突き動かされている人間をうらやましく思うようになる。たとえば、大義のために死ぬことを望む過激派や狂信者たち。人々は彼らを、恐ろしくもうらやましいと思うようになっている。[10]

自分はいてもいなくてもいいものとしか思えない。何かに打ち込みたい。自分の命を賭《か》けてまでも達成したいと思える重大な使命に身を投じたい。なのに、そんな使命はどこにも見あたらない。だから、大義のためなら、命を捧《ささ》げることすら惜しまない者たちがうらやましい。

だれもそのことを認めはしない。しかし心の底でそのような気持ちに気づいている。

筆者の知る限りでは、この衝撃的な指摘をまともに受け止めた論者はいない。ジュパンチッチの本は二〇〇〇年に出ている。出版が一年遅れていたら、このままの記述では出版が許されなかったかもしれない。そう、二〇〇一年には例の「テロ事件」があったからだ。[11]

ジュパンチッチは鋭い。だが、私たちは〈暇と退屈の倫理学〉の観点から、もう一つの要素をここに付け加えることができるだろう。大義のために死ぬのをうらやましいと思えるのは、暇と退屈に悩まされている人間だということである。食べることに必死の人間は、大義に身を捧げる人間に憧《あこが》れたりしない。

生きているという感覚の欠如、生きていることの意味の不在、何をしてもいいが何もすることがないという欠落感、そうしたなかに生きているとき、人は「打ち込む」こと、「没頭する」ことを渇望《かつぼう》する。大義のために死ぬとは、この羨望《せんぼう》の先にある極限の形態である。〈暇と退屈の倫理学〉は、この羨望にも答えなければならない。

＊

本書の構成について簡単に述べておきたい。

最初の第一章では、暇と退屈というこの本の主題の出発点となる考えを練り上げる。暇と退屈がいかなる問題を構成しているのかが明らかにされるだろう。

第二章から第四章までは主に歴史的な見地から暇と退屈の問題を扱っている。第二章はある人類学的な仮説をもとに有史以前について論じる。問題となるのは退屈の起源である。第三章は歴史上の暇と退屈を、主に経済史的な観点から検討し、暇が有していた逆説的な地位に注目しながら、暇だけでなく余暇にまで考察を広める。第四章では消費社会の問題を取り上げ、現代の暇と退屈を論じる。

第五章から第七章では哲学的に暇と退屈の問題を扱う。第五章ではハイデッガーの退屈論を紹介する。第六章ではハイデッガーの退屈論を批判的に考察するためのヒントを生物学のなかに探っていく。第七章ではそこまでに得られた知見をもとに、実際に〈暇と退屈の倫理学〉を構想する。

本書は一息に通読されることを目指して書かれており、寄り道となるような議論、込み入った議論、引用文などは、そのほとんどを注のなかに記してある。さしあたって、注は読まなくてよい。より詳しく知りたいと思われた方は、後で注を参照して理解を深めていただきたい。なお、邦訳のある外国語文献については、既訳を最大限に活用させていただいたが、適宜原書を参照し、訳文に手を加えた場合があることをお断りしておきたい。

第一章

暇と退屈の原理論

――ウサギ狩りに行く人は本当は何が欲しいのか？

原理というのは、すべての議論の出発点となる考えのことである。暇と退屈の原理論と題された本章では、暇と退屈を考えていくための出発点を追求しようと思う。

ではどこにそれをもとめようか？　どんなテーマについても、たいていそれを論じている人がいる。そうした先駆者の考えを参考にできれば効率がいい。ここでもそのようなやり方をとることにしよう。

暇と退屈を考察した人物として本書が最初に取り上げたいのは、一七世紀のフランスの思想家、ブレーズ・パスカル［1623-1662］の議論である。

近年書かれた退屈論に、ノルウェーの哲学者ラース・スヴェンセン［1970-］の『退屈の小さな哲学』がある。これは大変優れた書物であり、本書でもこのあと参照することになるのだが、そのスヴェンセンが「退屈についての最初の偉大な理論家」と述べたのがパスカルである。彼は、パスカルの分析は一七世紀に書かれたものとは思えないほど現代的であるとも言っている[1]。

読んでみれば分かるが、パスカルの分析は本当に見事である。あまりにも見事であるがゆえに、読んでいてすこし腹が立つほどなのだ。いったいどういうことなのか？

実際にパスカルの分析を見ていこう。

パスカルという人

改めて述べれば、パスカルは一七世紀フランスの思想家である。一六歳のときに「円錐《えんすい》曲線試論」を発表した早熟の天才数学者であり、また、二度の「回心」を経て信仰に身を捧《ささ》げることを決意した宗教思想家でもある。

とはいえ、彼の名を世間に知らしめているのは、何よりも『パンセ』というその著作、そしてまたそのなかにある「考える葦《あし》」という有名な一節だろう。パスカルについては何も知らなくとも、「考える葦」という言葉を耳にしたことのある人は多いのではないか。「人間はひとくきの葦にすぎない。自然のなかで最も弱いものである。だが、それは考える葦である」[2]。

この一節だけを読むと、パスカルはずいぶんとヒューマニスティックな思想家のように思われるかもしれない。人間の力を信じる、心熱く、優しい人物と思われるのではないだろうか。

実際に『パンセ』をひもとくと、そういうイメージは吹き飛ぶ。パスカルは相当な皮肉屋である。彼には世間をバカにしているところがある。そしておそらく、それが最もよくあらわれているのが、本書が暇と退屈についての考察の出発点にしたいと考えている、「気晴らし《ディヴェルティッスマン》」についての分析である。

人間の不幸の原因

退屈と気晴らしについて考察するパスカルの出発点にあるのは次の考えだ。

人間の不幸などというものは、どれも人間が部屋にじっとしていられないがために起こる。部屋でじっとしていればいいのに、そうできない。そのためにわざわざ自分で不幸を招いている。

パスカルはこう考えているのだ。生きるために十分な食い扶持《ぶち》をもっている人なら、それで満足していればいい。でもおろかなる人間は、それに満足して部屋でゆっくりしていることができない。だからわざわざ社交に出かけてストレスをため、賭《か》け事に興じてカネを失う。

それだけならまだましだが、人間の不幸はそれどころではない。十分な財産をもっている人は、わざわざ高い金を払って軍職を買い、海や要塞《ようさい》の包囲線に出かけていって身を危険にさらす（パスカルの時代には、軍のポストや裁判官のポストなどが売り買いされていた）。もちろん命を落とすことだってある。なぜわざわざそんなことをするのかと言えば、部屋でじっとしていられないからである。[3]

部屋でじっとしていられないとはつまり、部屋に一人でいるとやることがなくてそわそわするということ、それにガマンがならないということ、つまり、退屈するということだ。たったそれだけのことが、パスカルによれば人間のすべての不幸の源泉なのだ。

彼はそうした人間の運命を「みじめ《ミゼール》」と呼んでいる。「部屋にじっとしていられないから」という実につまらない理由で不幸を招いているのだとしたら、たしかに人間はこの上なく「みじめ」だ。

ウサギ狩りにいく人はウサギが欲しいのではない

話を進めよう。ここからがパスカルの分析のおもしろいところだ。

人間は退屈に耐えられないから気晴らしをもとめる。賭け事をしたり、戦争をしたり、名誉ある職をもとめたりする。それだけならまだ分かる。しかし人間のみじめはそこでは終わらない。

おろかなる人間は、退屈にたえられないから気晴らしをもとめているにすぎないというのに、自分が追いもとめるもののなかに本当に幸福があると思い込んでいる、とパスカルは言うのである。

どういうことだろうか？　パスカルがあげる狩りの例を通して見てみよう。[4]

狩りというのはなかなか大変なものである。重い装備をもって、一日中、山を歩き回らねばならない。お目当ての獲物《えもの》にすぐに出会えるとも限らない。うまいこと獲物が見つかれば、躍起になって追いかける。そのあげく、捕れた捕れなかったで一喜一憂する。

そんな狩りに興じる人たちについてパスカルはこんな意地悪なことを考える。ウサギ狩りに行く人がいたらこうしてみなさい。「ウサギ狩りに行くのかい？　それなら、これやるよ」。そう言って、ウサギを手渡すのだ。

さて、どうなるだろうか？

その人はイヤな顔をするに違いない。

なぜウサギ狩りに行こうとする人は、お目当てのウサギを手に入れたというのに、イヤな顔をするのだろうか？

答えは簡単だ。ウサギ狩りに行く人はウサギが欲しいのではないからだ。

狩りとは何か? パスカルはこう言う。狩りとは買ったりもらったりしたのでは欲しくもないウサギを追いかけて一日中駆けずり回ることである。人は獲物が欲しいのではない。退屈から逃れたいから、気晴らしをしたいから、ひいては、みじめな人間の運命から眼をそらしたいから、狩りに行くのである。

狩りをする人が欲しているのは、「不幸な状態から自分たちの思いをそらし、気を紛らせてくれる騒ぎ」[5]に他ならない。だというのに、人間ときたら、獲物を手に入れることに本当に幸福があると思い込んでいる。買ったりもらったりしたのでは欲しくもないウサギを手に入れることに本当に幸福があると思い込んでいる。

パスカルは賭け事についても同じことを述べている。毎日わずかの賭け事をして、退屈せずに日々を過ごしている人がいるとしよう。「賭け事をやらないという条件つきで、毎朝、彼が一日にもうけられる分だけのカネを彼にやってみたまえ。そうすれば、君は彼を不幸にすることになる」[6]。当然だ。毎日賭け事をしている人はもうけを欲しているのではないのだから。

欲望の対象と欲望の原因

パスカルが述べていることをより一般的な言い方で定式化してみよう。それを、

〈欲望の対象〉と〈欲望の原因〉の区別として説明することができるだろう。〈欲望の対象〉とは、何かをしたい、何かが欲しいと思っているその気持ちが向かう先のこと、〈欲望の原因〉とは、何かをしたい、何かが欲しいというその欲望を人のなかに引き起こすもののことである。

ウサギ狩りにあてはめてみれば次のようになる。ウサギ狩りにおいて、〈欲望の対象〉はウサギである。たしかにウサギ狩りをしたいという人の気持ちはウサギに向かっている。

しかし、実際にはその人はウサギが欲しいから狩りをするのではない。対象はウサギでなくてもいいのだ。彼が欲しているのは、「不幸な状態から自分たちの思いをそらし、気を紛らせてくれる騒ぎ」なのだから。つまりウサギは、ウサギ狩りにおける〈欲望の対象〉ではあるけれども、その〈欲望の原因〉ではない。それにもかかわらず、狩りをする人は狩りをしながら、自分はウサギが欲しいから狩りをしているのだと思い込む。つまり、〈欲望の対象〉を〈欲望の原因〉と取り違える。

賭け事でも同じように〈欲望の対象〉と〈欲望の原因〉を区別できる。賭け事をしたいという欲望はもうけを得ることを対象としている。だがそれは、賭け事をしたいという欲望の原因ではない。繰り返すが、「毎日カネをやるから賭け事をやめろ」と言うなら、あなたはその人を不幸にすることになるのだ。その人はもうけが欲しいから賭け事をしているわけではないのだから。

どちらの場合も、〈欲望の原因〉は部屋にじっとしていられないことにある。退屈に耐えられないから、人間のみじめさから眼をそらしたいから、気晴らしがほしいから、汗水たらしてウサギを追いもとめ、財産を失う危険を冒して賭け事を行う。それにもかかわらず、人間は〈欲望の対象〉と〈欲望の原因〉を取り違える。ウサギが欲しいからウサギ狩りに行くのだと思い込む。

欲望の対象	ウサギ
欲望の原因	気晴らしが欲しい

熱中できること、自分をだますこと

こう考えてくると、気晴らしは要するに何でもよいのだという気すらしてくる。退屈を紛らしてくれるなら何でもいい。あとは、選択可能な気晴らしのなかから、個人個人にあったものが選ばれるだけである、と。

だが、たしかに何でもよいのかもしれないとはいえ、条件はある。簡単だ。気晴らしは熱中できるものでなければならない。気晴らしは

騒ぎを引き起こすものでなければならないのである。なぜ熱中できるものでなければならないのだろうか？　熱中できなければ、ある事実に思い至ってしまうからである。気晴らしの対象が手に入れば自分は本当に幸福になれると思い込んでいるという事実、もっと言えば、自分をだましているという事実のことだ。

パスカルははっきり言っている。気晴らしには熱中することが必要だ。熱中し、自分の目指しているものを手に入れさえすれば自分は幸福になれると思い込んで、「自分をだます必要があるのである」[7]。

〈欲望の対象〉と〈欲望の原因〉の区別を使って次のように言い換えてもいい。人は、自分が〈欲望の対象〉を〈欲望の原因〉と取り違えているという事実に思い至りたくない。そのために熱中できる騒ぎをもとめる。

自分をだますといっても、そこには深刻な趣きなどすこしもないことにも注意しておこう。人間は部屋にじっとしていられず、必ず気晴らしをもとめる。つまり、退屈というのは人間がけっして振り払うことのできない〝病〟である。だが、にもかかわらず、この避けがたい病は、ウサギ狩りとか賭け事のような熱中できるものがありさえすれば、簡単に避けられるのだ。ここに人間のみじめさの本質がある。人間はいとも簡単に自分をだますことができるのである。

もっともおろかな者

さて、いま私たちはパスカルの手を借りながら、人間のおろかさのようなものを取り上げて論じている。まるでそれが人ごとであるかのように。

先に〈欲望の対象〉と〈欲望の原因〉とを区別したけれども、これは実に便利な区別であるから、日常生活で応用したいと思う人もいるかもしれない。たぶん、「君は自分の〈欲望の原因〉と〈欲望の対象〉とを取り違えているな」と指摘できる場面は日常生活のなかに数多く存在しているだろう。

だが、もしあなたが、ウサギ狩りや賭け事のたぐいの気晴らしに熱中している人に向かってそのようなことを述べ立てて、いい気になっていたとしたら、あなたはパスカルから次のように言われてしまうに違いない。

——そんな風にして〈欲望の原因〉と〈欲望の対象〉の取り違えを指摘しているだけの君のような人こそ、もっともおろかな者だ。

パスカルはこう言っているのだ。

人間はつまらない存在であるから、たとえば台の上で玉突きするだけで（ビリヤードのこと）十分に気を紛らわせることができる。なんの目的でそんなことをするのかと言えば、翌日、友人たちにうまくプレーできたことを自慢したいからだ。

同じように学者どもは、いままでだれも解けなかった代数の問題を解いたと他の学者たちに示したいがために書斎に閉じ籠《こ》もる。

そして最後に――ここ！――こうしたことを指摘することに身を粉にしている人たちがいる。それも「そうすることによってもっと賢くなるためではなく、ただ単にこれらのことを知っているぞと示すためである。この人たちこそ、この連中のなかでもっともおろかな者である」[8]。

狩りや賭け事は気晴らしである。そして、「君は、自分がもとめているものを手に入れたとしても幸福にはならないよ」などと訳知り顔で人に指摘して回るのも同じく気晴らしなのだ。

しかもその人は、先に見た取り違えのことを知ったうえで、自分はそこには陥っていないと思い込んでいるのだから、こういう人はもっともおろかだとパスカルは言うのである[9]。

パスカルの解決策

こうやってパスカルが気晴らしについて述べていることを見てくると、この思想家は本当にすべてを先回りして書き留めている気がしてくる。〈欲望の対象〉と〈欲望の原因〉を取り違えている者はおろかである。そして、知ったような顔をして、そうしたことを指摘して回っている連中はもっともおろかな者である……。

パスカルの言っていることはあまりにもあたっていて、あまりにもあたっているからすこし腹が立つと言ったことの意味がお分かりいただけたのではないだろうか。すると逆にパスカルに尋ねたくなる。いったいどうしろと言うのか？

気晴らしを巡る考察の末に現れるパスカルの解決策とは何か？　人間のみじめな運命に対するパスカルの解決策とは何か？　拍子抜けするかもしれないが、それは神への信仰である。

パスカルは、「神なき人間のみじめ」「神とともにある人間の至福」と言う。これはけっして、「神への信仰が大切である」とか「人間は神への信仰によってこそ幸せになれる」などと抽象的に述べられているのではない。

パスカルは人間のみじめさを実に具体的に考えている。人間が退屈という病に陥ることは避けがたい。にもかかわらず人間は、つまらぬ気晴らしによってそれを避けることができる。そしてその結果、不幸を招き寄せる。

この構造から脱却するための道が神への信仰なのである。

苦しみをもとめる人間

だいぶパスカルの議論につきあってきた。そろそろ話を別の方面へと広げていこう。

パスカルの考えるおろかな気晴らしにおいて重要なのは、熱中できることという要素だった。熱中できなければ、自分をだますことができないから気晴らしにならない。

では、さらにこう問うてみよう。熱中できるためには、気晴らしはどのようなものでなければならないか？　お金をかけずにルーレットをやっても、ウサギを楽々と捕らえることのできる場所で狩りをしても、気晴らしの目的は達せられない。

つまり、気晴らしが熱中できるものであるためには、お金を失う危険があるとか、なかなかウサギに出会えないなどといった負の要素がなければならない。

この負の要素とは広い意味での苦しみである。苦しみという言葉が強すぎれば、負荷と言ってもいい。気晴らしには苦しみや負荷が必要である。

ならば次のように言うことができるはずだ。退屈する人間は苦しみや負荷をもとめる、と。

私たちは普段、精神的・身体的な負荷を避けるために、さまざまな工夫を凝らして生きている。たとえば、長いこと歩いて疲れるのを避けるために自動車に乗る。だが、退屈すると、あるいは退屈を避けるためであれば、人はわざわざ負荷や苦しみをもとめる。苦労して山を歩き、汗びっしょりになって、「それをやろうと言われても欲しくもない」ウサギを追いもとめる。

つまり、パスカルの言うみじめな人間、部屋でじっとしていられず、退屈に耐えられず、気晴らしをもとめてしまう人間とは、苦しみをもとめる人間のことに他ならない。

ニーチェと退屈

パスカルより時代は下って一九世紀。フリードリッヒ・ニーチェ［1844-1900］は『悦《よろこ》ばしき知識』（一八八二年）のなかでこんなことを言っている。

いま、幾百万の若いヨーロッパ人は退屈で死にそうになっている。彼らを見ていると自分はこう考えざるを得ない。彼らは「何としてでも何かに苦しみたいという欲望」をもっている、と。なぜなら彼らはそうした苦しみのなかから、自分が行動を起こすためのもっともらしい理由を引き出したいからだ……。

ニーチェはさまざまな哲学者を縦横無尽に引き合いに出すけれども、パスカルはなかでもお気に入りだったらしい。彼の著作のなかで一二一回もパスカルが引用されているという。ここはパスカルに言及した箇所ではないが、退屈についてのその透徹した認識は、あの一七世紀の思想家と通底している。苦しみが欲しい……。苦しみから自分の行為の理由を引き出したい……。退屈した人間は、そのような欲望を抱く。

苦しむことはもちろん苦しい。しかし、自分を行為に駆り立ててくれる動機がないこと、それはもっと苦しいのだ。何をしてよいのか分からないというこの退屈の苦しみ。それから逃れるためであれば、外から与えられる負荷や苦しみなどものの数ではない。自分が行動へと移るための理由を与えてもらうためならば、人は喜んで苦しむ。

実際、二〇世紀の戦争においては、祖国を守るとか、新しい秩序を作るとかいった使命を与えられた人間たちが、喜んで苦しい仕事を引き受け、命さえ投げ出したことを私たちはよく知っている。

『悦ばしき知識』は数あるニーチェの著作のなかでも有名なものの一つだ。というのも、そのなかで、かの有名な「神は死んだ」という宣言がなされたからである。神の死を宣告する書物のなかで、ニーチェが退屈についての考察を記したという事実には、何か偶然以上のものを感じざるを得ない。ここに描かれているのはまさしくパスカルの言う「神なき人間のみじめさ」である。

ファシズムと退屈——レオ・シュトラウスの分析

苦しみが欲しいという欲望をニーチェは、当時の、退屈する幾百万の若いヨーロッパ人たちのなかに見出《みいだ》した。そしてニーチェに先見の明があったことは、残念ながら後に明らかになる。さらに時代を下ろう。

二〇世紀の大事件の一つはファシズムの台頭である。ファシズムについては、政治、経済、歴史、思想、心理……さまざまな分野で厖大《ぼうだい》な研究が積み重ねられている。私たちはここで〈暇と退屈の倫理学〉の観点からこれに迫ろう。実はニーチェが分析した「幾百万の若いヨーロッパ人たち」の心持ちは、ファシズムの心性に極めて近いものである。

参考にしたいのは、レオ・シュトラウス［1899-1973］という哲学者の分析である。シュトラウスはドイツ生まれのユダヤ人である。彼は後にアメリカに亡命することになるのだが、亡命以前、ドイツにまだとどまっていた間、ファシズムがドイツで台頭していく様をその目で見ていた。シュトラウスはその経験を詳細に語っている。

シュトラウスによれば、第一次大戦後のドイツの思想状況は次のようなものだ。[11]

当時、大戦後のヨーロッパでは、近代文明の諸々の理念が窮地に立たされていた。それまでヨーロッパが先頭に立って引っ張ってきた近代文明は、理性とかヒューマニズムとか民主主義とか平和とか、さまざまな輝かしい理念を掲げていた。ところが、そうした理念を掲げて進歩してきたはずの近代文明は、おそろしい殺戮《さつりく》を経験した。第一次世界大戦のことである。もしかしたら近代文明は根本的に誤っていたのではないか？　そんな疑問が広がった。

その疑問を抱いたのは若い世代である。父や母、学校の先生たちが言っていたこと、さらには本や新聞に書かれていたこと、そうしたことは何か間違っていたのではないだろうか？　上の世代は熱心に「理性が大切だ」「ヒューマニズムが必要だ」「民主主義を守らねばならない」「平和を維持しなければならない」と僕らに語りかけていた。僕らにそうした理念を押しつけてきた。それらを信じ、守ることを強制してきた。だけれども、そんなものは何の役にも立たなかったではないか？　ならば、近代文明には何か根本的な問題があるのではないか？　彼らは親の世代にこうした疑問をぶつけたのだった。

しかし、上の世代は何も答えることはできなかった。それはそうだろう。彼らは単にそれらの理念を信じていただけだったのだから。彼らは見事なまでに保守的な態度に出た。「大切なものは大切なんだ」と繰り返すだけだった。知識人たちも同じだ。彼らもまた近代文明が作り上げてきた理念をただ信じていただけだったのだ。

若者は落胆した。そして、上の世代に強い反感を抱いた。「お前たちは俺たちが作り上げてきた理念を守っていればいいのだ」と偉そうな態度に出ていたくせに……。まるで「お前らにはもうやることはないから、ただ俺たちが作ってきたものを守れ」とでも言わんばかりの態度に出ていたくせに……。そうした理念が危うくなってもすこしものを考えようとしない。若者は上の世代を憎んだ。そして、彼らが信奉していた近代文明を憎んだ。

緊張のなかにある生

そこにもう一つの事情が付け加わる。当時は共産主義が強い支配力をもっていた。親の世代の多くが近代文明を信じていたように、共産主義革命の到来を信じる共産主義者たちもまたたくさん存在していた。共産主義者たちはこう説いた。近いうちに革命が起こる。それによって真に平和な世界がやってくる。それは国家も階級もない世界、貧困も戦争もない世界だ……。

しかし、若者たちにとって、その世界はすこしも魅力的でなかった。彼らはむしろそんな世界を恐れ、憎んだ。それは各人が毎日毎晩、わずかな快楽を得て暮らしていく世界である。平和で何も起こらない世界、つまり、すべてが終わってしまった世界。そこではもう心や魂が奮い立たされることなどない。もはや人が使命感に燃えて事を為《な》すこともない。それは「血や汗や涙を知らない世界」である。

近代文明を信じていた親たちは近代文明でもうすべてが終わっているかのように語っていた。共産主義者たちは今度来る革命ですべてが終わると語る。どちらを信奉しようと、彼ら若者にはやるべきことなどない。それらの世界がどうして若者の心を打つことができようか？

若者たちは緊張のなかにある生だけが本来の生だと考えるようになっていた。言い換えれば、真剣な生だけが望ましい生である、と。彼らにとっての真剣な生とは、「緊急事態、深刻な極限的状況、決定的な瞬間、戦争といったものに絶えず直面している社会」において体験される生のことであった。そこにこそ、自分たちが自分たちの生命を賭けて何かに打ち込む瞬間がある。生きていると実感できる瞬間がある。なぜならそのときに彼らは、「まだ何も終わっていない」と、そして、「自分は何かを作り上げる運動に参加している」と感じることができるからだ。

緊張、緊急、極限……なんと言ってもよいが、彼らにとっては極度の負荷がかかった状態を生きること、苦しさを耐えて生き延びること、それこそが生なのだった。彼らの心にあるのは、まさしくニーチェが――あるいはそれ以前にパスカルが――診断したあの欲望、苦しみたいという欲望である。

シュトラウスがこの講演を行ったのは第二次大戦の終結以前、一九四一年のことである。その時点で既にシュトラウスは「ナチズムはそのうちに滅びるだろう」と述べている。シュトラウスは正しかったわけだ。だが彼は同時に恐ろしいことを述べている。ナチズムとは、ファシズムを欲したこの欲望をひどく矮小化《わいしょうか》したものにすぎない。だから、ナチズムが滅びようとも、ファシズムを欲した人々の欲望は残り続ける。この欲望の震源地はより深いところにある（実際、以上の分析は戦後の日本の状況にも通じるところがある）[12]。

たしかにそうだ。ウサギ狩りに行く人間は、実のところ、「緊急事態」をもとめる人間とそう変わりない。ウサギ狩りですむか、破滅的戦争までもとめるかは、時代背景が決めるところである。私たちはウサギ狩りに行く人間をパスカルのようにバカにしてすませるわけにはいかないのである。

ラッセルの『幸福論』

ここまで、パスカルの考察をもとにして議論を深めてきた。それによって、〈暇と退屈の倫理学〉の出発点を得られたように思う。

人間は部屋でじっとしていられない。だから熱中できる気晴らしをもとめる。熱中するためであれば、人は苦しむことすら厭《いと》わない。いや、積極的に苦しみをもとめることすらある。この認識は二〇世紀が経験した恐ろしい政治体制にも通じるものであった。

今度は、この基本的な認識をもとにしてこの後どのように議論を進めていけばよいか、どんな問題に答えるべきか、そうしたことを考えたい。

そのために二人の哲学者に登場してもらおう。

一人目は既に序章で言及したバートランド・ラッセルである。ラッセルは二〇世紀を代表するイギリスの大哲学者だ。『ライプニッツの哲学』や『西洋哲学史』などの哲学史研究から、『数学原理』などの数理哲学まで、哲学のなかの幅広い分野をカバーする仕事をした。

また、他方、ベトナム反戦運動、反核運動などの平和運動でもよく知られており、ノーベル賞を受賞した大知識人でもある。人類が誇るべき偉大なる知性だ。

そのラッセルもまた、彼独自の仕方で〈暇と退屈の倫理学〉を構想している。それが見出されるのが、彼が書いた啓蒙書《けいもうしょ》の一つ、『幸福論』(一九三〇年)である。

この本は翻訳が文庫にもなっており、日本では入手しやすい書物であるが、それほどよく読まれているとは思われない。もしかすると、扱われている題材が非常にソフトで、知的刺激を欠くと思われていることがその理由の一つかもしれない。しかし、その判断は早計である。この本は実に鋭い時代意識にもとづいて書かれたものなのだ。

幸福であるなかの不幸

ラッセルは冒頭で、自分が幸福について考えを述べるにいたった理由を説明している。「動物は、健康で、食べる物が十分にあるかぎり幸福である。人間も当然そうだと思われるのだが、現代世界ではそうではない」[13]。

取り立てて不自由のない生活。戦争や貧困や飢餓の状態にある人々なら、心からうらやむような生活。現代人はそうした生活をおくっているのだが、しかし、それにもかかわらず幸福でない。満たされているのだが、満たされていない。近代社会が実現した生活には何かぼんやりとした不幸の空気が漂っている。

自分が論じたいのは、そのような現代人の不幸、すなわち、「食と住を確保できるだけの収入」と「日常の身体活動ができるほどの健康」をもち合わせている人たちを襲っている日常的な不幸である、とラッセルは言う。人はそれを贅沢病《ぜいたくびょう》と呼ぶかもしれない。飢餓や貧困や戦争に比べれば何のことはないと言う人もいるかもしれない。

だが、日常的な不幸には、そうした大きな非日常的不幸とは異なる独特の耐え難さがある。何かと言えば、原因が分からないということである。

飢餓や貧困や戦争にははっきりとした外的原因がある。あるいはそれが分かっている。しかし、日常的な不幸にはそれがない。なんとなく不幸であるのに、なぜだかが分からない。だからこそ逃れようにも逃れられない。そのことがこの不幸をますます耐え難くする。

ラッセルはこの何だかよく分からない不幸に対して、「一つの治療法」を提案しようと試みるのである。

ラッセルとハイデッガーの驚くべき一致

ラッセルがこのように考えるに至った時期のことを忘れてはならない。『幸福論』は一九三〇年に出版されている。つまりラッセルはこの時期に、日常的な不幸が一つの大きな問題となって社会を揺るがしていることに危機感を抱いたということだ。

私たちはこの本の最後でマルティン・ハイデッガー［1889-1976］という哲学者の退屈論に取り組むことになる。これは退屈論の最高峰と言うべきものなのだが、実はハイデッガーがその退屈論を講義していたのが、一九二九年から一九三〇年にかけてである。まったく同じ年のことなのだ。そして、読めば分かることだが、ハイデッガーが扱っているのも、ラッセルと同じく、食と住を確保できるだけの収入と、日常の身体活動ができるほどの健康をもち合わせている人たちの不幸なのである。

実はこの符合は、ハイデッガーとラッセルのことを知っている者にとっては少々驚きの事実である。なぜなら、二人は政治的にも哲学的にも犬猿の仲であり、まさしく水と油の関係にあるからだ。

ハイデッガーは二〇世紀の大陸系哲学を代表する哲学者であり、ラッセルは二〇世紀の英米系分析哲学を代表する哲学者である。これら二つの傾向はいまに至るまで対立し続けており、両者ともに相手を哲学として認めようとしていない。ラッセルがその著書『西洋哲学史』のなかでハイデッガーをまったく取り上げなかったのは有名な話である（ラッセルによればハイデッガー哲学は、哲学ではなくて「詩」である）。

また、ハイデッガーはナチズムに荷担したことでもその名を知られているが、ラッセルは反ファシズム運動の活動家でもあった。ハイデッガーの退屈論には、その後の彼の行動を予感させる議論がつまっているのだが、ラッセルはおそらくその議論を認めはしなかっただろう。

だが、こうした強烈な対立にもかかわらず、二〇世紀初頭を体験したこれら二つの偉大なる知性は、同じ時期にまったく同じ危機感を抱いたのである。取り立てて不自由のない生活のなかに巣くう不幸。物言わぬ霧のようにただよってくる退屈。それに危機感を抱いた二人の哲学者は、イギリスとドイツで同時にこれへの対応を試みたわけだ。[14]

退屈の反対は快楽ではない

実際にラッセルの退屈論を検討しよう。

退屈とは何か？　ラッセルの答えはこうだ。退屈とは、事件が起こることを望む気持ちがくじかれたものである。

どういうことだろうか？　ラッセルの言わんとするところを理解するためには、ここで「事件」が何を意味しているのかを明確にしなければならない。

ここに言われる「事件」とは、今日を昨日から区別してくれるもののことである。

人は毎日同じことが繰り返されることに耐えられない。「同じことが繰り返されていくのだろう」と考えてしまうことにも耐えられない。だから、今日を昨日から区別してくれるものをもとめる。もしも今日何か事件が起きれば、今日は昨日とは違った日になる。つまり、事件が起きれば同じ日々の反復が断ち切られる。だから人は事件を望む。しかし、そうした事件はなかなか起きはしない。こうして人は退屈する。これが、「事件が起こることを望む気持ちがくじかれたもの」という退屈の定義の意味するところである。

こう考えると奇妙なことに気がつくだろう。退屈する心がもとめているのは、今日を昨日から区別してくれる事件である。ならば、事件はただ今日を昨日から区別してくれるものであればいい。すると、その事件の内容はどうでもよいことになる。不幸な事件でもよい。悲惨な事件でもよい。

「他人の不幸は蜜《みつ》の味」と言われる。だれかが他人の不幸を快く感じたとしても、それはその人の性質が根底からねじ曲がっていることを意味しない（もちろんすこしはねじ曲がっているかもしれないが）。この蜜の味には、ある構造的な要因があるのだ。

しかもそれどころではない。事件を望む気持ちは、他人の不幸はもちろんだが、我が身に降りかかる不幸にすら及ぶだろう。退屈する人間はとにかく事件が欲しいのだから。人間は自分が不幸になることすらもとめうる。

したがって最終的に次のように述べられることになる。「ひと言で言えば、退屈の反対は快楽ではなく、興奮である」[15]。

退屈しているとき、人は「楽しくない」と思っている。だから退屈の反対は楽しさだと思っている。しかし違うのだ。退屈している人間がもとめているのは楽しいことではなくて、興奮できることなのである。興奮できればいい。だから今日を昨日から区別してくれる事件の内容は、不幸であっても構わないのである。

人は楽しいことなどもとめていない

退屈する人間は興奮できるものなら何でももとめる。それほどまでに退屈はつらく苦しい。ニーチェも言っていた通り、人は退屈に苦しむのだったら、むしろ、苦しさを与えてくれる何かをもとめる。

それにしても、人が快楽などもとめていないとは驚くべき事実である。「快楽」という言葉がすこしかたいなら、「楽しみ」と言ってもいいだろう。退屈する人は「どこかに楽しいことがないかな」としばしば口にする。だが、彼は実は楽しいことなどもとめていない。彼がもとめているのは自分を興奮させてくれる事件である。

これは言い換えれば、快楽や楽しさをもとめることがいかに困難かということでもあるだろう。楽しいことを積極的にもとめるというのは実は難しいことなのだ。

しかも、人は退屈ゆえに興奮をもとめてしまうのだから、こうも言えよう。幸福な人とは、楽しみ・快楽を既に得ている人ではなくて、楽しみ・快楽をもとめることができる人である、と。楽しさ、快楽、心地よさ、そうしたものを得ることができる条件のもとに生活していることよりも、むしろ、そうしたものを心からもとめることができることこそが貴重なのだ。

有名な聖書の言い回しをもじって、こんな風に言えるだろうか。

——幸いなるかな、快楽をもとめることのできる人。彼らは事件をもとめることがないだろう。

ならば問題は、いかにして楽しみ・快楽を得るかではない。いかにして楽しみ・快楽をもとめることができるようになるか、である。

熱意？

ラッセルの思想は〈暇と退屈の倫理学〉という本書の試みにとって重要な参照点である。そこから学ぶべきことは実に多い。ある意味では本書の結論がそこに書かれていると言ってもいいぐらいである。

だが、その点を強調したうえで、疑問点についてもここで述べておきたい。『幸福論』の読後感には何かすっきりとしないものがある。釈然としないものが残る。どういうことかと言うと、ラッセルの結論が単純すぎるのである。

ラッセルが同書の第二部「幸福をもたらすもの」のなかで到達する答えは簡単だ。熱意、これである。幸福であるとは、熱意をもった生活を送れることだ——これがラッセルの答えだ。

もうすこし詳しく見てみよう。ラッセルによれば、幸福には二種類ある。[16] 一方の幸福はどんな人間にも得られるものであり、他方は読み書きのできる人間にしか得られないものだ。両者は地味なものと凝ったもの、動物的なものと精神的なもの、感情的なものと知的なものなどと形容されうる。

ラッセルはそれぞれに対して例を掲げている。まずどんな人間にも得られる幸福について。ラッセルが紹介するのは彼が個人的に知っていた二人の人物である。

一人は屈強な肉体をもった、読み書きのできない井戸掘りである。彼は選挙権を得るまで国会というものの存在すら知らなかった。だが彼は「幸福ではちきれそう」だった。彼にとっては、体力と仕事に恵まれ、岩石という障害物に打ち勝って穴を掘ることが幸福である。そしてそれが十分に満たされていた。

もう一人はラッセルが雇っていた庭師である。彼は庭を荒らすウサギと年がら年じゅう戦っていた。庭師は「ウサギのことをまるでロンドン警視庁がボルシェヴィキのことを話すように話す」。彼は終日働いているが喜びの泉は涸《か》れることがない。そんな彼の喜びを供給するのは、「あのウサギのやつら」である（またウサギだ……）。

学のある人間はそんな単純な喜びで満足することはできないと人は言うかも知れない。だがラッセルによれば、最高の教育を受けた人も彼らと同じような喜びを得るのである。ラッセルがあげるのは科学者の例だ。科学はその意義を広く認められている。だから科学者は自分の課題に真っ正面から取り組み、課題を達成することで、大いなる幸福を得ることができる。

ラッセルの結論の問題点

以上は極端な例ではあろう。ラッセルにもそのことは分かっている。とにかく彼が言いたいのは、熱意をもって取り組める活動が得られれば幸福になれるということだ。だからその活動はどのようなものでも構わない。仕事、趣味、さらには主義主張を信じること。熱意をもてる活動はたくさん転がっているとラッセルは主張する。

したがって、ラッセルが最終的に提案する幸福になるための秘訣《ひけつ》は次のようなものになる。

幸福の秘訣は、こういうことだ。あなたの興味をできるかぎり幅広くせよ。そして、あなたの興味をひく人や物に対する反応を敵意あるものではなく、できるかぎり友好的なものにせよ。[17]

これはこれですばらしい結論である。これ自体にはだれも反論しないだろう。本書の結論もこのラッセルの結論とそれほど異なったものにはならないかもしれない。だが、やはり何かが足りない気がする。退屈している人にこう言ったところでどれほどの効果が期待できるだろう？　彼らは言うだろう。——自分だって、興味をひく人や物に対してできるかぎり友好的に接したいと思っているんだ。けれど、そうした人や物がいったい何なのか、どこにあるのか分からないのだ、と。

また、そうやって右往左往する人々に対して気晴らしをエサのように与えて生き延びる現代の文化産業の問題はどうなるのか？　そのなかで、ラッセルの解決策はどれほどの意味があるだろうか？　それこそ文化産業は、人が「友好的」に接してくれるであろうものをあらかじめ計算してエサを用意するのだ。

東洋諸国の青年、ロシアの青年は幸福である？

それだけではない。ラッセルの結論には非常に重大な欠陥がある。既に序章で軽く触れておいた問題だが、これは非常に重要であるので、もう一度、今度は詳しく述べたい。

ラッセルによれば熱意をもった生活を送れることが幸福である。さて、この観点からみると、いまの（一九三〇年段階での）ヨーロッパの青年は不幸に陥りがちである、とラッセルは言う。なぜなら、自分の優れた才能を十分に発揮できるような仕事が見つからないからである。

ヨーロッパでは既に多くのことが成し遂げられている。これから青年たちが苦労して作り上げねばならない新世界はおそらく存在していない。だから、ヨーロッパの青年は不幸に陥りがちなのだ（ニーチェも同じことを指摘していた）。

それに対し、ロシアの青年たちはおそらく世界で最も「幸福」な青年である。なぜなら革命を経た彼らは、いままさに、新しい世界を作ろうとする、その運動のなかに生きているからである。

ラッセルは当時の日本の青年たちにも言及している。インドや中国や日本の青年たちは政治状況故《ゆえ》にその「幸福」を妨げられているけれども、ヨーロッパの青年たちのように内的な障害が存在しているわけではない。つまり、政治状況が変われば、彼らは、新しい世界を作り上げていく運動を始めることができる。彼らもまた幸福になれる[18]……。

熱意こそが幸福の源泉だと言うのだから、このような議論が出てくるのは当然である。

しかし、これで本当によいのだろうか？　やるべきことが残っている世界に生きている者は幸福で、やるべきことが残っていない世界に生きている者は不幸であると、そんなことでいいのだろうか？

もしも、これから新しい世界を作れるか否《いな》かという外的な条件が人の幸福を決定するのであれば、ヨーロッパの青年たちはどうすればよいのだろうか？　彼らが不幸に陥るのは仕方がないことなのだろうか？

当時のロシアや日本の青年について言われていることにも大いに問題がある。新しい世界を建設するという課題が与えられ、それによって熱意を得ること、それは本当に幸福なのだろうか？　熱意をもって取り組むべきミッションを外側から与えられること、それを幸福と言ってよいのだろうか？　熱意さえもてればいいのだろうか？

人類はこれまで、豊かな社会を築き上げるためにさまざまな活動に取り組んできた。だが、ラッセルの言うとおりならば、「一生懸命に働かなければならなかった時代、あのときが一番幸せだったよね」というありふれた諦念《ていねん》に陥る他ない。豊かになったら今度は、「頑張っていた頃が一番幸せだったよね」などと口にするというのなら、不幸のなかに人々を投げ込んでおけばよかろう。その方が「一生懸命に働かなければならない」のだから「幸せ」であろう。

なぜこんなことを言うのか？　それはラッセルの答えが不気味な具体案を招き寄せるように思えるからだ。もしも、外側から課題を与えられ、熱意をもてれば幸福になれるというのなら、何でもよいから熱意がもてる課題を適当に与えてやればよいということになるだろう。若者のエネルギーが余っているから、彼らを奮い立たせるような課題を作り上げて、そこでエネルギーを使い切ってもらえばいい、そうなるだろう。たとえば、社会が停滞したら、戦争をすればいい。

熱意の落とし穴

熱意はおそらく幸福と関連している。だが、ラッセルはそこから「熱意があればよい」「熱意さえあれば幸せである」という結論に至ってしまった。そこが問題である。

実際、ラッセルはこの結論の問題点にも気づいていたように思われる。彼は熱意の傾けられる道楽や趣味が、大半の場合は根本的な幸福の源泉ではなくて、現実からの逃避になっているとも指摘しているからである。[19]しかもラッセルは、本物の熱意とは、忘却をもとめない熱意であるとも述べている。彼は「熱意」とみなされる現象が、単に現実から眼をそらす逃避や忘却のための「熱意」でありうる可能性に気づいているのだ。[20]

ならばなぜ、「新世界の建設」という課題が与えられているからロシアの青年たちは幸福であるなどと簡単に断言できるのだろうか？ 日本の青年たちも政治状況さえ変われば「新世界の建設」を始められるから幸福であるなどと断言できるのだろうか？ そうして得られる「幸福」は、単に、逃避や忘却のための熱意かもしれないではないか？

私たちには分かるのだ。パスカルを読んだから。人間は部屋にじっとしていられないから熱中できる気晴らしをもとめる。そして、欲望の向かう対象（ウサギ狩りのウサギ）が本当に欲しいのだと勘違いする。欲望を引き起こした原因（部屋にじっとしていられないこと）はそれとは別だというのに。

「新世界の建設」という外から与えられた課題が、パスカルの言う意味での気晴らしでないとどうして言い切れようか？ 「新世界の建設」は高尚な課題であるから、ウサギとは違うのだろうか？ いや同じである。高尚であるがゆえに、人は自分がパスカルの言う気晴らしの構造に陥っていることをなかなか認めないだろう。ならばそれは厄介な気晴らしである可能性さえある。

したがって、当時のヨーロッパの青年たちを、当時のロシアや日本の青年たちと比べるという視点そのものが完全にまちがっていると言わねばならない。これは、現代のそれなりに裕福な日本社会を生きる若者を、発展途上国で汗水たらして働く若者たちと比べて、「後者の方が幸せだろう」と言うのに等しい。これはまちがっているどころか、倫理的に問題がある。なぜならそれは不幸への憧れを生み出すからである。不幸に憧れてはならない。したがって、不幸への憧《あこが》れを作り出す幸福論はまちがっている。〈暇と退屈の倫理学〉の構想はこの点に大いに注意せねばならない。

スヴェンセン『退屈の小さな哲学』

今度は別の哲学者の退屈論を取り上げよう。本章の冒頭で言及したスヴェンセンの『退屈の小さな哲学』である。

この本は世界一五カ国で刊行された話題の本である。スヴェンセンはこの本を専門的にならないように、いわばカジュアルなものとして書いたと言っている。たしかに彼の口調は軽い。だが、その内容はほとんど退屈論の百科事典のようなものだ。もし退屈についての参考文献表が欲しいと思えば、この本を読めばよい。参照している文献の量では、本書はスヴェンセンの本にはかなわない。

スヴェンセンの立場は明確である。退屈が人々の悩み事となったのはロマン主義のせいだ——これが彼の答えである。

ロマン主義とは一八世紀にヨーロッパを中心に現れた思潮を指す。スヴェンセンによれば、それはいまもなお私たちの心を規定している。ロマン主義者は一般に「人生の充実」をもとめる。しかし、それが何を指しているのかはだれにも分からない。だから退屈してしまう。これが彼の答えだ。[21]

人生の充実をもとめるとは、人生の意味を探すことである。スヴェンセンによれば、前近代社会においては一般に集団的な意味が存在し、それでうまくいっていた。個人の人生の意味を集団があらかじめ準備しており、それを与えてくれたということだ。たとえば近代以前、共同体のなかで一人前と認められることは大きな価値を有していた。共同体はある若者を一人前と認めるための儀式や試練（成人の儀式等々）を用意する。個人はそれを乗り越えることに生きる価値を見出す。

あるいは、神が死を迎える以前、信仰がまだ強い価値と意味を保持していた時代を思い浮かべてもいいだろう。そこでは人間の生も死も宗教によって意味づけられていた。

ところが、近代以降、このような意味体系が崩壊する。生の意味は共同体によって一方的に与えられるような一元的なものではなく、いろいろな方法で探すことができるものになった。言い換えれば、生の意味が共同体的なものから、個人的なものになった。[22]

そこからロマン主義が生まれる。ロマン主義者は、生の意味は個人が自らの手で獲得すべきだと考える。とはいえ、そんなものが簡単に獲得できるはずはない。それ故、ロマン主義者たる私たち現代人は退屈に苦しむというわけである。[23]

みんなと同じはいや！

一八世紀の啓蒙主義の時代では、人間は理性的存在として平等であり、平等に扱われねばならないと盛んに論じられた。ロマン主義はそれに対する反動である。そこではむしろ人間の不平等が高く掲げられる。個人はそれぞれ違うのであって、理性とかいった言葉で一様に扱ってはならない。つまりロマン主義は、普遍性よりも個性、均質性よりも異質性を重んじる。他人と違っていること。他人と同じでないこと。ロマン主義的人間はそれをもとめる。いま風に言えばこうなるだろうか――「みんなと同じはいや！」「私は他人と同じでありたくない！」「私らしくありたい！」。

ロマン主義が現れる以前の世界では、経済的な不平等、身分にもとづく不平等が社会の全体を覆《おお》っていた。したがってそこでは平等の実現こそが至上命題であった。だが、多かれ少なかれ平等が達成されると、こんどは再び不平等がもとめられたわけだ。「他人と違っていたい」とは、だれもがいつでも抱いている気持ちのように思われるかもしれないが、それは大変疑わしい。スヴェンセンによれば、この気持ちはロマン主義という起源をもつ。そして、「僕たち現代人はロマン主義者のように考えている」[24]。

さて、こうなるとスヴェンセンが処方する、退屈への解決策もおおむね見当がつく。私たちはロマン主義という病に冒されて、ありもしない生の意味や生の充実を必死に探しもとめており、そのために深い退屈に襲われている[25]。だからロマン主義を捨て去ること。彼によれば、それが退屈から逃れる唯一《ゆいいつ》の方法である。「退屈と闘うただ一つ確かな方法は、おそらくロマン主義と決定的に決別し、実存のなかで個人の意味を見つけるのを諦《あきら》めることだろう[26]」。

スヴェンセンの結論の問題点

ラッセルの解決策が、広い関心をもつように心がけ、自分の熱意のもてる対象を見つけるべし、という積極的な解決策であったとすれば、スヴェンセンのそれは、退屈の原因となるロマン主義的な気持ちを捨て去るべし、という消極的な解決策である。そして、消極的な解決策は、解決策でないことがしばしばだ。

これでは、退屈してしまうことが問題であるのに、退屈している君が悪いと言い返しているようなものである。それが言い過ぎだとしても、このような解決策にはだれもが途方に暮れる他ないだろう。どうやってロマン主義を捨て去ればいいのか？　自分の心のどこに、どのような形でロマン主義があるのかも分からないのに？

そもそも、ロマン主義的な心性をもった人間がそれを捨て去ることはできるのか？　スヴェンセンの言うように、それは単に「諦める」ということではないのか？　つまり、「お前はいま自分のいる場所で満足しろ」「高望みするな」というメッセージにすぎないのではないか？　してみると、数えきれぬほど多くの固有名を掲げる博学スヴェンセンの書きぶりは、この結論的メッセージの単純さを覆い隠すための衒学的《げんがくてき》装飾であったのではないかとすら思えてしまう。

それに、退屈とロマン主義というテーマ自体は大変興味深いものだが、スヴェンセンは退屈の問題をそこに集約させすぎている感がある。ロマン主義的退屈はやはり退屈の一つにすぎない。現代人のなかにそれに悩んでいる人もいるだろうが、それだけではない。パスカルの扱った退屈がロマン主義で説明し切れるかと言えば、そうではあるまい。スヴェンセンの著書に、参考にすべき点は多いが、退屈をロマン主義に還元する姿勢はとても支持し得ないし、彼の解決策にはまったく納得できない。

＊

以上、パスカルの気晴らしに関する議論を出発点にして、暇と退屈についての原理的な考察を試みた。その考察はこの後も何度も参照されることになるだろう。

また注目すべき退屈論を二つ取り上げ、それぞれの分析と解決策を検証するとともに、それらの問題点も指摘してみた。ラッセルは積極的な答えを、スヴェンセンは消極的な答えをそれぞれ出していた。どちらにも見るべきところはあり、どちらにも納得できないところがある。それらを最大限に活用しながら、以下、〈暇と退屈の倫理学〉を探しもとめていこう。

第二章

暇と退屈の系譜学

——人間はいつから退屈しているのか？

これまでの議論で、退屈が人間と切り離しがたい現象であることは分かってもらえたと思う。退屈しない人間はおらず、生きることは退屈との戦いである。そんな印象すらある。

『聖書』は原罪という物語によって人間の宿命を説明した。それによって人々は、自分たちの苦悩に満ちた生について納得のいく解釈を得ようとした。私たち人間はかつて罪を犯したから額に汗して働かなければならなくなったし、女性は苦しんで子を産まねばならなくなったのだ、と。

その宿命のなかに、「人間は退屈しなければならなくなった」という項目が入っていてもよかったのではないだろうか？　汝《なんじ》らはこれから退屈に耐えねばならない――神がそう命じた、と。そんな気すらしてくるのである。

では、神が命じたにせよ、そうではないにせよ、人間はいったいいつから退屈し始めたのだろうか？　たしかに退屈は人間から切り離しがたい。だが、だとしても、現に退屈が存在しているのだから、それはやはりどこかの時点で始まったものであろう。

退屈はいつどうやって発生したのだろうか？　退屈の起源はどこにあるのだろう

か？　本章ではこの途方もない問いに敢《あ》えて取り組んでみたい。

この問いには歴史学によっては答えを出せない。たとえば、古代の遺跡からだれかが退屈していたことを示す証拠が手に入ったとしても、当然ながらそこに退屈の起源を見出《みいだ》すことはできない。それ以前にも人間は退屈していたかもしれないからだ。

本章では「系譜学」というやり方を採用することにしたい。歴史学は時間を遡《さかのぼ》るが、系譜学は論理を遡る。つまり、「何年にだれが何をした」と考えるのではなくて、いま我々の手元にある現象を切り開いて、その起源を見つけていこうとするのである。

とはいえ、そのような手法のことはどうでもいい。早速取り組みを始めよう。

退屈と歴史の尺度

退屈の起源を考える際に留意すべき点がある。それは一般に退屈が、人類の歴史のなかで比較的新しい現象として取り扱われているという事実である。もうすこし言うと、退屈は多くの場合、「近代」に結びつけられている。

たしかに近代において、退屈はそれまでにないほど強く意識されるようになった。伝統的共同体が崩壊し、自由が認められるようになり、さまざまなモノや情報が過剰に供給されることになった近代。そこでは退屈は重い悩みの種である。

だが、ここに落とし穴がある。退屈を近代から考えてしまうと、退屈の理由を社会の側にもとめることになってしまうのだ。もちろん退屈が社会と無関係であるわけはない。しかし、社会から退屈を説明するのでは、人間の人間性と退屈との関わりを問うことができない。

だからこの近視眼的な見方をどうにかしなければならない。そのためには、何百年という単位で考えられるような歴史の尺度ではダメである。もっと広く、何千年、何万年という単位で考えなければならない。そうした考察には多分、歴史というよりは、人類史という言葉がぴたりと来るだろう。

そのような人類史の視点で退屈を考えるとき、参考にしたい考古学・人類学上の一つの仮説がある。西田正規の提唱する「定住革命」がそれだ。[1]

人類と遊動生活

サルや類人猿は他の動物たちと同様、あまり大きくない集団をつくり、一定の範囲内を移動して暮らしてきた。どれほど快適な場所であろうと、長く滞在すれば荒廃する。食料はなくなるし、排泄物《はいせつぶつ》で汚れてしまう。だが頻繁に移動すれば、環境を過度に汚染するのを防ぐことができる。汚染された環境もしばらくすれば元に戻る。時間が経《た》ったらまたそこに帰ってくればいい。

このように移動しながら生きていく生活を遊動生活と呼ぶ。遊動生活は高い移動能力を発達させてきた動物にとって、生きるための基本戦略だった。

さて、この遊動生活の伝統は人類にも受け継がれた。人類は長きにわたり遊動生活を行ってきた。一所に定住することなく、大きな社会を作ることもなく、人口密度も低いまま、環境を荒廃させぬままに数百万年を生きてきた。

ところがその生活様式があるときに大きく変わった。人類は一所にとどまり続ける定住生活を始めたのである。約一万年前のことだ。人類は約一万年前に、中緯度帯で、定住する生活を始めたことが分かっている。

一万年と言うと途方もない長さに思えるかもしれない。けれども、仮に一世代を二〇年とすれば（つまり平均的な親子の年齢差を二〇歳とすれば）、一万年前とは五〇〇世代前のことにすぎない。親を五〇〇人ほど遡るだけで一万年前に到達する。

二足歩行する初期人類は遅くとも四〇〇万年前には出現したと考えられている。すると人類の歴史のなかで一万年とはどれほどの長さであろうか。四〇〇万年のうちの一万年は、四メートルのうちの一センチに相当する。つまり、人類史の視点から見れば、人類が遊動生活を放棄し、定住生活を始めたのはつい最近のことだと言わねばならないのである。

日本列島について言うと、縄文時代以前の後期旧石器時代、列島の住人たちは、山《さん》麓《ろく》や河川・湖岸沿いの一〇キロから二〇キロの範囲を通常の生活領域として遊動生活を送っていたと見られている。[2] 瀬戸内技法による石器が近畿・瀬戸内地方から遠く離れた新潟県や山形県で発見されたり、産地が特定できる黒曜石製の石器が産地から二、三百キロ以上離れた遺跡から発見されることがあることから、彼らがかなりの遠距離移動を行っていたことも分かっているという。[3] 縄文時代は約一万年前に始まる。日本列島でも約一万年前まではそのような遊動生活が行われていたのである。

遊動生活についての偏見

遊動生活は一般にこんな風に考えられてはいないだろうか。遊動生活を行っていた人間は、定住したくても定住できなかったのだ、と。人間は本来は住む生き物だが、住むためにはさまざまな経済的基盤が必要になる。だから、そうした経済的基盤をまだ手に入れていない、発展途上の遅れた人間たちが非定住を強いられ、遊動生活を行っていたのだ、と。

一つの場所にとどまっていられないなんて……。しょっちゅう別のところに行かなければならないなんて……。住むことに慣れている定住生活者なら、そう考えるのは当然だ。そして遊動生活者について、彼らは定住したくても定住できなかったのだと考えても当然だ。

しかし、遊動生活者は、本当に、できることなら定住したいと考えていたのだろうか？

定住のための経済的基盤と言うときに、真っ先に出てくるのは農業などの食料生産技術のことだろう。では、遊動生活者は、畑を耕すなど、時間をかけて食料を手に入れる技術を身につけていないために、仕方なく移動する生活をしていたのだろうか？

すこし立ち止まって考えてみてもらいたい。人類は長い遊動生活の伝統のなかでホモ・サピエンスまで進化してきた。その人類が「いつの日か定住するぞ！」と願い続けてきたなどと考えられるだろうか？　何百万年も不都合な生活に耐えてきたなどと考えられるだろうか？

むしろこう考えた方がいいのではないか。人類の肉体的・心理的・社会的能力や行動様式は、むしろ遊動生活にこそ適している。だからこそ、何百万年もの間、遊動生活を続けてきた、と。

強いられた定住生活

現在、人類の大半は定住生活を行っている。[4] そのために私たちは、定住中心主義とでも言える視点から人類史を眺め、遊動生活について価値判断を行ってしまう。住むことこそが人間の本来的な生活様式であると考えてしまう。

そうすると、人類の歴史の大部分は定住したくても定住できなかった歴史とみなされることになる。そして人類史は、どうやって定住生活が可能になったのかという視点から眺められることになるだろう。

従来の人類史観

遊動生活
↓
食料生産の開始
↓
定住生活の開始

しかし、定住する条件さえみたされれば人類はただちに定住するものだろうか？

たとえば、私たち定住民が遊動生活を始めることは極めて困難である。私たちはすでに一万年の定住生活の歴史をもち、それに慣れ親しんでしまっているからだ。同じことが定住化についても言えよう。定住生活の条件がそろったからといって、一万年どころか何百万年も続けてきた遊動生活をやめて、おいそれと定住化することなどできるだろうか？

既に確立された生活様式があるのに、進んでそれを放棄し、新しい生活様式をもとめるなどということは考えにくい。慣れ親しんだ生活様式を放棄することは大変な苦労を強いられる出来事であるからだ。するとこう考えてみることができるだろう。人類は定住生活を望んでいたが経済的事情のためにそれがかなわなかったのではない。遊動生活を維持することが困難になったために、やむを得ず定住化したのだ、と。

定住と食料生産

これまでの人類史では食料生産の開始があまりにも強調されてきた。そのために定住の開始がもたらすインパクトは十分に検討されてこなかった。

定住には食料生産は必ずしも必要ない。実際、北アメリカ北西海岸の諸民族やアイヌなどは定住生活を行っているが、農耕民ではない。彼らは食料生産を行わず、主に漁撈《ぎょろう》活動によって定住生活を営んでいる。

食料生産を重視する見方では、彼らの生活様式を単に例外的なものとして片づけることしかできなかった。これは実に不思議なことである。なぜなら日本の縄文文化が、食料生産技術をもたない定住生活者たちによってはぐくまれた文化であることは、中学校の歴史の教科書にも書いてあることだからだ（稲作の到来時期については議論が盛んだが、いずれにせよ、稲作到来以前に定住生活が始まっていたことは疑い得ない[5])。

つまりこういうことだ。食料生産は定住生活の結果であって原因ではない。農業などの技術を獲得したから定住したのではなくて、定住したからその技術が獲得されたのだ。「遊動生活者は食料生産ができないから定住したくともできない」という見方は定住中心主義に強く拘束されている。そして、食料生産を定住生活の前提とする見方は、よく知られた事実（たとえば縄文時代の人々は定住していたが食料生産を行っていなかった）を考え直してみるだけですぐに崩れてしまう、もろい偏見なのである。

遊動生活と食料

遊動生活者は自然によってもたらされるものを採集して食料を確保する。もちろん資源には限りがあるから、ある場所にとどまっていては食料が不足する事態が必ず訪れる。その場合には生活の場所を移動する。

よく誤解されることだが、遊動民は一日中重たい荷物を背負って風に吹かれながら歩き続けているのではない。移動も毎日行われるわけではない。現在の遊動民についての研究では、移動は数百メートルほどだと言う（もちろん、もっと遠くまで移動する場合もあるだろうが）。子どもや妊婦等々の存在をあげて遊動生活の困難を説くことはできないのである。

遊動生活を行っていれば、食料に困ることはない。むしろ、定住生活を行うと食料に困るのだ。人間はすぐに周囲の環境を汚染し、資源を使い尽くすからである。定住生活者は、したがって、何らかの手段で食料を確保しなければならない。重要なのは貯蔵である。貯蔵の技術が発達すれば、食料のない時期にも飢えをしのげる。だが、場所によっては限界があるだろう。ここに、食料生産が促された原因がある。

定住革命的な人類史観

遊動生活

↓

定住生活の開始

↓

食料生産の開始

そもそも具体的に考えてみて欲しい。ずっと移動しながら暮らしてきた人間が、慣れ親しんだ生活様式を捨ててまで、わざわざ天候などに大きく左右される食料生産という実験に乗り出したりするだろうか？　作物を育て収穫するまでには大変な時間がかかる。しかも極めて繊細な技術を必要とするため、一度にその技術を獲得することは不可能である。ならば、慣れ親しんだ遊動生活を捨てざるを得ない事情があって定住生活を強いられた人たちが、苦労して食料生産という技術を獲得したと考えるのが妥当ではないだろうか？

定住中心主義的なものの見方によって、私たちは具体的に考えてみれば分かることすら想像できなくなっているのだ。

なぜ一万年前、中緯度帯であったか？

なぜ一万年前に中緯度帯で定住が始まったのだろうか？

この時期、足並みをそろえたかのように、ヨーロッパ、西アジア、日本など、ユーラシア大陸の各地に定住集落が現れていることを考古学が明らかにしている。西田によればその背景には、氷河期から後氷期にかけて起こった気候変動と、それに伴う動植物環境の変化がある。

人類がもともと暮らしていた熱帯環境を出て中緯度帯へ進出したのは、およそ五〇万年前と考えられている。中緯度帯は、当時、寒冷であったため、草原や疎林《そりん》が広っていた。そうした開けた環境では視界がきく。狩りの技術を発達させた人類は、主に槍《やり》を用いてウマやウシ、トナカイ、毛サイ、マンモス、洞穴グマなどの有蹄類《ゆうているい》を狩り、生活していたものと思われる。

だが、氷河期が終わりを告げた約一万年前、温暖化が進み、中緯度帯が森林化してくると、この生活戦略は大きな変更を迫られる。温帯の森林が拡大してくれば、それまで狩っていた有蹄類は減少する。また、森林では百メートル先の獣を見出すことすら困難である。森に住む獣は、アカシカやイノシシなど、氷河期の大型獣から比べるといずれも小さな獣であって、それまでは有効であった槍も使えない。しかも、手に入れても肉は少ない。

「中緯度地域における温帯森林環境の拡大は、旧石器時代における大型獣の狩猟に重点を置いた生活に大きな打撃を与えたに違いない」[6]。

狩猟が困難になれば、植物性食料か魚類への依存を深める他ない。だが、温帯森林環境では、熱帯森林と異なり、植物性食料のとれる量が季節によって大きく変動する。また、魚類資源に依存するにしても、冬場は水域での活動が困難である。したがって、この地域で生活を続けるためには、貯蔵が必須《ひっす》の条件となる。そして貯蔵は移動を妨げる。貯蔵の必要に迫られた人類が、定住を余儀なくされたことがこうして想像できるのである。

最近一万年間に起こった大きな変化

定住化の原因については、より詳細な議論が必要であろう。また、定住化の過程についても、それが漁具の出現と並行していること、水辺で起こっていることなど、他にも興味深い事実が見出される。

あまり横道に逸《そ》れないために、ここでは次の点を確認しておくにとどめよう。人類はそのほとんどの時間を遊動生活によって過ごしてきた。だが、気候変動等の原因によって、長く慣れ親しんだ遊動生活を放棄し、定住することを強いられた。いま私たちはその定住がすっかり当たり前の風景となってしまった時代を生きている。

定住化の過程は人類にまったく新しい課題を突きつけたことだろう。人類の肉体的・心理的・社会的能力や行動様式はどれも遊動生活にあわせて進化してきたものだからである。だとすると、定住化はそれら能力や行動様式のすべてを新たに編成し直した革命的な出来事であったと考えねばならない。

その証拠に、定住が始まって以来の一万年の間には、それまでの数百万年とは比べものにならない程の大きな出来事が数えきれぬほど起こっている。農耕や牧畜の出現、人口の急速な増大、国家や文明の発生、産業革命から情報革命。これだけのことが極めて短期間のうちに起こった。これこそ、西田が定住化を人類にとっての革命的な出来事と捉《とら》え、「定住革命」の考えを提唱する理由に他ならない。

では、その革命の中身は具体的にはいかなるものであったのだろうか？　人類はいかなる変化を強いられたのか? またいかなる課題を乗り越えねばならなかったのか? 引き続き、この革命がもたらした大きな変化について見ていこう。

そうじ革命・ゴミ革命

生活していればゴミが出るし、生きていれば排泄物が出る。したがって定住生活者は、定期的な清掃、ゴミ捨て場やトイレの設置によって環境の汚染を防がなければならない。私たちはそうしたことを当たり前と思っている。そうじをしなければならないことも、ゴミをゴミ捨て場に捨てることも、トイレで用を足すことも。

しかし、定住革命の視点に立つなら、これらはすこしも当たり前ではない。遊動生活者は、ゴミや排泄物のゆくえにほとんど注意を払わない。理由は簡単だ。彼らはキャンプの移動によって、あらゆる種類の環境汚染をなかったことにできるからである。遊動生活者にはポイ捨てが許されている。

するとこう考えることができる。数百万年も遊動生活を行ってきた人類にとって、そうじしたり、ゴミ捨て場をつくったり、決められた場所でのみ排便したりといった行動を身につけるのは容易ではなかったのではないか?

まずゴミについて考えよう。いま文明国の多くがゴミ問題に悩まされており、ゴミの分別をしきりに市民に教育している。だがうまくいかない。

これはある意味で当然のことである。ゴミというのは意識の外に放り捨てたものだ。もはや考えないようにしてしまったもの、それがゴミである。ゴミの分別とは、そうして意識の外に放り捨てたものを、再び意識化することに他ならない。考えないことにしたものについて再び考えなければならないのだから難しいのである。

遊動生活を行っていたときにはこのような課題に直面することなどなかった。食べたら食べかすを放り投げておけばよかったのだから。

定住生活を始めた人類は新たな習慣の獲得を強いられた。定期的に清掃活動を行い、ゴミはゴミ捨て場に捨てるという習慣を創造せねばならなかった。たとえば貝塚のようなゴミ捨て場を決めて、そこにゴミを捨てるよう努力した。

重要なのは、そのときの困難が今日にも受け継がれているということだ。ゴミの分別がなかなか進まないこと、そうじがまったくできない人がいることは、この困難の証拠なのである。

トイレ革命

次にトイレについて考えよう。子育てをしたことのある人ならだれでも知っているが、子どものしつけで一番大変なのが、トイレで用を足すのを教えることである。よく考えて欲しい。オムツをつけた幼児であっても、立ち上がり、駆け回り、話をし、笑う。おべっかなどの高度な技術を使って大人に自分の要求を飲ませようとすることもしばしばだ。彼らは生物として極めて高度な行動を獲得している。

それにもかかわらず、彼らは便所で用を足すことができない。それは周囲からの粘り強い指導の下でやっと獲得できる習慣である。

現在、布オムツから紙オムツへの移行によって、オムツ離れの時期が遅れてきていることが指摘されている（かつては二歳前でオムツ離れをすますことがほとんどだったが、いまでは三歳や四歳を過ぎてもオムツ離れできないことも珍しくない）。これは、決められた場所で排泄を行うという習慣が、人間にとってすこしも自然でないことのあらわれに他ならない。だからこれほどまでにそれを習得することが困難なのである。

特定の便所を設けないという文化は数多く存在する（ヴェルサイユ宮殿にトイレがないのは有名な話だ）。そもそも排泄行為を我慢することほどつらいものはない。

そうじやゴミ、そしてトイレについての考察は、定住革命というものの困難を教えてくれる。人類は大変な苦労を重ねて、ゴミと排泄についてのエートスを獲得してきたのだ。

しかもそれだけではない。ここから分かるのは、定住革命が、かつて人類が一度だけ体験した革命ではないということである。たしかに人類はある一定の時期に定住革命を成し遂げた。だが、定住生活を行う個々の人間もまたその人生のなかで定住革命を成し遂げなければならないのである。少なくとも二つ、すなわち、トイレで用を足すようになること、そして、そうじを行い、ゴミをゴミ捨て場に捨てるようになることである。定住生活を行う私たちは苦労をしてこの革命を成し遂げている（もちろん成し遂げていない人もいるが、それはすこしもおかしなことではない）。

定住革命は人類史上の出来事であると同時に、定住民がその人生のなかで反復しなければならない革命である。定住革命はいまここでも（トイレやゴミ捨て場で）行われているのだ。

死者との新しい関わり方

遊動民が死体をもって移動することは不可能である。だから死体はそこに置いていかれる。

だが、定住民にはそうはいかない。だから、特別の仕方で、置いておく場所を作らなければならない。それが墓場だ。実際、考古学においては、墓場がゴミ捨て場と並び、定住生活の開始を徴《しるし》づける重要なメルクマールになっている。[7]

こちらに生きている者の場所があり、あちらに死んだ者の場所がある。定住は、生者と死者の棲《す》み分けをもとめる。

すると、死者に対する意識も変化するだろう。あの場所にはあいつの体がある。でも、あいつはどこに行ってしまっただろう……。

死体の近さは、死者だけでなく、死への思いを強めるはずである。それは、やがて、霊や霊界といった観念の発生につながることだろう。それは宗教的感情の一要素となる。

社会的緊張の解消

定住社会では、コミュニティーのなかで不和や不満が生じても、当事者が簡単にコミュニティーを出ていくことができない。そのため不和や不満が蓄積していく可能性が高い。

学校でのクラスのことを考えると分かりやすいだろうか。ケンカや仲違《なかたが》いなどの不和が起こっても、生徒は毎日同じクラスに行って、同じ席に座らなければならない。

だが想像してみて欲しい。もし、席が毎日自由に決められたら？　しょっちゅう勉強の場所が変わったら？　少なくとも、不和が、すべてが固定されている場合と同じように堆積《たいせき》していくことはないだろう。新しい環境が人々をリフレッシュさせ、それこそ〝水に流す〟ことも多くなるに違いない。

定住社会の場合はそうはいかない。したがって、不和が激しい争いになることを避けるためにさまざまな手段を発展させる必要がある。「これはしてもよい」「これはしてはいけない」といったことを定める権利や義務の規定も発達するだろう。争いが起こったときには調停が行われるだろうが、そこで決定した内容を当事者たちに納得させるための拘束力、すなわち何らかの権威の体系もはぐくまれることだろう。法体系の発生である。

ちなみに、遊動狩猟民は、一般に、食料を平等に配分し、道具は貸し借りする。これは遊動民なりの、不和を避けるための技術と考えることができる。驚くのは、過度の賞賛を避ける習性をもっているということだ。ブッシュマンの社会では、大きな獲《え》物《もの》を捕らえてきた狩人は、頭を下げて、そっとキャンプに戻り、ひっそりこっそりと獲物を皆の目に付くところに置いておくのだという。過度に賞賛されて、権威的存在ができることを避けるのである。

社会的不平等の発生

遊動生活においては大量の財産はもち運べない。いや、そもそも大量の財産をもつ必要がない。食料はあたりから採ってくるのだし、道具などは貸し借りするからだ。

先に述べた通り、定住社会は食料の貯蔵を前提としている。これは私有財産という考え方を生む。また、貯蔵は当然、貯蔵量の差を生む。ここから経済格差が生まれる。そして経済格差は最終的に権力関係をもたらす。自らの財を用いて、人を使用（雇用）できるようになるからだ。財力のある者はその定住コミュニティーの権力者になる。

すると盗みなどの犯罪も発生するに違いない。もたざる者はもてる者から分捕ろうとするから。こうして、法体系はよりいっそうその必要性を増す。法秩序は文明の尺度の一つであろうが、これが定住という現象と強く結びついていることが分かる。

退屈を回避する必要

さて、ここまで定住化が人間にもたらした変化の一部をあげてきたが、本書にとって最も重要であるのは次の点だ。定住によって人間は、退屈を回避する必要に迫られるようになったというのである。どういうことだろうか？

遊動生活では移動のたびに新しい環境に適応せねばならない。新しいキャンプ地で人はその五感を研ぎ澄まし、周囲を探索する。どこで食べ物が獲得できるか？　水はどこにあるか？　危険な獣はいないか？　薪《まき》はどこでとればいいか？　河を渡るのはどこがいいか？　寝る場所はどこにするか？

こうして新しい環境に適応しようとするなかで、「人の持つ優れた探索能力は強く活性化され、十分に働くことができる。新鮮な感覚によって集められた情報は、巨大な大脳の無数の神経細胞を激しく駆け巡ることだろう」[8]。

だが、定住者がいつも見る変わらぬ風景は、感覚を刺激する力を次第に失っていく。人間はその優れた探索能力を発揮する場面を失っていく。だから定住者は、行き場をなくした己の探索能力を集中させ、大脳に適度な負荷をもたらす別の場面をもとめなければならない。

こう考えれば、定住以後の人類が、なぜあれほどまでに高度な工芸技術や政治経済システム、宗教体系や芸能などを発展させてきたのかも合点がいく。人間は自らのあり余る心理能力を吸収するさまざまな装置や場面を自らの手で作り上げてきたのである。

たとえば縄文人は、土器に非常に複雑な装飾を施した。単に生きるためであれば、土器は土器として使えればよいのであり、あのような装飾は不要である。その他にも縄文時代の定住者たちは、生計を維持するのには必要のないさまざまな物品を残した。装身具や土偶、土版、石棒、漆を塗った土器や木器等々。「それは石器や石屑《いしくず》、焼け石など、生活に必要なごく実用的な遺物の多い旧石器時代の遺跡のあり方とは、きわだった対照をなしている」[9]。

定住民は物理的な空間を移動しない。だから自分たちの心理的な空間を拡大し、複雑化し、そのなかを「移動」することで、もてる能力を適度に働かせる。したがって次のように述べることができるだろう。「退屈を回避する場面を用意することは、定住生活を維持する重要な条件であるとともに、それはまた、その後の人類史の異質な展開をもたらす原動力として働いてきたのである」[10]。いわゆる「文明」の発生である。

負荷がもたらす快適さ

人類の大脳は他の動物とは比べものにならないほどに高い情報処理能力を獲得した。遊動生活は人に多くの課題の解決を強いるが、そのことは結果として、この情報処理能力を十全に発揮させることになった。人間は遊動生活において自らのもてる能力を思う存分に発揮することができた。

もちろん遊動生活者のすべてがいつもそうできたわけではないだろう。遊動生活者は毎日キャンプを移動させるわけではないのだから、自らの「優れた探索能力」が行き場をなくしてしまう日もあったろう。

だが、そのときに彼らは移動できるのだ。キャンプの事情ですぐに移動できなくとも、彼らには必ず自らの能力を思う存分発揮するチャンスが訪れるのだ。

新しい環境で生活することは非常に大きな負荷をもたらす。引っ越し直後の苦労を考えてみればよい。どこで何が買えるのか？　どのルートで通勤・通学すればよいのか？　まわりには何があり、どんな危険が潜んでいるのか？　隣人とどういった関係を結んでいけばよいのか？　数限りない課題が待ち受けている。

遊動生活の場合も同じだ。新しい環境のなかで、生活のために必要な情報や資源をすばやく入手しなければならない。しかもそうした場面が日常的に訪れる。西田は指摘していないが時間的制約もあるに違いない。情報や資源の入手は日の出ている日中に行われる必要があるだろう。すると日没がタイムリミットとなる。移動後、新しいキャンプの位置を決めた後で、限られた時間内に、相当な課題をこなさねばならない。

そうした労苦こそは、まさしく遊動生活の困難として考えられてきたわけだが、遊動民の側から定住生活を見ることによって、この論理を逆転させることができるのだ。すなわち、遊動生活がもたらす負荷こそは、人間のもつ潜在的能力にとって心地よいものであったはずだ、と。

自分の肉体的・心理的な能力を存分に発揮することが強い充実感をもたらすであろうことは想像に難くない。そして、定住生活ではその発揮の場面が限られてくる。毎日、毎年、同じことが続き、目の前には同じ風景が広がる。そうすると、かつての遊動生活では十分に発揮されていた人間の能力は行き場を失う。もっといろいろなことができるはずであるのに、することがない。自分の能力を十分に発揮することができない。まさに退屈である。[11]

こうして退屈をまぎらせる必要が、人類にとっての恒常的な課題として現われることになる。もちろん遊動民が退屈を知らなかったということはないだろう。しかし、定住は退屈を、人間一人一人が己の人生の中で立ち向かわねばならない相手に仕立て上げたのだ。

〈暇と退屈の倫理学〉という一万年来の課題

先に、ゴミとトイレの事例に則して、定住民は自らの力で定住革命を成し遂げなければならないのだと述べた。同じ事が退屈についても言えるのではないだろうか？定住革命は退屈を回避する必要を与えた。ならば定住民は自らの手で、退屈を回避するという定住革命を成し遂げなければならない。ちょうどトイレに行って用を足し、ゴミ捨て場でゴミを捨てる習慣を身につけたように。

そして、当然ながら、トイレやゴミにかかわる定住革命が困難であるように、退屈にかかわる定住革命も困難である。それを成し遂げられない人がいることは、すこしも不思議ではない。

それどころか、ゴミにはゴミ捨て場、排泄物にはトイレという決定的な解決策が与えられたのに対し、退屈についてはこのような決定的な解決策が見出されていない。つまり、本書が取り組んでいる〈暇と退屈の倫理学〉は、一万年来の人類の課題に答えようとする大それた試みなのだ。

こう考えると、定住とは、パンドラの箱であったのかもしれない。そこから数えきれぬほどの災《わざわ》いが生じたのである。

パスカルは述べていた、「人間の不幸というものは、みなただ一つのこと、すなわち、部屋のなかに静かに休んでいられないことから起こるのだ」と。これはまさに定住以後の人間の不幸だ。だがパスカルよ、人間が部屋のなかに静かに休んでいられないのは当然のことなのだよ！

信仰の必要性を説くパスカルには従えない。そして、当然のことながら、遊動生活時代の復活を夢みることもできない。パンドラの箱には最後に「希望」が残っていたらしい。本書はまさにこの「希望」の探求である。

*遊動生活者と定住生活者についての注

先に紹介した岡村道雄『縄文の生活誌』には、当時の生活を読者にうまく思い描いてもらうために著者の岡村が創作した物語が挿入されている（他の部分と区別するためにフォントを変えて印刷されている）。

同書を単なる学術書とは異なる一流の読み物たらしめているこの物語は実に興味深いものなのだが、それだけではない。岡村は定住革命を説いているわけではないが、彼が想像した先史時代の人々の生活の物語は、実に見事に定住革命説に、とりわけ退屈の定住革命的解釈に一致しているのである。

どういうことかと言うと、話は実に単純であって、岡村の描く物語のなかで、遊動時代の人々は実に忙《せわ》しなく働き、課題をこなしていくのに対し、定住時代の人々は実にのんびりと優雅に過ごしているのだ。

まず、約二万三千年前、現在の宮城県仙台市富沢とその周辺で生活していた二人の壮年男性と一人の青年の物語を見てみよう（言うまでもなくこれは岡村の想像した物語である）。彼らは遊動生活を営んでいる自分たちのキャンプからすこし離れてある任務に携わっていた。「使い込んで小さくなったナイフ形石器が、ついに四つに折れてしまった。もう捨てるしかない。男がムラ〔短期の生活拠点〕にいたときからずっと使い続けてきた、大事な道具だ。この石器は、山形盆地の寒河江《さがえ》川に出かけたときに作ったものの一つである。〔…〕春先に山へ向かって移動するニホンジカの群れの動きを、今日、やっと確認できた。これで、とりあえず明日は家族が待つムラに戻れる。ただ、帰る道すがらでも石器は必要なので、急いで代わりを作らなければならない。昨日、三十分ほど南に歩いたところを流れる名取川で拾っておいた黒色頁岩《けつがん》を、皮袋から取りだした。〔…〕このあたりは、西側に丘陵が続き、遠くに見える奥羽《おうう》山脈には、まだ雪が厚く被《かぶ》っている。丘陵の麓《ふもと》には、扇状地がいくつも形成され、東へなだらかにのびていた。小さな河川が蛇行して幾筋にも分かれ、とくに富沢周辺は、扇状地形に挟まれた低湿地にあたっており、ところどころに沼地があった。しかし、おおむね平坦《へいたん》な土地で、草原が広がり、まばらに針葉樹の林が点在する見通しの良い地形であった。／数日前から三人は、ここを中心にシカの群れが現れるのを見張りながら、食料や資材になりそうなもののありかをさぐっていた。〔…〕男三人は、西側に続く丘陵の麓を、男たちの集団の本拠地ムラに向かって歩きはじめた。〔…〕三人の男のムラでは、妻や子どもたちは、今か今かと男たちの帰りを待っていた。男たちは家族の元へ戻っても、のんびり休む暇もない。やがて移動してくるニホンジカの群れを迎え撃つために、槍の先に付ける尖《とが》ったナイフ形石器をはじめ、解体に適した鋭いナイフ形石器や彫刻刀形石器を作らなければならないからだ」（三九〜四四頁《ページ》）。

続いて、約一万一千年前、シシ（兄）とサル（弟）の二家族。彼らの年老いた母と、それぞれに妻、二人の子どもがいる。夏と冬を中心とした、二時期の「振り子型半定住生活」をいとなむ集落の物語。先の遊動生活者たちの生活と比べて、どのように描かれているかを見て欲しい。

「夏ではあるが、丘陵の上にいると周囲から風が吹き上げ、けっこう涼しい。見下ろすと丘陵の下には沖積平野が広がり、遠く北西方向には、東シナ海に続く吹上浜の砂丘が望める。／シシは今年、サルの家族を誘って、二回目の夏をまたここ栫ノ原《かこいのはら》で過ごしている。日が落ちはじめた西の空が、真っ赤な夕焼けに染まるのを眺めながら、久しぶりに、ゆったりとした時間をひとり楽しんだ。／「この頃、少し暖かくなってきたようだ。自分が生まれた頃にくらべると、吹上浜の海岸もだいぶ内陸に入り込んでいる。そういえば、このあたり一帯の植物も、広葉樹が多くなってきたような気がする」。〔…〕今の季節、二つの家族は、草地の上に簡単な小屋掛けをしただけの住居で暮らしている。春には山菜やフナなど川の小魚を、夏になるとしばしば海まで出かけて貝や魚を、秋が来るとシイやアカガシなどの木の実を採った。最近では、とくに木の実の収穫が増え、人手が足りなくなるほどだ。炉穴《ろあな》で薫製《くんせい》にして保存食料とする魚やシカ、イノシシの肉と一緒に、冬に備えて貯蔵した。／妻のアザミは、今日シシが捕ってきた魚を、石組み炉で焼いていた。このあたり一帯に多くある溶結凝灰岩の板石を運び込んで、舟の底のような形に組んだ炉である。つい最近までは一カ所に数カ月も居住することはなかったので、わざわざ重い石を運んで炉を築くこともせず、焚《た》き火だけで調理をしたり暖を取っていた。〔…〕食事が終わったころにはあたりがすっかり暗くなり、たくさんのホタルが飛び交い、空にはかぞえきれないほどの星が、すぐそこに手が届くように輝いていた。今日も無事に過ごせたことを、家族みんなで感謝しよう。しばらくそれぞれの思いに耽《ふけ》っていたが、やがて、細い柱を立て、カヤで簡単に屋根を葺《ふ》いた小屋に潜って、早めの眠りについた」（六四〜六七頁）。

生きるために次々と課題をこなしていく遊動生活。それは苦しい生活というよりは、むしろ語の正確な意味において充実した生活であろう。そこでは、生きることと自らの活動とががっちりと組み合っている。対し、定住生活において人は余裕をもつ。夕日を眺めて物思いに耽り、調理の仕方も工夫し、食事の後には感謝のお祈りもする。この余裕が退屈へと移行するのにほとんど時間はかからない。どちらの生活がよかったとかわるかったとかいった話ではない。この革命は人類に大きな課題を与えたのである。

＊定住革命の哲学的意味についての注

定住革命という考え方がもつインパクトは計り知れない。本書ではこれを退屈との関わりにおいてしか捉えることができないが、この考えは哲学に対しても大きな影響をもたざるを得ないだろう。

もうすこし詳しく言うと、定住中心主義に対する批判は、哲学的人間観を根本的に変更せしめる可能性をもっている。というのも、哲学のなかには定住中心主義があるように思われるからである。それを最もはっきりと言明し、「住む」ということに人間の本質を見出し、そこから広大深淵《しんえん》な哲学的思索を繰り出した思想家が、本書でも既に何度か名前をあげたマルティン・ハイデッガーである。たとえば、「建てる 住む 思考する」と題された講演のなかで、彼はこう述べている。

「ich bin〔英語で I am――引用者注〕とは何のことだろうか。bin がそれに属する古い語 bauen は答える。ich bin、du bist が意味するのは、ich wohne〔我ハ住ム〕、du wohnst〔汝ハ住ム〕ということである、と。汝があり、我があるその様式、我々人間たちがそれに従って地上にあるその仕方は、das Buan〔buan は古高ドイツ語で bauen（住む）に対応する語――引用者注〕すなわち住むということ das Wohnen である。人間であるとは、死すべきものとして地上にあることであり、それは住むことである」[12]。

ハイデッガーの断言には強い力が込められている。人間であるとは住むことである。Ich bin（私がある）が意味するのは、ich wohne（私は住む）である。ハイデッガーは、人間の本質を住むことに見る。

これはおそらく彼が生涯貫き通した主張であった。初期の著作『存在と時間』（一九二七年）は、人間を「世界内存在」として定義したうえで、ここに言われる「内存在」（＝中にあること）とは「……のもとに住む」の意であると解説している[13]。

約二〇年後に書かれた『ヒューマニズムについての手紙』（一九四六年）でも、同書を解説しながら、「世界内存在」の本質が「住むこと」にあることを再確認している。[14]定住革命説を検討した私たちは、このような露骨な定住中心主義には距離をとらざるを得ない。このような人間観は最近一万年の人間にしか通用しないものであるかもしれないからだ。

しかし、ハイデッガーは最近一万年のことしか考えていない視野狭窄《きょうさく》の哲学者であるなどと言って彼を批判した気になっているとすれば、浅はかと言う他ないだろう。なぜなら私たちがいま住んでいること、住まないわけにはいかないこと、これらは厳然たる事実だからである。そもそも本書は、定住革命説による定住中心主義への批判を重大な問題提起として受け止めつつも、やはり、住むことを前提にして書かれている。

ここで紹介した「建てる 住む 思考する」という講演の背景は、さらに慎重な判断を私たちに迫るものである。同講演は、第二次大戦後の一九五一年、ドイツ・ヘッセン州ダルムシュタット市で行われたシンポジウム「人間と空間」で行われた。このシンポジウムでは、戦災からの復興、これからのドイツ建築のあり方が大きなテーマとなっていた。既にドイツは戦後復興の端緒につこうとしていたとはいえ、そこでは破壊された都市がイメージされていたはずである。

ハイデッガーは住居不足の悲惨にも言及している。そしてそのうえで、「住むということの本来的な欠乏」ということを言う。人間はまだ、住むということがどういうことなのか理解していないと言うのである。さらにハイデッガーは、人間は「住むことをはじめて学ばねばならない」とも述べている[15]。

ハイデッガーの露骨な定住中心主義からは、彼の思想の根幹に本書の構想とは相容《あいい》れないものがあることが窺《うかが》える。しかし、「住むことをはじめて学ばねばならない」という問いかけそのものは〈暇と退屈の倫理学〉の構想と共鳴する。

住むとはどういうことなのか？　人間はどう住むべきなのか？　住むことについてのハイデッガーの考察は、本書の後半で論じられるその退屈論とも無縁ではないはずだ。

第三章

暇と退屈の経済史

——なぜ〝ひまじん〟が尊敬されてきたのか？

前章では定住革命説を参考にしながら、退屈の起源について考察した。そのなかで、退屈という悩みは人類の生活様式の大きな変化と関わっていることが分かった。

本章では、その後の歴史のなかで、人類がどう暇と退屈に向き合っていったのかを見ていきたい。その際、特に経済との関わりに焦点を絞ることにしよう。暇と退屈の問題はもちろん文明の全体と関わっている。だが、経済との関わりはそのなかでも特に重要と思われる。実際、このテーマでいくつかの重要な研究が既になされているのである。

暇と退屈はどう違うか？

さて、〈暇と退屈の経済史〉の考察に乗り出す前に、ここで一度落ち着いて、本書のキーワードを見なおしてみたい。そのキーワードとはもちろん、「暇」と「退屈」である。

これまでこの言葉を何度も使ってきた。けれども、それらをきちんと定義していなかった。いや、それどころか、暇と退屈はまったく別物であるというのに、それらを区別すらしていなかった。

「暇」と「退屈」という二つの語は、しばしば混同して使われる。「暇だな」とだれかが口にしたとき、その言葉は「退屈だな」と言い換えられる場合が多い。しかし、当然ながら暇と退屈は同じものではない。

暇とは、何もすることのない、する必要のない時間を指している。暇は、暇のなかにいる人のあり方とか感じ方とは無関係に存在する。つまり暇は客観的な条件に関わっている。

それに対し、退屈とは、何かをしたいのにできないという感情や気分を指している。それは人のあり方や感じ方に関わっている。つまり退屈は主観的な状態のことだ。

たとえば、定住革命は暇という客観的条件を人間に与えた。それによって人間は、退屈という主観的状態に陥った。このように説明できるだろう。

こうして二つの語を正確に位置づけると、新しい問題が見えてくる。両者の関係の問題である。暇と退屈の関係はどうなっているのだろうか？　両者は必然的に結びつくのだろうか？　暇に陥った人間は必ず退屈するのだろうか？　それとも、暇に陥った人間は必ずしも退屈するわけではないのか？

あるいはまた、退屈の側から暇を眺めれば次のような問いが出てくる。退屈は必ず暇と結びついているのだろうか？　つまり、退屈しているとき、その人は必ず暇のなかにいるのだろうか？　それとも退屈しているからといって、必ずしも暇のなかにいるわけではないのだろうか？

尊敬される〝ひまじん〟

上の問題を、暇の価値という観点から考察してみよう。

私たちは「ひまじん」という言葉をいい意味では使わない。それはたいてい人をバカにするために用いられる。また、「暇だ」という一言が自慢げに語られるとは思えない。要するに暇というのは評判が悪い。

ところがこれと逆のことを述べた本がある。経済学者ソースティン・ヴェブレン[1857-1929]の『有閑階級の理論』（一八九九年）である。

有閑階級《レジャー・クラス》とは、相当な財産をもっているためにあくせくと働く必要がなく、暇を人づき合いや遊びに費やしている階級のことを言う。ヴェブレンはこの階級に注目しながら、人類史の全体を描き出そうとした。

この本を読み始めると読者は最初とても驚く。いま述べた通り、そこでは、暇であることにはかつて高い価値が認められていたと書かれているからである。つまり、有閑階級は周囲から尊敬される高い地位にある階級だったと書かれているのである。しかし有閑階級とは、いわば〝ひまじん〟の階級である。なぜこのようなことになるのだろうか？

このような疑問が出てくる原因は、暇と退屈の混同にある。既に述べたように、私たちはしばしば両者を混同する。「暇だ」という言葉はほとんどの場合、「退屈だ」という意味である。だから暇であることが悪いことに思えるのである。「ひまじん」という言葉に否定的な価値が与えられるのもそのためだ。

しかし、よく考えてみよう。暇があるとはどういうことだろうか？　言うまでもなく、暇があるとは余裕があるということだ。余裕があるとは裕福であるということだ。すなわち、あくせく働いたりしなくても生きていける、そのような経済的条件を手に入れているということだ。

逆に、暇のない人たちとはどういう人たちであろうか？　暇のない人とは、自由にできる時間がない人、つまり、自らの時間の大半を労働に費やさねば生きていけない人のことだ。暇のない人とは、経済的な余裕のない人である。経済的に余裕がないのだから、社会的には下層階級に属する。いわゆる「貧乏暇なし」のことである。

有閑階級とは、社会の上層部に位置し、あくせく働いたりせずとも生きていける経済的条件を獲得している階級である。彼らは労働を免除されている。労働は下層階級が彼らの代わりに、彼らのために行うのである。それ故《ゆえ》、ヴェブレンはこのように述べたのだ。ギリシャ哲学者の時代から現代にいたるまで、労働を免除されていること、そこから解放されていることこそが価値あるすばらしいことだったのだ、と。[1]

こう考えてもよいだろう。有閑階級とは、いわば、暇であることを許された階級である、と。

有閑階級と所有権

有閑階級と言うとたぶん「有閑マダム」なる言葉を思い起こす人が多いと思う。また一般に有閑階級と言うと、一九世紀の資本主義社会を謳歌《おうか》したブルジョワジーや、預金から得られる利子だけで生活する金利生活者などを指す場合が多い。

だがヴェブレンはこの言葉をもっと広い意味で使っている。彼によれば有閑階級は人類史のある時点で発生し、それ以降、人類の歴史をずっと規定してきた存在なのである。

有閑階級は、人類が「原始未開状態《プリミティヴ・サベッジ》」から「野蛮状態《バーバリアン》」へと移行する際に発生した階級であるとヴェブレンは言う。[2] ここで、原始未開状態は平和的な生活が営まれていた状態、野蛮状態は人間が好戦的になった状態を指している。

ヴェブレンによれば、人類はかつて平和のなかで生きていた。[3] だが、その後、何らかの理由で戦争や略奪を好む存在へと変わっていった。有閑階級は戦争や略奪を好む状態とともに発生したと言われている。[4] ヴェブレンはこの野蛮状態への移行を、所有権の発生として説明している。[5] つまり、有閑階級は所有という考えが発生すると同時に生まれた階級だと言っているのである。[6]

所有権が制度化されれば、私有財産なるものが存在し始める。私有財産が存在し始めれば、財産の差、つまり貧富の差が生まれ、やがては階級の差も出てくる。有閑階級とは、私有財産にもとづく格差を内在する社会に特有の階級だということになるだろう。

暇の見せびらかし

彼ら富をもつ者は、自分たちで生産的活動を行う必要がない。やるべき仕事がない、そのことこそが彼の力の象徴である。暇であることこそが、尊敬されるべき高い地位の象徴である。したがって暇は明確なステータスシンボルとなる。

暇はステータスシンボルなのだから、有閑階級は自らの暇を見せびらかそうとする。

これをヴェブレンは「顕示的閑暇《けんじてきかんか》」と呼ぶ。これは『有閑階級の理論』という本のカギとなる概念であり、有閑階級の根幹を支えるものである。

有閑階級は暇を見せびらかしたい。では、どうすればよいだろうか？　単に暇であることを人に見せつけることは難しい。そこで、彼の暇を目に見える形で分かりやすく代行してくれる人間集団が登場する。使用人集団である。彼らは暇を代行してくれる存在である。[7]

彼らはきれいな身なりをして、自分たちに多大な費用がかかっていることを示す。調度品の維持など、生活するには大して重要でもない仕事を熱心に行い、主人に仕える。[8]これが「閑暇の遂行」である。[9]「暇を遂行する」とは奇妙な感じがするが、まさしく彼らはそれを仕事にしているのである。

顕示的閑暇の凋落《ちょうらく》

暇の見せびらかしが進んだ段階を、ヴェブレンは「半平和愛好的産業段階」と呼ぶ。奴隷《どれい》の使用など、略奪や暴力をむき出しにした暇の見せびらかしは避けられているからである。

しかし、「半平和愛好的産業段階」で実現されているのは、その名の示す通り、完全な平和ではない。平和は形式的なものに留まっている。[10] それは当然だろう。他人の暇を「遂行」するために人が雇われるような社会が不平等に満ちていることは言うまでもないからだ。

歴史もまたこのような判断を下し、社会は徐々に変化していった。賃金労働者と現金支払制を中心にした「平和愛好的産業社会」の到来である。[11] これは、ヴェブレンが『有閑階級の理論』を出版した頃に現れ始めていた二〇世紀の大衆社会を指していると考えられよう。

一九世紀末から二〇世紀頭にかけて、いわゆる有閑階級（その大半は利子生活者）の凋落が見られた。両世紀の境目を生きたヴェブレンの頭にもおそらく、凋落していく有閑階級の姿が思い描かれていただろうと思われる。[12]

この段階に至ると、使用人集団が減ってくる。富の再配分が見なおされ、階級差はすこしずつ縮まっていった。その結果として、暇の見せびらかしも有効性を失う。

その代わりに現れたのがステータスシンボルとしての消費である。ある人物がどれほどの使用人を抱えているかは、その人の家にでも招かれてみなければ分からない。だが、何を着ていて、どんな家に住んでいて、どんな車に乗っているかは、一目見れば分かる。社会の規模が大きくなるにつれて、一目見てすぐに分かるようなステータスシンボルの方が重宝されるようになったわけだ。

また、かつては従者が自らの存在そのものによって主人の地位を顕示していたが、この段階に入ると、顕示の役割を担《にな》うのは妻である。妻が消費を代行し、それによってまさしく〝主人〟の地位を示す。

ヴェブレン理論の問題点

さて、以上がヴェブレンの歴史理論の大枠なのだが、読んでいると、いくつもの疑問が出てくる。それはなぜかと言えば、何でもかんでも顕示的閑暇で説明しようとしているからである。本当にそれによって歴史のダイナミクスを説明できるのだろうか？　たとえば使用人集団の発生を暇の見せびらかしというだけで説明できるだろうか？　単に、使用人集団に、暇の見せびらかしという一機能があったというだけのことではないだろうか？　顕示的閑暇は本当に歴史を動かしてきた動因なのだろうか？

他にもいくつか問題はある。だが、ここではある一つの概念に注目したい。この概念はヴェブレン理論の問題点の核心を教えてくれるからである。

その概念とはヴェブレンの掲げる「製作者本能 instinct of workmanship」である。製作者本能は、「有用性や効率性を高く評価し、不毛性、浪費すなわち無能さを低く評価する感覚」と定義されている。[13] 要するに、無駄を嫌う性向のことだ。ヴェブレンはそうした性向が人間の中に本能としてあると言う。

たとえば、平和愛好的産業社会の段階になると、この本能は無駄と思われるものを審美的に拒否する感覚として現れるとヴェブレンは言う。[14] この本能は人間に、暇の見せびらかしや誰かに暇を代行させるといった明らかな無駄を蔑《さげす》ませる。さらには物や努力の無駄な消費に対する非難をも生み出す。[15]

さて、製作者本能は無駄を嫌う傾向のことなのだから、ここまでは簡単だ。問題はこの後である。ヴェブレンはなぜか、暇の見せびらかしの基礎にあるのもこの製作者本能だと言うのである。「特殊な事情の下では」――という言い訳がましい一言を付しながらヴェブレンは言うのだが[16]――この製作者本能は階級の区別や、武勇に対する好みを生み、結果的に「競争心に基づく力の誇示」をもたらす。[17]

製作者本能は暇の見せびらかしを生み出す。しかし、製作者本能は暇の見せびらかしを蔑ませるとも言われていたではないか？

暇の見せびらかしを生み出すものが、暇の見せびらかしを蔑ませるというのは何も説明していないに等しい。要するにヴェブレンの説明はここで破綻《はたん》している。

別の観点から言えば、「製作者本能」という言葉は実はあってもなくてもどちらでもいい。顕示的閑暇が或《あ》るときに生まれ、それに対する蔑みが或るときに生まれたと言えばいい。それだけのことである。

アドルノのヴェブレン批判

なぜヴェブレンは無理をしてまで、こんな「本能」を人間に見出《みいだ》すのだろうか？答えは簡単である。人間に製作者本能をもっていてもらいたいとヴェブレン自身が切望しているからである。ヴェブレンは自分の欲望をそこに投影している。彼は、浪費や贅沢《ぜいたく》を嫌う性向を人間の中に本能として見出したくて仕方ないのだ。

製作者本能を本能として説明するならば、過去の歴史もすべてこの本能から説明しなければならなくなる。暇の見せびらかしもこの本能によって説明しなければならなくなる。だから無理が出てくる。

本書の序章で言及した哲学者のアドルノがこの点を明確に指摘している。ヴェブレンはピューリタン的である。彼は、額に汗して労働することだけが幸福をもたらすのであり、文化などは浪費に過ぎないと考えている。[18] これがアドルノによるヴェブレン批判の骨子だ。[19]

アドルノは、ヴェブレンは有閑階級を妬《ねた》んでいるのだと鋭く指摘している。なぜヴェブレンは彼らを妬んでいたのだろうか？　働かずに生きていける階級が存在していることが許せなかったからだろう。だからこそヴェブレンは、額に汗して働くことだけが幸福をもたらすはずだと考えた。というか、そう自分に言い聞かせた。

アドルノは芸術を非常に高く評価した哲学者である（自身はもともと作曲家志望であった）。だからヴェブレンのように、労働することこそがすばらしくて文化などはまやかしであるとか、そもそも人間には製作者本能が備わっているなどといった説はガマンならなかったのだろう。

ヴェブレンvsモリス

『有閑階級の理論』第六章には工業製品を論じた箇所があるのだが、それを読むとアドルノの批判がまっとうなものであったことがよく分かる。

ヴェブレンはこう言う。工場で作られる日用品はありふれているがゆえに嫌われることがある。だが、それはまちがっている。どこに行っても同じものがあるということはその製品の完全性の証拠だ。手作り品と機械製品を比べてみよ。機械製品の方が仕上がりははるかに完璧《かんぺき》だ。デザインも細部までずっと正確に再現されている。それに比べて手作り品はどれもバラバラだ。まったく同じものを大量生産できる機械製品がいかにすばらしいか！　こういう次第である。

さて大変興味深いことに、ヴェブレンはこう主張した後で、本書が序章で取り上げたウィリアム・モリスに言及する。もちろん否定的な言及である。

モリスはアーツ・アンド・クラフツ運動を始めた。芸術性を兼ね備えた手作りの日用品こそが民衆の生活のなかに入っていかなければならないとモリスは考えていた。しかしヴェブレンによれば、そのような運動は「不完全性への礼讃《らいさん》」に他ならない。工業製品の完全性に対する単なる反動であり、「無作法と無駄な努力に関する彼らの宣伝」にすぎない。ヴェブレンの工業製品びいきは実に徹底している。

この対立は実に興味深いものである。というのも、まさしくモリスは、産業革命以降、粗悪な工業製品が人々の生活を覆《おお》い尽くしてしまったことを嘆いてアーツ・アンド・クラフツ運動を始めたからである。工業製品という同じ品を巡《めぐ》って、ヴェブレンとモリスはまったく反対の評価を下しているわけである。

二人のそもそもの好みが正反対ということだろうか？　これは趣味の違いだろうか？

いや、アドルノの視点から見れば、この対立の意味するところを解き明かすのは簡単だ。ヴェブレンは「文化は浪費」だと思っている。だから、芸術的価値ばかりを取り上げて、工業製品を批判するモリスが気にくわないのだ。

　モリスは正反対である。彼は文化あるいは芸術こそが人々に幸福をもたらすと考えている。あるいはまた、人々を幸福にするような文化・芸術が必要だと考えている。労働は必要である。しかし人間の生が労働だけに縛《しば》られてはならない。労働に縛られない世界がもたらされねばならない。

暇を生きる術《すべ》を知る者と知らぬ者——「品位あふれる閑暇」

　ヴェブレンは労働を過度に高くもち上げ、文化や贅沢を過度に貶《おとし》める。彼自身、「有閑階級」への妬《ねた》みをもっており、それがその理論に大きな歪《ゆが》みをもたらしている。その歪みが最もよく現れているのが「製作者本能」の概念であり、これが彼の歴史理論に大きな矛盾を引き起こしている。

　このようにヴェブレンの本には重大な欠陥がある。しかし、だからといって『有閑階級の理論』を全面否定してしまうのは早計だ。実はこの本には、有閑階級をまったく別の視点から見なおすヒントもまた見出せるのである。その点を見ていこう。

　歴史のなかで労働に対する負のイメージはすこしずつ消えていった。有用な努力は肯定的に捉《とら》えられ、むしろ閑暇を見せびらかすという無駄は非難されるようになった。

これは一八・一九世紀のブルジョワ社会の段階を指している。

さてヴェブレンはこの段階での新しい有閑階級の大部分、つまりブルジョワジーが、平民の生まれであることに注目する。どういうことだろうか？

ブルジョワジーというのは裕福である。金持ちである。しかし歴史が示す通り、彼らは成り上がりである。成金である。つまり、彼らには金も力もあるのだが、教養がない。なぜならもとは平民だからだ。

ここでヴェブレンは「品位あふれる閑暇 otium cum dignitate」というキケロの言葉を掲げる。[20] 古い有閑階級、たとえば貴族はこれを知っていたと言うのだ。有閑階級、正確に言うと有閑階級の伝統をもつ者たちは、暇を生きる術を知っていた。彼らは品位あふれる仕方で、暇な時間を生きることができた。

それに対し、新しい有閑階級は暇を生きる術を知らない。彼らは暇だったことがないから。彼らは金のためにあくせく働いてきた。だから彼ら新しい有閑階級は「品位あふれる閑暇」を知らない。有閑階級の伝統をもたないから。よって暇になるとどうしたらいいのかが分からない。暇に苦しみ、退屈する。

さらに二〇世紀の大衆社会は、より大きな問題をもたらすことになるだろう。ブルジョワジーのみならず大衆もまた暇を手にすることになる。幸か不幸か、労働者に

	暇がある	暇がない
退屈している	・暇を生きる術をもたぬ大衆 ・気晴らしにいそしむ人間（パスカル） ・日常的な不幸に悩む人間（ラッセル）	？
退屈していない	・暇を生きる術をもっていた階級 ・労働する必要のない階級 ・有閑階級（上層階級）	・労働を余儀なくされている階級 ・労働階級（下層階級）

暇と退屈の類型

余暇《レジャー》の権利が与えられたからだ。

　これは何を意味するか？　暇を生きる術を知らないのに暇を与えられた人間が大量発生したということだ。有閑階級が常に引き受け、また対応してきた課題が、一挙に社会問題化したわけである。

　かつての有閑階級は、暇のなかで退屈せずに生きる術を知っていた。ならば、有閑階級は〈暇と退屈の倫理学〉にとって極めて重要な存在である。彼らにおいては暇と退屈が結びつかない。だからこそ、「品位あふれる閑暇」という伝統が存在していた。

　もちろん、この階級が他の階級の大いなる搾取《さくしゅ》によって成立していたことを見逃してはならない。この階級を美化してはならないし、その復活を望んでもならない。

だが、彼らの存在はヒントになる。暇と退屈を直結させないロジックを彼らは与えてくれる。本章冒頭の問いに戻って言えば、暇のなかにいる人間が必ずしも退屈するわけではないことを教えてくれる。[21]

この意味において、つまり、著者ヴェブレンの意図とはほとんど無関係なところで、『有閑階級の理論』は重要な著作なのである。

ラファルグの労働賛美批判

いま余暇の権利に言及した。続いてこれについて考えよう。

有閑階級が没落した後、労働者階級は余暇《レジャー》の権利を得る。余暇の権利という考え方が成立するためには、労働観の転換が必要であった。つまり、労働を神聖視し、労働することそれ自体がすばらしいとする労働観が覆《くつがえ》されねばならなかった。

このように述べると、『有閑階級の理論』が述べていたことに反すると思われるかもしれない。あのなかでは労働は歴史を通じて忌《い》み嫌われてきたと書かれていたからだ。

たしかに歴史上そのような時代は長く続いた。しかし、一九世紀に労働者の運動が盛んになるにつれて事態は急速に変化していった。労働者の権利を要求する運動は、おのずと、労働者そのものの賛美を内に抱え込む。すると、労働者のアイデンティティである労働もまた高い位置に置かれることになる。

余暇の権利を確立するにあたり覆された労働観とは、このような労働観のことを指している。だからそれは歴史的に見れば新しいものだ。

労働賛美を疑う思想は、労働運動に携わる者のなかから生まれてきた。最も有名なのが社会主義者ポール・ラファルグ［1842-1911］の労働賛美批判である。

ラファルグはこう言った。労働運動に関わるものたちは労働者を賛美し、労働を称《たた》えている。しかし、よく考えてみろ。労働賛美はそれこそ労働運動の敵である資本家がもとめていることではないのか？　資本は労働者をもっともっと働かせたいと思っているのだから！

ラファルグは、フランスの二月革命で労働者が掲げた要求である一八四八年の「労働の権利」が労働を神聖視していることに疑問を感じ、『怠ける権利』という政治文書を発表する。第一章の冒頭は次のように始まっている。

資本主義文明が支配する国々の労働者階級は、いまや一種奇妙な狂気にとりつかれている。その狂気のもたらす個人的、社会的悲惨が、ここ二世紀来、あわれな人類を苦しめつづけてきた。その狂気とは、労働への愛、すなわち各人およびその子孫の活力を枯渇《こかつ》に追いこむ労働に対する命がけの情熱である。こうした精神の錯誤を食い止めることはおろか、司祭も、経済学者も、道徳家たちも、労働を最高に神聖なものとして祭り上げてきた。[22]

労働者階級は、自分たちを苦しめている元凶である労働を信奉するという「狂気」に陥っている、というわけだ。ラファルグは学生時代から社会主義運動に入り、ロンドンでマルクスと会う。マルクスの次女のラウラと結婚したことは日本でもよく知られている。つまりそれほどマルクスの近くにいた。

ラファルグの思い込み

しかし、期待に胸をふくらませてラファルグの文章を読んでみると、大いに失望することになるだろう。ラファルグの文章には「資本主義文明」についてのいかなる洞察もない。いったいマルクスのそばで彼は何を学んだのだろうか？　彼の文章には分析が欠けている。労働が労働者を苦しめているのに労働者がそれを賛美するのはおかしいと言っているだけなのだ（ちなみに、マルクスはラファルグとラウラの結婚に大反対だった）。

たとえば『怠ける権利』の末尾は次のようになっている。

もしも労働者階級が、彼らを支配し、その本性を堕落させている悪癖を心の中から根絶し、資本主義的搾取の権利にほかならぬ人間の権利を要求するためではなく、悲惨になる権利にほかならぬ働く権利を要求するためではなく、すべての人間が一日三時間以上労働することを禁じる賃金鉄則を築くために、すさまじい力を揮《ふる》って立ち上がるなら、大地は、老いたる大地は歓喜にふるえ、新しい世界が胎内で躍動するのを感じるだろう……。〔…〕おお、《怠惰》よ、われらの長き悲惨をあわれみたまえ！　おお、《怠惰》よ、芸術と高貴な美徳の母、《怠惰》よ、人間の苦悩の癒《いや》しとなりたまえ[23]！

もちろんアジテーションを目指した文章なのだから仕方がないという向きもあるだろう。それに質の低い政治文書などありふれているのだから、ここでラファルグを取り上げて非難するのは悪趣味とも思われるかも知れない。

だがラファルグをここで取り上げるのには理由がある。彼は余暇や怠惰と資本主義の関係について根本的な思い違いをしているからである。

ラファルグは「資本主義文明」が大嫌いである。だから、労働者階級が労働を賛美することで、それとは気づかずに資本の論理に取り込まれていることが許せない。怠惰の賛美はそこから出てくる。労働をもとめるのではなく、余暇をもとめること。それこそが資本の論理の外に出ることだとラファルグは信じている。

しかし、実はそれは完全にまちがっているのだ。ラファルグの能天気な思い込みは、二〇世紀に木《こ》っ端《ぱ》みじんに砕け散ったと言ってよい。なぜなら、余暇は資本の外部ではないからだ。どういうことか引き続き見ていこう。

労働者を使って暴利を貪《むさぼ》るにはどうすればよいか？

一九世紀に労働運動が広まりを見せ始めた頃、労働者の権利はゼロに等しかった。マルクスの『資本論』の「労働日」の節を読んでみるといい。一九世紀イギリスの労働者の労働状況がよく分かる（二七時間労働、炭坑で働く幼児……）。

当時の資本家は、規制のないのをいいことに、労働者をこき使うことができた。そしてそれに対する反省から、工場法などが次第に整備されていき、労働者の権利が社会的に認知されるようになる。

ここで立ち止まって考えてみよう。労働者の権利が守られていなかった当時、資本家は労働者をこき使い、暴利を貪っていた。たしかにこれは事実である。

だが、労働者は生物である。明らかな体力的限界をもっている。ろくに休ませもせずにこき使うというのはその人間に無理をさせるということだ。

さて、人間に無理を強いて働かせるとどうなるか？　当然、効率は悪くなる。同じ仕事をするにしても、調子がよいときよりも、時間がかかってしまったり、失敗したりする。

するとこう考えねばならない。労働者を使って暴利を貪りたいのであれば、実は労働者に無理を強いることは不都合なのだ。労働者に適度に余暇を与え、最高の状態で働かせること——資本にとっては実はこれが最も都合がよいのだ。

フォーディズムの革新性

そのことに気がつき、それまでの生産体制を一新するスタイルを発明したのが、アメリカの自動車王ヘンリー・フォード［1863-1947］である。[24]

フォードは一九〇三年にフォード・モーター社を設立。一九〇八年に有名な大衆車フォードT型を売り出す。当時非常に高価であった自動車を低価格で販売し、大衆の足にすることに成功した。それは画期的な出来事だった。

値段の変化は驚くべきものである。発売当時の価格は八五〇ドルだったが、一九二四年には二九〇ドルにまで下がっている。二四年当時には一九九万台を販売して市場占有率が五〇パーセントを超えた。この驚異的な成長を可能にしたのが、フォーディズムと呼ばれるまったく新しい生産方式であった。

フォーディズムはまず、その組み立てラインによって特徴づけられる。シカゴの精肉業者が用いていたコンベヤシステムにヒントを得たフォードは、自動車の組み立てラインにはじめてベルトコンベヤを導入した。自動車組み立てに大量生産方式が導入されたのである。

その際、彼は二つの原則を立てている。

一　もし避けることができるならば、一歩以上歩んではならない。

二　けっして体をかがめる必要がない。

注意しよう。これは労働者に対する禁止ではない。労働者が自ら歩んだり、体をかがめたりする必要がないように配慮して、機器や部品を配置するということだ。フォードは作業員の都合を考えて生産工程を作り上げた。

第二の特徴は高賃金、そして生産高に比例して賃金も上昇する生産性インデックス賃金制である。これによって労働者の士気が上がる。士気が上がれば生産性は向上し、その結果、製品の価格を下げることができる。価格が下がれば製品はもっと売れる。売れれば賃金が上がる。フォーディズムはまさしく二〇世紀の高度経済成長のモデルとなった。

第三の特徴、それは一日八時間労働制と余暇の承認である。労働者は十分な休息を取ることが認められたし、またそれが推奨された。ベルトコンベヤによる作業では規則正しい正確な動作がもとめられる。そのためには心身が万全の状態でなければならない。労働時間の制限、余暇の承認はそのために要請される。

労働としての休暇

このように見てくると、フォードが労働者思いのすばらしい経営者に思えてくる。実際それはある面ではまちがいではないだろう。彼は慈善事業家でもあり、フォード財団、フォード病院なども設立している。「企業の成功は同時に労働者の繁栄である」という信念も彼の本音であろう。

だが、こうした思いやり、労働者に対するケアが、すべて生産性の向上という経済原理にもとづいていることを忘れてはならない。フォードは生産性を向上させるために労働者をおもんぱかっているのであって、その逆ではない。したがって、生産性を向上させるためであれば何でもするし、生産性を低下させる要素があればそれを断固として排除するだろう。

たとえば、フォードは労働者の労働時間を制限し、十分な休暇を取ることをもとめたが、その一方、労働者が休暇中に何をしているのかを探偵やスパイに調査させている。[25]つまり、工場に戻ってきた際に支障を来《きた》すようなことをしていないか、チェックしているのである。

たとえば夜や休日に家で飲んだくれていたら、体調を崩すからベルトコンベヤでの精密な作業に支障を来す。家庭がうまく行っていなければ精神的に不安定になり作業に支障を来す。だからフォードは工場の外に出た労働者を徹底的に監視・管理したのである。

これは何を意味するだろうか？　このような生産体制においては、休暇は労働の一部だということである。休暇は労働のための準備期間である。労働はいわば、工場のなかだけでなく工場の外へも「休暇」という形で続くようになったのである。余暇は資本の論理のなかにがっちりと組み込まれている。

昔、栄養ドリンクのＣＭで「二四時間働けますか？」というキャッチコピーがあったが、まさしくそれである。工場だけでなく、工場の外でも、休暇という形で働かなければならない。

これこそが、余暇は資本の外部ではないということの第一の意味である。資本は労働者をうまく活用するために、余暇をも活用し始めた。余暇を自らの論理のうちに取り込む方策を開発した。

グラムシによる禁酒法の分析

イタリアのマルクス主義哲学者、アントニオ・グラムシ〔1891-1937〕は、フォーディズムを同時代的に眺めながら的確な分析を行っていた。彼は禁酒法とフォーディズムの関係に注目している。

禁酒法とは、アルコール飲料の製造や販売を禁止した米国の法律である。一九二〇年に施行されたが、密造や密売が続出したために三三年には廃止されている。とはいえ、かの国では一三年間もアルコールの製造と販売が禁止されていたことになる。

グラムシは、フォーディズム的な労働の合理化と禁酒主義はまちがいなく関係していると述べている。また、スパイを使った労働者の私生活の監視にも言及している。[26] 二日酔いでベルトコンベヤ作業を行うのは困難である。アルコールがなくなれば、労働者は帰宅後も休暇中も、資本にとって都合のよい過ごし方をする。[27] まさしく労働の合理化である。

ただしここで一方的に資本家だけを非難することで満足してはいけない。グラムシはこう言っている。そのような労働の合理化をもとめたのはけっして産業家だけではない。労働者もまたこれをもとめたのだ、と。「アメリカ合衆国で、フォード化された産業に適合する新しい型の勤労者を育成するのに必要な条件であった禁酒法が失敗したのは、なおも遅れた状態にあった辺境に住む勢力が反対したためであって、産業家や労働者が反対したためでは断じてなかった[28]」。

グラムシの分析によれば、労働者は禁酒法の考えに賛成であったのだ。なぜだろうか？　酒におぼれることなく労働すれば、それに見合う報酬が与えられる制度が目の前に作られていたからだ。高賃金の必要がここから生まれる。

労働者はもちろん高賃金を喜ぶ。だがそれは「諸刃《もろは》の剣《つるぎ》」である。それは資本家に都合がよい仕方で労働者全体を安定的に維持するための道具である。高賃金の見返りに、労働者は私生活をも売りに出すのである。[29] 少なくとも、アルコールの摂取は一三年間も我慢したのだ。

高い賃金を払い、しかもその賃金を「合理的」に消費させ、それによって合理的な労働力を得る。それは労働者自身にとってもけっして悪いことではない。「まじめに」働いていればそれに見合うだけの見返りが得られるのだから。しかし、このような労務管理は、けっして労働者その人のことを考えているわけではない。だからスパイも使う。

労働者もフォードのやり方にけっして満足しきっていたわけではなかった。一九三〇年代には大規模な労働争議が起きるが、フォードは労働組合の組織化に反対し、労働者に対し一歩も譲ろうとはしなかった。フォードは労使協調を述べたが、それは労働者が彼に従う限りでの協調である。彼に従わぬものは容赦なく切り捨てられる。

もちろん、企業とはそういうものだという考えもあろう。だが、ここではそういった価値判断が問題なのではない。重要なのは、一見労働者をおもんぱかっているように見えるフォーディズム的労務管理は、その名の通り、新しい型の管理にもとづいているということ、そして、その管理は余暇を取り込む形で形成されているということである。

管理されない余暇？

さて、余暇が管理された余暇となり、休暇が労働の一部となっているのだとしたら、当然ここで次のような発想が生まれてくる。資本の論理に取り込まれた余暇が問題なのだから、そうでない余暇をもとめればよいのではないか。つまり「怠ける権利」をもとめればよいのではないか。

ここから、余暇は資本の外部ではないということの第二の意味について考えねばならない。そしてここで再び暇と退屈の問題が現れるのである。

管理されない余暇があったとして、私たちはそのなかでいったい何をするのだろうか？　何をすればよいのか？　余暇だから何もしないのか？　だが、何もしないことなどできるだろうか？　パスカルは何と言っていただろうか？　私たちは何もせずにはいられないのである。

さらに、『有閑階級の理論』から引き出した結論もここに付け加えよう。労働者階級、つまり新たに余暇を与えられた階級は、「品位あふれる閑暇」の伝統をもたない。だから余暇が与えられると何をしていいのか分からない。

こうして現れるのがレジャー産業に他ならない。レジャー産業の役割とは、何をしたらよいか分からない人たちに「したいこと」を与えることだ。レジャー産業は人々の要求や欲望に応えるのではない。人々の欲望そのものを作り出す。

フォードは、自社の労働者たちがフォードの車を買い、自分たちの足として、そして余暇《レジャー》のためにそれを用いることを望んでいた。フォードが労働者たちに十分な賃金と休暇を与えたのは、労働者たちに抜かりなく働いてもらうためだけではない。そうして稼いだお金で労働者たちに自社製品を買ってもらうためでもあった。フォードで働いてもらい、フォードの車を買ってもらう。そしてレジャーを楽しんでもらう。

一九世紀の資本主義は人間の肉体を資本に転化する術を見出した。二〇世紀の資本主義は余暇を資本に転化する術を見出したのだ。

自分の欲望を広告屋に教えてもらう——ガルブレイス

いまレジャー産業について述べた構造を、経済学者のガルブレイスは『ゆたかな社会』（一九五八年）でより一般的に論じている。

ガルブレイスによれば、「消費者主権」という経済学の最も基本的であったはずの概念が、現代ではまったく通用しなくなっている。消費者主権とは、「経済システムは消費者に奉仕するものであって、その消費者が経済を最終的に支配する」という考えと定義されている。[30]簡単に言えば、消費者に欲しい物があって（需要）、それを察知した生産者がその物を生産する（供給）、こういった構造を当たり前だとするのが消費者主権という考えである。

当然ながら、現代ではそうなっていない。消費者の側に欲しい物があって、それを生産者が供給するなどというのはまったくの事実誤認である。

たとえば数年前まで問題なく使っていたパソコンとそのソフト。なぜそれをいまも使うことができないのか？　これ以上ワープロソフトが進化したところでほとんどの利用者には関係がない。ワープロソフトの利用者が一年ごとのソフトの進化を望んでいるわけではない。ソフト会社が「こんどのバージョンにはこんな機能がついていますよ」「すばらしいでしょ」「欲しいでしょ」と言っているにすぎない。利用者の欲望を作り出しているにすぎない。

ガルブレイスが言うように、現代社会の生産過程は、「生産によって充足されるべき欲望をつくり出す」[31]。そして新しいソフトには高機能のパソコンが必要になる。そうして、まだまだ使えるパソコンが毎日、山のように捨てられる。この構造はほとんどの産業に見出される。

ガルブレイスはこう言っている。「一九世紀のはじめには、自分の欲しいものが何であるかを広告屋に教えてもらう必要のあるひとはいなかったであろう」[32]。ガルブレイスは以上の説を唱えた際、他の経済学者たちから強い抵抗を受けたという。多くの経済学者にとっては、人々が欲望を抱いていて、それに産業が応《こた》えるというのが自明のモデルであったからだ。

しかし、この消費者主権のモデルを信じて疑わないというのは能天気に過ぎる。

たとえば、一九世紀ドイツの労働運動の指導者にフェルディナント・ラッサール[1825-1864]という人がいる。彼は「夜警《やけい》国家」という言葉をはじめて使ったことで有名である。

彼は一八六二年の時点で既に資本主義の特徴を次のように説明していた。以前は欲求が供給や生産に先行していた。欲求が供給や生産を引き起こし、かつ決定していた。今日では生産と供給が欲求に先行し、これを強制している。つまり、欲求のために生産されるのではなくて、世界市場のために生産されるのである[33]。

既に一九世紀半ばの時点でこのような生産体制は自明のものだったのだ。ガルブレイスの指摘はむしろ遅すぎたというべきかもしれない。

いまではガルブレイスの言うことは常識に属する。陳腐な響きすらあるかもしれない。とはいえ、そうした考え方が受け入れられていなかった時点で、これを分かりやすく提示したことは大いに評価されねばならない。

だが、納得がいくのはここまでだ。彼がこの分析から引き出した結論には大いに疑問が残るのである。どういうことか詳しく見ていこう。

「新しい階級」

ガルブレイスは「ゆたかな社会」を分析しながら、消費者主権モデルの崩壊を指摘すると同時に、その社会のなかに一つの「希望」を見出している。彼の言う「新しい階級」がそれである。

ガルブレイスによれば、人類はこれまでさまざまな手段を使って、「労働は労働しないことと同じように楽しいのだ」と人間に信じ込ませようとしてきた。しかしことごとくそれに失敗した。[34] やはり多くの人にとって労働とは、不愉快であってもやらざるを得ないものなのだ。[35]

ところが、そうではない人たちがいる。彼らにとっては仕事は楽しいのが当然である。彼らは報酬の多少にかかわらず最善の努力をする。給料が重要でないわけではない。だが、彼らにとっては何よりも他人から尊敬されることこそが、仕事における満足の重要な源泉になっている。[36]

そうした人々こそ、ガルブレイスの言う「新しい階級」である。簡単に言えば、仕事こそが生き甲斐《がい》だと感じている人である。

この階級は閉じられていない。この階級から離れる人はほとんどいないが、毎年何千人もの人がこの階級に入ってくる。「準備のための十分な時間とかねに恵まれた青春時代をもち、正式の学業をパスしていくだけの才能さえもった人ならば、誰でもこの階級の一員になれる」[37]。

ガルブレイスによれば、一九世紀初頭のイギリスやアメリカで「新しい階級」を構成していた者は、ごく少数の教育者と牧師、作家やジャーナリスト、芸術家だけであった。また、『ゆたかな社会』の初版が書かれた一九五〇年代にはそれは数千人だけであった。しかし、同書の第四版が出た一九九〇年代には、その数は数百万人にまで増えたと言う[38]。

仕事の充実?

彼は当然この変化を好ましく思っている。だからこの階級を急速にいっそう拡大することこそが社会の主要な目標の一つであると彼は結論する[39]。所得が増えることよりも仕事が充実することを目指すべきではないか？　たしかに分からないではない。それどころかそれに同意する人は多いだろう。

だが、ガルブレイスの提案には大いに疑問が残ると言わねばならない。仕事が充実することはたしかにすばらしいかもしれない。だが、仕事が充実することと、「仕事が充実するべきだ」と主張することは別の事柄である。

このように述べるのはなぜかと言えば、ガルブレイスの提案には大変残酷な側面があるからだ。しかも彼自身はその残酷さを残酷さとして理解できていないようなのだ。「仕事が充実するべきだ」という主張は、仕事においてこそ人は充実していなければならないという強迫観念を生む。人は「新しい階級」に入ろうとして、あるいは、そこからこぼれ落ちまいとして、過酷な競争を強いられよう。ガルブレイスは次のように述べている。

新しい階級の子どもたちは小さい頃から、満足の得られるような職業――労働ではなくてたのしみを含んでいるような職業――をみつけることの重要性を念入りに教えこまれる。新しい階級の悲しみと失望の主な源泉の一つは、成功しえない息子――退屈でやりがいのない職業に落ち込んだ息子――である。こうした不幸に会った個人――ガレージの職工になった医者の息子――は、社会からぞっとするほどのあわれみの目でみられる。[40]

医者の息子が「ガレージの職工」になったとして、そのどこにどういう問題があるというのか？　なぜ彼はあわれみの目で見られなければならないのか？　そんな視線の持ち主の差別意識こそ、私たちはあわれみの目をもって眺めてやるべきだ。

そして、そういう見方がまるで当然であるかのように書くガルブレイスに対しても同じことを言わねばならない。彼が「ガレージの職工」に対する自らの差別意識に気づかないのはなぜなのか？　また、なぜ「新しい階級」が新しい強迫観念を生むことに無頓着《むとんちゃく》でいられるのか？　しかも彼は、このようにして新しい強迫観念、新しい残酷さの存在を認めたうえで、次のように述べてそこから目を背けるのだ。

しかし新しい階級はかなりの防衛的な力をもっている。医者の息子がガレージの職工になることは稀である。たとえ彼がどんなに不適格であろうと、彼はほそぼそとながらも何とか自分の階級の中にすれすれに生きることができるだろう。[41]

こんなずさんな主張がどうして経済学者の口から出てくるのだろうか。「新しい階級」からこぼれ落ちる人間などたくさんいるに決まっている。そしてまた、仮に「ガレージの職工になった医者の息子」がそういうこぼれ落ちた人間なのだとしても、彼はいかなる劣等感も感じる必要などない。当たり前だ。

にもかかわらず、彼は周囲の「憐れみの目」によって劣等感の方へと追い詰められていくのだ。まったく恐ろしい事態である。そのような劣等感を生み出すプレッシャーを作り上げ、また増長しているのは、「「新しい階級」が拡大していくべきだ」とするガルブレイスのような経済学者の主張に他ならない。

あきれたことにガルブレイス本人も次のように述べている。「この階級〔新しい階級〕の一員が給料以外には報酬のない通常の労働者に没落した場合の悲しみにくらべれば、封建的な特権を失った貴族の悲しみも物の数ではないであろう」[42]。その通りだ。そしてガルブレイスよ、よく聞け。君こそがこの「悲しみ」を作り上げているのだ。

ポスト・フォーディズムの諸問題

フォーディズムに話を戻そう。フォーディズムは二〇世紀の高度経済成長を支えたモデルであった。そして私たちはその影の部分に注目した。

実はもはやその影の部分に恐れをなす必要はない。というのも、フォーディズムは既に終わりを迎えているからである。現代ではもはやフォーディズム的な生産体制は成立し得ない。それに代わって、ポスト・フォーディズムと呼ばれる体制が急速に広まっている。

ではポスト・フォーディズムとは何か？　まずはフォーディズムの凋落《ちょうらく》の原因から考えてみよう。

なぜフォーディズムは過去のものとなったのだろうか？　フォーディズムは高賃金によって労働者のインセンティヴを確保している。したがって、経済が右肩上がりでなければ維持できない。効率よく生産した製品が効率よく売れなければ、フォーディズムの狙《ねら》うサイクルはうまくまわらない。そしてそのサイクルはもはやかつてのようにまわっていない。これが第一の理由である。

第二の理由は消費スタイルの変化に関わっている。こちらの方が根源的である。

先にフォーディズムについて説明した際のことを思い出して欲しい。フォードは一九〇八年に八五〇ドルでフォードT型を売り出した。さまざまな努力でその価格を下げ続け、一九二四年には二九〇ドルまで下げた。

つまり、フォードは一五年以上にわたって、同じ製品を売り続けた。フォーディズムの時代は質の高い製品を安い価格で提供すれば、同一の製品を売り続けることができたのである。

しかし、いまの時代、そんなことが考えられるだろうか？　一五年以上も自動車メーカーが同じ自動車を作り続けることなど考えられるだろうか？　とうてい考えられない。

フォーディズムの時代は、同じ型の高品質の商品を大量に生産すれば売れた。したがって経営者は、いかにして高品質の製品を効率よく大量に生産するかを考えたし、それを考えていればよかった。それに対し、現代の生産体制を特徴づけるのは、いかに高品質の製品であろうと同じ型である限りは売れないという事態である。いかなる製品も絶えざるモデルチェンジを強いられる。モデルチェンジをしない限り製品は売れない。

不断のモデルチェンジが強いる労働形態

家電の世界はだいたい半年で新製品が出てくる。ただ食物を冷やしておけばよい冷蔵庫に関して、それほど頻繁なモデルチェンジが可能であるとは思えない。大幅な省エネシステムが考案されたというのなら分かる。しかしそんな技術革新が半年に一回も起こるわけがない。要するに、必要のないモデルチェンジを企業も強いられているのである。モデルチェンジしなければ売れないから、仕方なく新しいモデルの冷蔵庫を「開発」しているのだ。

数ある製品のなかでも、特に激しいモデルチェンジを繰り返しているのは携帯電話である。そのモデルチェンジのスピードたるやすさまじい。絶えざるモデルチェンジによってしか消費者の目を引くことができなくなっている。

ここではそのような「無駄」なモデルチェンジをそれ自体として批判したいのではない[43]。注目するべきは、このような生産体制が強いる労働のあり方である。現在の消費スタイルは生産スタイルを決定的に規定しているからである。

モデルチェンジが激しい場合には、巨大な設備投資を行って生産することが難しい。なぜなら一度作った設備も半年後にはいらなくなるからだ。したがって機械で製品を作ることは困難になる。ではどうするか？　もちろん人間にやらせるのである。もしもある程度の設備投資が可能であれば機械にやらせるであろう作業を人間にやらせるわけである。

また、モデルチェンジが多いということは、新しい製品を出すたびごとに生産者側が大きな賭《か》けを強いられていることを意味する。どのモデルがどれだけ売れるかはまったく不透明である。したがって、安定した生産をあらかじめ予定できない。要するに、労働者を一定数確保しておくというやり方をとれない。売れたら多くの労働者が必要になるし、売れなかったら労働者はいらない。

フォードは徹底した管理で（スパイまで使って）労働者の生産性を上げた。この場合、管理の下で、しかし雇用は安定している。その前提にあるのは生産の安定性だ。今後どれだけ生産していくのかがはっきりと分かっているから、労働者をフォードがもとめる「すぐれた」工員へと磨き上げていくことができた。

だが、フォーディズムが崩壊した後の生産体制、つまりポスト・フォーディズムの生産体制においては、そもそも徹底した管理の対象となるような労働者を雇用できない。状況の変化にフレキシブルに対応して工員を雇う（つまり、いらないときには放り出す）必要があるからだ。

〈暇と退屈の倫理学〉とハケン

現在、派遣労働や契約社員といった非正規雇用の拡大が大きな社会問題になっている（日本では働いている人の三分の一が非正規雇用である）。この問題は企業や経済団体、そして政府のモラルの問題のように思われている。つまり、非正規雇用の労働者をこき使って、一部の人間がボロもうけしている（それはたしかにそうなのだが……）のだから、社会正義の観点からそうした一部の特権階級を弾劾《だんがい》し、労働者を保護せよ、と。

もちろん、この主張は正しい。だが非正規雇用は、単にだれかがズルをしているから生み出されたものではない。現在の消費＝生産スタイルがこれを要請してしまっているのだ。つまり、モデルチェンジが激しいから機械に設備投資できず、したがって機械にやらせればいいような仕事を人間にやらせなければならない。売れるか売れないかが分からない賭けを短期間で何度も強いられるから、安定して労働者を確保しておくことができない。したがって、労働者を企業に都合のよいように鍛え上げていくというプロセスすらもはや成立しない。

かつてオフィス・オートメーションが現れたときには、機械が人間の雇用を奪うと恐れられた。しかしそれは杞憂《きゆう》に終わった。いまは人間が機械の代わりをしている。このポスト・フォーディズムの時代にあっては、「新しい階級」の提言など戯言《ざれごと》でしかない。

「ハケン」が問題としてクローズアップされている現在、〈暇と退屈の倫理学〉の構想はのんきなものに思われてしまうだろうか？　暇があるとか、退屈できるなどとはなんと贅沢《ぜいたく》なことよ。そんなことを考えている暇（！）があったら、いま労働者が強いられている非正規雇用という問題こそを考えるべきだ、と。

このような反論には真っ向から異議を唱えねばならない。なぜなら、〈暇と退屈の倫理学〉こそは、ポスト・フォーディズムの諸問題に対する一つの対案たり得るからである。現在のポスト・フォーディズム的生産体制の根幹にあるのは、消費スタイルの問題である。絶えざるモデルチェンジを行わねば消費者は買わず、生産者も生き残れない、そのような生産体制がいま決死の努力で維持されている。

このサイクルを回しているのは消費者であり生産者である。しかし、彼らは自分たちで回しているこのサイクルを自分たちの手で止められなくなっている。ならばどうすればよいのか？　消費者が変わればいいのだ。もちろん厖大《ぼうだい》な時間はかかるであろうが、モデルチェンジしなければ買わない、モデルチェンジすれば買うというこの消費スタイルを変えればいいのだ。

なぜモデルチェンジしなければ買わないし、モデルチェンジすれば買うのか？「モデル」そのものを見ていないからである。モデルチェンジによって退屈しのぎ、気晴らしを与えられることに慣れきっているからである。

私たちは実際に「チェンジ」しているかどうかではなく、「チェンジした」という情報そのものを消費する。むろん、こんなことはこれまで消費社会論のなかでさんざん言われてきたことだ。特に日本では一九八〇年代に「差異が消費される」云々《うんぬん》といった話をうんざりするほど聞かされた。

だが、なぜかつての消費社会論はそれに対する処方箋《しょほうせん》を出せなかったのだろうか？ なぜ現状分析、現状肯定に終わったのだろうか？ 簡単だ。かつて消費社会論を弄《ろう》していた連中には、消費社会の問題点を何とかしようという気などまったくなかったのだ。何一つものを真剣に考えていなかったのだ。

しかしそれだけではない。そもそも理解が決定的に不足していたのである。消費者は要するに退屈していてパスカルの言うような気晴らしをもとめているのだということ、したがって、退屈をどう生きるか、暇をどう生きるかという問いが立てられるべきだということ、このことを消費社会論の論者たちはまったく理解していなかったのである。

消費社会については次章で詳しく検討したいと思う。とにかくここで強調しておきたいのは、上のような無理解が決定的な欠落になるということだ。なぜならそれによって現在の労働の悲惨がまったく捉《とら》えられなくなるからだ。〈暇と退屈の倫理学〉は、労働の諸問題にも深く関わっているのである。

*

最後に、前章と本章の議論をまとめておこう。

定住は人類をいかんともしがたい〈能力の過剰〉という条件のなかに放り込んだ。人類はそれをもとにして文化という営みを発展させてきたが、それと同時に、絶えざる退屈との戦いをも強いられたのだった。

だが、退屈はほどなくして、人間にとってのこの上ない難題ではなくなる。有史以来の政治社会、身分制、権力の偏在、奴隷《どれい》的労働などが、大多数の人間に恒常的な暇を与えることを許さなかったからである。そこでは暇は独占の対象であった。そして暇を独占する階級が有閑階級として発展する。

もちろん、民衆レベルでの暇の度合いが相対的に増した時代や社会は存在しただろう。社会が経済的に発展すれば、暇な時間が増えるのは当然だからである。とはいえ、他の時代とは比べものにならないほど退屈が話題にされることになるのは近代であり、より正確に言えば一九世紀以降の社会である。

資本主義が高度に発達し、人々は暇を得た。またそれは「余暇」という形で権利の対象にもなった。これはある意味で近代人がもとめてきた〈個人の自由と平等〉の達成でもあった。

だが彼らは自分たちがもとめていたものが実際には何であるのかを分かっていなかった。人々は突然暇のなかに投げ込まれた。そして暇を生きる術《すべ》をもっていなかったために右往左往した。それまで眠り込んでいた退屈の怪物が再び頭をもたげてきたのである。

退屈について論じる論者の多くは近代に注目するが、それは近代社会が、それまで潜在的なものに留まっていた退屈の問題を再び活性化したからである。退屈は近代社会が生み出したものではない。だが逆に前章で見た通り、退屈を超歴史化するのも間違っているのであって、人間と退屈のつきあいは人間の生活様式に関係しているのである。

しかも、住むという様式を選択したからと言って退屈が運命づけられるわけでもない。有閑階級がもっていた「品位あふれる閑暇」の伝統はそれを証立てている。もちろん、この伝統がどれほどこの階級に浸透していたのかは分からないし、退屈していた有閑階級も当然いただろう。だが、暇を独占してきた階級が何らかの知恵をもち得たという事実は注目に値する。

第四章

暇と退屈の疎外《そがい》論

——贅沢《ぜいたく》とは何か？

前章の末尾で予告した通り、本章では消費社会と退屈の関係について考察したい。私たちが生きているこの現代社会は、実にさまざまな仕方で特徴づけられる。だが、〈暇と退屈の倫理学〉の観点から見て最も重要なのは、それが消費社会であることだ。本章で見ていくように、消費社会は退屈と強く結びついている。消費の論理と現代の退屈とは切っても切れない関係にある。

その消費社会と退屈との関係を問うていく際に、どうしても避けられない概念がある。それが本章のタイトルに掲げた「疎外」である。これは現在とても不人気な、それどころか積極的に遠ざけられている概念である。なぜそんなことになっているのかというと、この概念が厄介な問題を携《たずさ》えていると思われているからである。

本章の後半では、その問題を解決し、「疎外」の概念を正確に位置づけるために、やや込み入った哲学的議論を行いたいと思う。これはどうしても必要な作業なのだが、煩《わずら》わしく思う読者がいたら、読むのを後回しにして先に進んでもらっても構わない。

必要と不必要

突然だが、日常的にはよく使うけれど立ち止まって考えられることのほとんどない、とある言葉を取り上げるところから始めたいと思う。

その言葉とは「贅沢」である。

贅沢とはいったいなんだろうか？

まずはこのように言えるのではないだろうか？　贅沢は不必要なものと関わっている、と。必要の限界を超えて支出が行われるとき、人は贅沢であると感じる。たとえば豪華な食事がなくても生命は維持できる。その意味で、豪華な食事は贅沢と言われる。装飾をふんだんに用いた衣類がなくても生命は維持できる。だから、これも贅沢である。

贅沢はしばしば非難される。人が「贅沢な暮らし」と言うとき、ほとんどの場合、そこには、過度の支出を非難する意味が込められている。必要の限界を超えた支出が無駄だと言われているのである。

だが、よく考えてみよう。たしかに贅沢は不必要と関わっており、だからこそそれは非難されることもある。ならば、人は必要なものを必要な分だけもって生きていけばよいのだろうか？　必要の限界を超えることは非難されるべきことなのだろうか？

おそらくそうではないだろう。

必要なものが十分にあれば、人はたしかに生きてはいける。しかし、必要なものが十分あるとは、必要なものが必要な分しかないということでもある。十分とは十二分ではないからだ。

　必要なものが必要な分しかない状態は、リスクが極めて大きい状態である。何かのアクシデントで必要な物が損壊してしまえば、すぐに必要のラインを下回ってしまう。だから必要なものが必要な分しかない状態では、あらゆるアクシデントを排して、必死で現状を維持しなければならない。

　これは豊かさからはほど遠い状態である。つまり、必要なものが必要な分しかない状態では、人は豊かさを感じることができない。必要を超えた支出があってはじめて人は豊かさを感じられるのだ。

　したがってこうなる。必要の限界を超えて支出が行われるときに、人は贅沢を感じる。ならば、人が豊かに生きるためには、贅沢がなければならない。

浪費と消費

　とはいえ、これだけでは何かしっくりこないと思う。

お金を使いまくったり、ものを捨てまくったりするのはとてもいいことだとは思えない。必要を超えた余分が生活に必要ということは分かるし、それが豊かさの条件だということも分かる。だが、だからといって贅沢を肯定するのはどうなのか？

このような疑問は当然だ。

この疑問に答えるために、ボードリヤールという社会学者・哲学者が述べている、浪費と消費の区別に注目したいと思う。贅沢が非難されるときには、どうもこの二つがきちんと区別されていないのだ。

浪費とは何か？　浪費とは、必要を超えて物を受け取ること、吸収することである。必要のないもの、使い切れないものが浪費の前提である。

浪費は必要を超えた支出であるから、贅沢の条件である。そして贅沢は豊かな生活に欠かせない[1]。

浪費は満足をもたらす。理由は簡単だ。物を受け取ること、吸収することには限界があるからである。身体的な限界を超えて食物を食べることはできないし、一度にたくさんの服を着ることもできない。つまり、浪費はどこかで限界に達する。そしてストップする。

人類はこれまで絶えず浪費してきた。どんな社会も豊かさをもとめたし、贅沢が許されたときにはそれを享受《きょうじゅ》した。あらゆる時代において、人は買い、所有し、楽しみ、使った。「未開人」の祭り、封建領主の浪費、一九世紀ブルジョワの贅沢……他にもさまざまな例があげられるだろう。[2]

しかし、人類はつい最近になって、まったく新しいことを始めた。

それが消費である。

浪費はどこかでストップするのだった。物の受け取りには限界があるから。しかし消費はそうではない。消費は止まらない。消費には限界がない。消費はけっして満足をもたらさない。

なぜか？

消費の対象が物ではないからである。

人は消費するとき、物を受け取ったり、物を吸収したりするのではない。人は物に付与された観念や意味を消費するのである。ボードリヤールは、消費とは「観念論的な行為」であると言っている。[3] 消費されるためには、物は記号にならなければならない。記号にならなければ、物は消費されることができない。[4]

人は何を消費するのか？

記号や観念の受け取りには限界がない。だから、記号や観念を対象とした消費という行動は、けっして終わらない。

たとえばどんなにおいしい食事でも食べられる量は限られている。腹八分目という昔からの戒めを破って食べまくったとしても、食事はどこかで終わる。いつもいつも腹八分目で質素な食事というのはさびしい。やはりたまには豪勢な食事を腹一杯、十二分に食べたいものだ。これが浪費である。浪費は生活に豊かさをもたらす。そして、浪費はどこかでストップする。

それに対し消費はストップしない。たとえばグルメブームなるものがあった。雑誌やテレビで、この店がおいしい、有名人が利用しているなどと宣伝される。人々はその店に殺到する。なぜ殺到するのかというと、だれかに「あの店に行ったよ」と言うためである。

当然、宣伝はそれでは終わらない。次はまた別の店が紹介される。またその店にも行かなければならない。「あの店に行ったよ」と口にしてしまった者は、「えぇぇ？この店行ったことないの？　知らないの？」と言われるのを嫌がるだろう。だから、紹介される店を延々と追い続けなければならない。

これが消費である。消費者が受け取っているのは、食事という物ではない。その店に付与された観念や意味である。この消費行動において、店は完全に記号になっている。だから消費は終わらない。

浪費と消費の違いは明確である。消費するとき、人は実際に目の前に出てきた物を受け取っているのではない。これは前章で指摘したモデルチェンジの場合と同じである。なぜモデルチェンジすれば物が売れて、モデルチェンジしないと物が売れないのかと言えば、人がモデルそのものを見ていないからである。「チェンジした」という観念だけを消費しているからである。

ボードリヤール自身は消費される観念の例として、「個性」に注目している。今日、広告は消費者の「個性」を煽《あお》り、消費者が消費によって「個性的」になることをもとめる。[5]消費者は「個性的」でなければならないという強迫観念を抱く（いまの言葉ではむしろ「オンリーワン」といったところか）[6]。

問題はそこで追求される「個性」がいったい何なのかがだれにも分からないということである。したがって、「個性」はけっして完成しない。つまり、消費によって「個性」を追いもとめるとき、人が満足に到達することはない。その意味で消費は常に「失敗」するように仕向けられている。[7]失敗するというより、成功しない。あるいは、到達点がないにもかかわらず、どこかに到達することがもとめられる。こうして選択の自由が消費者に強制される。[8]

「原初の豊かな社会」

消費社会を相対的に位置づけるために、それとは正反対の社会を紹介しよう。ボードリヤールも言及している、人類学者マーシャル・サーリンズ［1930-2021］は「原初のあふれる社会」という仮説を提示している。[9] これは現代の狩猟採集民の研究を通じて、石器時代の経済の「豊かさ」を論証したものである。

狩猟採集民はほとんど物をもたない。道具は貸し借りする。計画的に食料を貯蔵したり生産したりもしない。なくなったら採りにいく。無計画な生活である。

彼らはしばしば、物をもたないから困窮していると言われる。そして、それは彼らの「未来に対する洞察力のなさ」こそが原因であると思われている。[10] つまり、計画的に貯蔵したり生産したりする知恵がないために十分に物をもっていないとして、「文明人」たちから憐《あわ》れみの目で眺められている。

しかし、これは実情から著しくかけ離れている。彼らはすこしも困窮していない。狩猟採集民は何ももたないから貧乏なのではなくて、むしろそれ故《ゆえ》に自由である。「きわめて限られた物的所有物のおかげで、彼らは日々の必需品に関する心配からまったく免れており、生活を享受しているのである」。[11]

また、彼らが未来に対する洞察力を欠き、貯蓄等の計画を知らないのは、知恵がないからではない。彼らのような生活では、単に未来を思い煩《わずら》う必要がないのだ。狩猟採集生活においては少ない労力で多くの物が手に入る。彼らは何らの経済的計画もせず、貯蔵もせず、すべてを一度に使い切る大変な浪費家である。だが、それは浪費することが許される経済的条件のなかに生きているからだ。

したがって狩猟採集民の社会は、一般に考えられているのとは反対に、物があふれる豊かな社会である。彼らが食料調達のために働くのは、だいたい一日三時間から四時間だという。[12] サーリンズは、農耕民に囲まれていたけれども農業の採用を拒否してきた、ある狩猟採集民のことを紹介している。なぜ彼らは農業の採用を拒んできたのか？「そうなればもっとひどく働かねばならない」からだそうである。[13]

もちろん狩猟採集民を過度に理想化してはならない。[14] 狩猟採集民もうまく食料調達ができないことはあろうし、環境の変化によって容易に困窮に陥ることはあろう（しかし、農耕民の方がその可能性が高いとも言えるのだが……）。

重要なのは、彼らの生活の豊かさが浪費と結びついているということである。彼らは贅沢な暮らしを営んでいる。これが重要である。ボードリヤールやサーリンズも言うように、浪費できる社会こそが「豊かな社会」である。将来への気づかいの欠如と浪費性は「真の豊かさのしるし」、贅沢のしるしに他ならない。

浪費を妨げる社会

消費社会はしばしば物があふれる社会であると言われる。物が過剰である、と。しかしこれはまったくのまちがいである。サーリンズを援用しつつボードリヤールも言っているように、現代の消費社会を特徴づけるのは物の過剰ではなくて稀少性《きしょうせい》である。[15] 消費社会では、物がありすぎるのではなくて、物がなさすぎるのだ。

なぜかと言えば、商品が消費者の必要によってではなく、生産者の事情で供給されるからである。生産者が売りたいと思う物しか、市場に出回らないのである。消費社会とは物があふれる社会ではなく、物が足りない社会だ。[16]

そして消費社会は、そのわずかな物を記号に仕立て上げ、消費者が消費し続けるように仕向ける。消費社会は私たちを浪費ではなくて消費へと駆り立てる。消費社会としては浪費されては困るのだ。なぜなら浪費は満足をもたらしてしまうからだ。消費社会は、私たちが浪費家ではなくて消費者になって、絶えざる観念の消費のゲームを続けることをもとめるのである。消費社会とは、人々が浪費するのを妨げる社会である。

消費社会において、私たちはある意味で我慢させられている。浪費して満足したくても、そのような回路を閉じられている。しかも消費と浪費の区別などなかなか思いつかない。浪費するつもりが、いつのまにか消費のサイクルのなかに閉じ込められてしまう。

この観点は極めて重要である。なぜならそれは、質素さの提唱とは違う仕方での消費社会批判を可能にするからである。

しばしば、消費社会に対する批判は、つつましい質素な生活の推奨を伴う。「消費社会は物を浪費する」「人々は消費社会がもたらす贅沢に慣れてしまっている」「人々はガマンして質素に暮らさねばならない」。日本でもかつて「清貧の思想」というのが流行《はや》ったがまさしくこれだ。

そうした「思想」は根本的な勘違いにもとづいている。消費は贅沢などもたらさない。消費する際に人は物を受け取らないのだから、消費はむしろ贅沢を遠ざけている。消費を徹底して推し進めようとする消費社会は、私たちから浪費と贅沢を奪っている。

しかも単にそれらを奪っているだけではない。いくら消費を続けても満足はもたらされないが、消費には限界がないから、それは延々と繰り返される。延々と繰り返されるのに、満足がもたらされないから、消費は次第に過激に、過剰になっていく。しかも過剰になればなるほど、満足の欠如が強く感じられるようになる。

これこそが、二〇世紀に登場した消費社会を特徴づける状態に他ならない。

消費社会を批判するためのスローガンを考えるとすれば、それは「贅沢をさせろ」になるだろう。

消費対象としての労働と余暇

消費を記号や観念の消費として考えていくと、実は、現代のさまざまな領域が消費の論理で動いていることが分かる。人間のあらゆる活動が消費の論理で覆《おお》い尽くされつつある。[17]

なかでもボードリヤールが注目するのは労働である。現在では労働までもが消費の対象になっている。どういうことかと言うと、労働はいまや、忙しさという価値を消費する行為になっているというのだ。「一日に一五時間も働くことが自分の義務だと考えている社長や重役たちのわざとらしい「忙しさ」がいい例である[18]」。

これは労働そのものが何らの価値も生産しなくなったという意味ではない。当然ながら社会のなかにある労働は価値を生産しているし、それがなければ社会はまわらない。「労働の消費」という事態が意味しているのはそうではなくて、消費の論理が労働をも覆い尽くしてしまったということである。

こうやって見ると、ガルブレイスが能天気に推奨していた「新しい階級」の問題点がさらにいっそうよく分かる。ガルブレイスは仕事に生き甲斐《がい》を見出《みいだ》す階級の誕生を歓迎した。しかし、それは消費の論理を労働にもち込んでいるにすぎない。彼らが労働するのは、「生き甲斐」という観念を消費するためなのだ。

ここからさらに興味深い事態が現れる。労働が消費されるようになると、今度は労働外の時間、つまり余暇も消費の対象となる。自分が余暇においてまっとうな意味や観念を消費していることを示さなければならないのである。「自分は生産的労働に拘束されてなんかないぞ」。「余暇を自由にできるのだぞ」。そういった証拠を提示することをだれもが催促されている。[19]

だから余暇はもはや活動が停止する時間ではない。それは非生産的活動を消費する時間である。[20] 余暇はいまや、「俺は好きなことをしているんだぞ」と全力で周囲にアピールしなければならない時間である。逆説的だが、何かをしなければならないのが余暇という時間なのだ。[21]

『ファイト・クラブ』が描く消費社会

消費社会は人を終わらない記号のゲームへと導くのだった。人はそこでせわしなく意味を追いかける。次々に新しい意味を供給され、それを消費し続ける。すると、一見したところ消費社会は、退屈とは対極に位置するライフスタイルを人々にもたらすように思われるかもしれない。人はせわしなく生きることになるのだから。

もちろん、そう判断するのは早計である。消費は限界がないから延々と繰り返され、延々と繰り返されるのに満足がもたらされないという先ほど指摘したこの悪循環について考えるだけでも、そのことは想像できるかもしれない。以上の分析だけでも、消費社会は満たされなさという退屈を戦略的に作り出し、人々をそのなかに投げ込むことで生き延びていると言えるかもしれない。

だがここでは、そのことをより分かりやすく説明するために一つの映画を紹介したいと思う。一九九九年にアメリカで製作された『ファイト・クラブ』（デヴィッド・フィンチャー監督）である。これは消費社会とそれに対する拒否とが陥《おちい》る末路を、悲喜劇的な仕方で見事に描いた作品である。

主人公はエドワード・ノートン演じる自動車会社勤務のビジネスマン。自社製の自動車の事故現場を訪れ、原因を調査し、リコールすべきかどうかを査定するのが彼の仕事だ。

毎日のように飛行機に乗って事故現場へと向かい、ホテルに泊まる。毎日違う場所で寝て起きる生活。飛行機やホテルで出される一回きり《シングル・サーヴィング》しか使えないアメニティーグッズ（歯ブラシ、綿棒、スナック）を使い捨てる毎日。彼はそれに疲れ果てている。そのためであろうか、彼は自虐的《じぎゃくてき》である。自動車のリコールに関する冷酷な計算の論理（たとえ事故が自社の車の欠陥に由来するものであろうと、予想される賠償総額がリコール費用を下回るならリコールしない）を飛行機で隣り合わせた人間に語る（飛行機で出会う人間は一回きりの友人《シングル・サーヴィング・フレンド》である）。あるいは、自分の乗る飛行機がこのまま大事故を起こさないかと夢想する。飛行機が揺れるたびに興奮を覚える。

さて、そんな彼の楽しみは北欧家具である。悩みに悩んでソファーを買い、部屋のなかをブランド家具で埋め尽くしている。彼の部屋は彼そのものである。カメラをパンしながら部屋の家具の商品名と価格を表示し、彼の部屋をブランド家具メーカーのカタログの立体化のように描き出す冒頭のシーンは見事だ。その部屋のなかで彼は言う。「現代の若者はポルノよりブランドだ」。

彼は不眠症に悩まされている。何日も眠れず、現実感覚を失っている。すべてがコピーのコピーのコピー……のように思えてくる。救いをもとめて医者通いするうちに、偶然、彼の思いを満たしてくれるものを発見する。それが難病患者たちのミーティングである。

アメリカではよく見られるもののようだが、これは同じ悩みを抱える人たちが悩みを打ち明け、ともに語り、泣く場である（話は逸《そ》れるが、こうしたケアの場をきちんと準備できるところは、アメリカ社会の強さである）。

彼はガンで睾丸《こうがん》を摘出した人々の集いに偽名を使って参加する。ミーティングの場、最初に語り始めた男は、離婚した元妻が再婚相手との間に娘をもうけたとよろこばしげに語る。そして最後に泣き出す。そう、睾丸をもたない彼は彼女と子どもを作ることができなかった。おそらくそれで離婚したのである。

話が終わると、メンバーは一対一で話すようにもとめられる。ノートン演じる彼は、ある巨漢とペアを組むことになる。彼は自らの半生を語る。筋肉増強剤を濫用《らんよう》したためにガンになった。そしてガンのために睾丸を摘出した。家族にも見捨てられ、無一文になった。

最後に巨漢は言う。「こんどは君が泣く番だ、コーネリアス」。「コーネリアス」はノートン演じる男が使った偽名である。

「コーネリアス」は偽《にせ》の参加者である。だが、それにもかかわらず、彼は堰《せき》を切ったように泣き始める。そしてその晩、泥のように眠るのである。ミーティング参加者たちの「苦しみ」に囲まれることで彼は安らぎを得たのだ。

タイラーとの出会い

あるとき彼は飛行機のなかで、ブラッド・ピット演じるタイラー・ダーデンに出会う。石けんを作って売っているというタイラーは、何から何まで彼とは正反対で自由奔放。反社会的行動もいとわない。ふとしたきっかけで二人は酒場で飲み交わすことに。言葉を交わすなか、ブランド品にしがみつく生き方を非難してタイラーは言う。「俺たちは消費者だ。ライフスタイルの奴隷《どれい》だ」。「お前は物に支配されている」。タイラーはまさしく消費社会を拒否する人間である。

そのタイラーが、酒場の外で奇妙な願いを申し出る。「俺のことをできるかぎり強く殴ってくれ」。

当惑しつつも言われるがままにタイラーを殴り始めると、二人はそのまま血みどろになるまで乱闘を続ける。そして殴り合いの後、ノートンが演じていたあのブランド男は、タイラーが乗り移ったかのような自信に満ちた顔つきになる。二人は意気投合し、共同生活を始める。

二人はその後もたびたび酒場の外で殴り合っていたが、不思議なことにその殴り合いに参加したいという者たちが出てきた。参加者は次第に増え、その集まりは「ファイト・クラブ」と呼ばれるようになる。

クラブには社会の中心から外れた男たちが集う。清掃員やウエイターなどけっして高所得を得ているとは言えない労働者たち。会社で無用者扱いされているサラリーマン。がりがりでひよわなガリ勉風の男。チャラチャラした生活を送ってきたことを臭《にお》わせる金髪の男。

彼らは互いに殴り合い、血を流し、そしてファイトの終了後、涙を流して抱き合う。彼らは殴り合うことで、自分たちには肉体がある、切れば血が出る、自分たちは生きていると確認しているかのようである。

ファイト・クラブのメンバーは厖大《ぼうだい》な数にふくれあがる。あるとき、タイラーはメンバーたちに言う。

すばらしい体力と知力に恵まれたお前たち
伸びるべき可能性が潰《つぶ》されている
職場といえばガソリン・スタンドかレストラン

しがないサラリーマン
宣伝文句に煽《あお》られて
要りもしない車や服を買わされている
歴史のはざまで生きる目標が何もない
世界大戦もなく、大恐慌《だいきょうこう》もない
おれたちの戦争は魂の戦い
毎日の生活が大恐慌だ
テレビは言う「君も明日は億万長者かスーパースター」
大嘘《おおうそ》だ
その現実を知って
おれたちはムカついている
（DVD、20世紀フォックス　ホーム　エンターテイメント、二〇〇四年）

クラブは拡大するにつれて、次第に当初の目的を逸脱していく。タイラーが毎週「宿題」を出し、メンバーがそれを実践するようになっていく。「宿題」の中身は最初はいたずらのようなものである。喧嘩《けんか》をふっかけろ。ビデオ屋の防犯設備を使えなくしろ。大量に餌《えさ》をまいて高級車を鳩《はと》の糞《ふん》だらけにしろ。駐車場のストッパーをギザギザの歯に変えて、タイヤをパンクさせろ。

だが、いたずらは次第にエスカレートしていく。そして組織もまた強固なものとなっていく。タイラーはメンバーたちに絶対的な秘密主義を強制し、またメンバーは自分がそうした秘密結社の一員として規律を与えられることに生きる喜びを感じていく。暴走するファイト・クラブ。ノートンが演じる男もタイラーのやり過ぎを戒《いまし》めるが、しかし、タイラーのやることにはそれなりに理屈が通っているとも感じている……。

消費社会とそれに対する拒否

以上で映画の内容としては半分ほどである。ここには消費社会とその拒否の問題、そして暇と退屈を生きる人間の直面する困難が凝縮された形で描かれている。

ノートン演じるビジネスマンは強烈な現実感の喪失に苦しんでいる。彼はリコール査定の仕事を続けるなかで、死を数字として扱うことを、そして、その仕事を続けるために、一回きりでなくなってしまう物や人と生きることを強いられている。

彼にはこの現実が現実として感じられない。そしてその現実感の喪失が、彼に途方もない退屈を与えている。

第一章で見たように、バートランド・ラッセルは、退屈とは事件を望む気持ちがくじかれたものであり、退屈の反対は快楽ではなく興奮であると、そして、退屈している者にとって事件はただ今日と昨日を区別してくれればよいのであり、必ずしも愉快なものでなくてよいと述べていた。

自分の乗る飛行機が事故を起こして墜落することを望む彼のなかでは、事件を望む気持ちが極限に達している。彼は、今日と昨日とが区別されるなら、もはや自分の死すら厭《いと》わないだろう（彼のものではないが、劇中にこんな台詞《せりふ》がある。「死ぬなんて、クロエは利口だわ」）。

また、彼は退屈しているが暇ではない。仕事に忙殺される毎日だ。第三章で暇と退屈を区別した図を作成したが（本書一三三頁《ページ》）、彼が体現しているのは、暇で退屈しているのでも、暇だが退屈していないのでも、暇もなく退屈もしていないのでもない、四つ目の有り様、暇はないが退屈している人間の姿である。

この暇なき退屈を生きる彼は、それをブランド品の消費という典型的な消費人間の行動によってやり過ごそうとしている。しかし、やり過ごすことができない。ボードリヤールが言ったように、消費には限界がないからだ。彼は消費はしていても、浪費はしていないのである。

彼は現実を生きているという感覚を欲している。難病患者たちのミーティングで、彼らの身体に根ざした苦しみに出会ったときに彼が解放感を感じたのはそのためだ。

彼はそこで現実（苦しみ）にやっと出会った。それまでの彼は、苦しいが苦しみのなかにいなかった。彼はきちんと苦しむことを願っている。

とはいえ、ミーティングに参加するのは、いわば、苦しみをシミュレーションすることである。それが長続きするはずがない。彼は手当たり次第に同様のミーティングに参加するようになるが、ふとしたことでそれもうまくいかなくなる（同じように偽名でミーティングに参加する女が現れ、彼は再び眠れなくなってしまう）。

殴り合いは、そうした苦しみのシミュレーションの代わりに現れる。これは「本当の」苦しみである。ファイト・クラブでの殴り合いで、彼は頭を何針も縫ってもらわねばならぬほどの大けがをする。だが、その痛みが彼に生きているという実感を与えるのだ。

ここには、

（1）現実離れした消費のゲーム――ブランド狂い
（2）現実（苦しみ）のシミュレーション――難病患者ミーティングへの参加
（3）現実（苦しみ）の現前――ファイト・クラブ

という三つのモデルが実に手《て》際《ぎわ》よく描かれている。

タイラーとはだれか?

ではタイラーはどうか? 彼は典型的な反消費社会の人間である。彼は言う。「お前は物に支配されている」。「宣伝文句に煽られて／要りもしない車や服を買わされている」。

だが、重要なのはタイラーが消費社会の論理の外にいるわけではないということである。タイラーは「自分らしく」生きているのではない。彼は消費社会の論理にしたがったまま消費社会を拒否することでタイラーたり得ている。どういうことか?

消費社会では退屈と消費が相互依存している。終わらない消費は退屈を紛らすためのものだが、同時に退屈を作り出す。退屈は消費を促し、消費は退屈を生む。ここには暇が入り込む余地はない。

消費と退屈のサイクルは繰り返される他ないが、しかし、やはり退屈なのだから、そのサイクルは最終的に拒絶反応を生む。そうして生まれるのがタイラーである。

タイラーのような人物は目新しく思われてしまう。ノートン演じるブランド男も、最初タイラーの自由奔放さに憧《あこが》れている。消費社会の特殊な抑圧のなかでは彼のような人物はカッコよく見えてしまう（ブラッド・ピットが演じているからカッコイイのではない！）。

しかし実はタイラーは自由でも何でもない。もし彼が本当に自由であれば、彼は彼なりの新しい型の解放を積極的に考えたはずだ。だが、彼は消費社会をただ拒み、そして破壊するだけである。当然ながら、破壊の後に何が来るのか、そのときに何をなすべきなのかは、まったく考えていない。

ではなぜタイラーは破壊にしか向かえないのか？

彼は何か「本来的」な生があるかのように語るけれども、それが何なのかはすこしも明らかでないからである。これは消費によってもたらされる「個性」が何なのかを不問にしたまま「個性化」を煽る消費社会の論理とまったく同じである。彼は消費社会に促されて、しかも消費社会の論理にしたがったまま消費社会を拒否しているのだ。彼は消費社会あるいは消費人間が作り出したミラーイメージにすぎない。タイラーはいわば消費社会の落とし子なのである。

イヤになるのは消費社会はタイラーまでをも利用するだろうということだ。タイラーは遅かれ早かれ自滅する。すると消費社会は「やはり我々の側についた方がいい」と言って「ゆたかな社会」（＝消費社会）を勧めてくる。さらにはタイラーの試みを商品として利用することすらあるだろう。[22] タイラーのような消費社会のミラーイメージは、消費社会が自己の存続のために作り出しているとすら言うことができる。[23]

現代の疎外

〈暇と退屈の倫理学〉の観点から、この映画を通じて次のように言いたい。

消費社会によってもたらされる、「現代の疎外」と呼ぶべき事態がたしかに存在している。そして――映画に描かれているほどに陳腐で過激になるかどうかはともかく――この疎外の奥には何か強烈な情念がある。

一般に疎外とは、人間が本来の姿を喪失した非人間的状態のことを指す。かつては「労働者の疎外」が大いに語られた。労働者は、資本家から劣悪な労働条件・労働環境を強制され、人間としての本来の姿を失っているとされた。たとえばマルクスの『資本論』を読むと、いまでは信じられないような労働条件で働く者たちの姿が描かれている。

それに対し消費社会における疎外は、かつての労働者の疎外とは根本的に異なっている。なぜなら、消費社会における疎外とは、だれかがだれかによって虐げられていることではないからである。消費社会における疎外された人間は、自分で自分のことを疎外しているのである。ボードリヤールは次のように言っている。「〔消費社会における〕疎外された人間とは、衰弱し貧しくなったが本質までは犯されていない人間ではなく、自分自身に対する悪となり敵に変えられた人間だ」[24]。

なぜそのように言えるのか？　それは終わりなき消費のゲームを続けているのが消費者自身だからである。たしかに、ある意味で消費者は消費を強制されている。広告で煽られ、消費のゲームに参入することを強いられている。しかし、それは資本家が金にものを言わせて労働者に劣悪な条件で働かせる場合の強制とは異なっている。消費者は自分で自分たちを追い詰めるサイクルを必死で回し続けている。人間がだれかに蝕《むしば》まれるのではなく、人間が自分で自分を蝕むのが消費社会における疎外であるのだ[25]。

疎外と本来性

ただしここで注意しなければならない。この疎外をただ疎外と名指すだけでは重大な過《あやま》ちを犯すことになる可能性がある。

本章の冒頭で述べたが、「疎外」はかつて「労働者の疎外」として盛んに論じられたけれども、あるときから、むしろ積極的に遠ざけられる概念になってしまった。なぜそういうことになったのかというと、この概念がどうも危険だと思われるようになってきたのである。どういうことだろうか?

疎外された状態は人に「何か違う」「人間はこのような状態にあるべきではない」という気持ちを起こさせる。ここまではよい。ところがここから人は、「なぜかと言えば、人間はそもそもはこうでなかったからだ」とか「人間は本来はこれこれであったはずだ」などと考え始める。

つまり、「疎外」という語は、「そもそもの姿」「戻っていくべき姿」、要するに「本来の姿」というものをイメージさせる。これらを、本来性とか〈本来的なもの〉と呼ぶことにしよう。「疎外」という言葉は人に、本来性や〈本来的なもの〉を思い起こさせる可能性がある。

〈本来的なもの〉は大変危険なイメージである。なぜならそれは強制的だからである。何かが〈本来的なもの〉と決定されてしまうと、あらゆる人間に対してその「本来的」な姿が強制されることになる。本来性の概念は人から自由を奪う。

それだけではない。〈本来的なもの〉が強制的であるということは、そこから外れる人は排除されるということでもある。何かによって人間の「本来の姿」が決定されたなら、人々にはそれが強制され、どうしてもそこに入れない人間は、人間にあらざる者として排除されることになる。

たとえば、「健康に働けることが人間の本来の姿だ」という本来性のイメージが受け入れられたなら、さまざまな理由から「健康」を享受できない人間は非人間として扱われることになる。これほどおぞましいことはない。

本来性あるいは〈本来的なもの〉は強制と排除に至る他ない。そして、疎外が盛んに論じられていた頃、あるときから人々は、「疎外」の概念が「本来性」の概念と切り離しがたいのではないかと考えるようになった。それ故に、「疎外」は危険視された。そして用いられなくなってしまった。[26]

疎外を再考する

以上が、「疎外」と「本来性」を巡《めぐ》る諸問題の大まかな歴史である。「本来性」の問題点ははっきりしている。そして「疎外」はあるときからその共犯者とみなされるようになった。そして、いわば同時に逮捕され、罰せられたのである。

だが、この歴史を踏まえたうえで本書は次のように問いたいのだ。たしかに本来性の概念には大いなる問題がある。しかし、だからといって疎外の概念までをも一緒に投げ捨てるべきだったのか？　疎外が本来性と共犯関係にあることは本当に間違いのない事実なのだろうか？　もしかしたら、その共犯関係を見出したとき、論者たちは何か大雑把な議論に甘んじていたのではないだろうか？　一緒にすべきでないものを一緒にして論じていたのではないだろうか？

消費社会が戦略的に作り出す満たされなさのなかで退屈を感じている人間は、「これは何か違う」「こういう状態にあるべきではない」と感じる。つまり、「疎外《そがい》」という言葉は口にしなくても、人は疎外を感じるのである。ならば、なぜそれを疎外と名指して論じてはいけないのだろうか？

いや、むしろこう言うべきだ。疎外という概念を遠ざけてしまったなら、この事態をどう扱うことができるのだろうか？　扱えないのではないか？　つまり、思想や哲学が疎外という概念を忌避《きひ》し始めたときに起こったこととは、疎外はもう扱わないということだったのではないか？　要するに疎外概念に本来性概念との共犯関係を見出し、いい気になってこれを糾弾し始めた思想・哲学は、ただ単に、疎外という現実から目を背けていただけだったのではないか？

もしそうだとすれば、そこに生まれていたのは、単なる現状追認の思想・哲学である。

そして実際、疎外の概念を投げ捨てた思想・哲学は、そのようなものになっていたように思われる。

ある悲惨な状況のなかで人が「これは何か違う」「こういう状態にあるべきではない」と感じるのは当然のことである。そう感じられたならその原因を究明し、それを改善するよう試みるべきである。疎外の概念はそれを可能にする。

ならば、問題は疎外の概念にあるのではない。疎外状況に対する処方箋《しょほうせん》として、後から本来性の概念が提示されてしまうことにあるのだ。疎外された者に対し、その者の「本来の姿」を提示してしまう、この救済策の方に問題があるのだ。

本来性の概念とともに疎外の概念まで投げ捨てるというのは、処方した薬を間違えていたがために、診断結果のカルテまで投げ捨ててしまうようなものだ。

退屈、とりわけ現代の退屈は、疎外と呼ばれるべき様相を呈している。ならば積極的にこの概念について考えねばならない。疎外という概念を忌避し続けることは、この現実から目を背《そむ》け続けることを意味する。

では、以上を踏まえたうえで、この疎外という概念にどう向き合うべきだろうか？　問われるべきは次の問題である。かつて疎外概念を糾弾するにあたり、糾弾の理由として掲げられた疎外概念と本来性概念との共犯関係は、本当に根拠があるものだったのか？　要するに、疎外は本来性と本当に切り離せないのか？

以下、この問題について哲学史を参考にしながら詳細に検討してみたいと思う。本章冒頭で述べた通り、これはやや込み入った哲学的な議論になる。できるかぎり分かりやすくすることを目指すが、煩《わずら》わしいと思われる方は読むのを後回しにして、次の章に進んでも構わない。

ルソーと疎外

疎外の概念自体は独自の哲学的伝統をもっている。その起源は神学にまでさかのぼれるが、近代的な疎外の概念の起源は一般にジャン＝ジャック・ルソー［1712-1778］にあると言われている。[27]

カギとなるのはルソーが提示した自然状態の概念である。自然状態とは一七世紀頃から盛んに論じられるようになった概念である。それを論じながら哲学者たちは、人間たちが自然の状態、つまり、政府や法などが何もない状態ではどのように生きるのかについて考えた。

この自然状態論にはいくつかのバージョンがある。ルソーのそれは大変有名なものの一つである。ルソーによれば自然状態において人間たちは善良に暮らしている。人間に不幸をもたらしたのは文明社会であり、文明社会こそが人間に疎外をもたらしたのだと、彼はそのように主張する。

たとえばルソーは次のように述べている。

この状態〔自然状態〕におかれた人間はきわめて惨《みじ》めな存在であると、これまで繰り返し指摘されてきた。〔…〕しかし、自由で、心が安らかで、身体の健康な人間がどのような意味で「惨め」なのか、どうか説明してほしいのだ。

私が尋ねたいのは、文明の生活と自然の生活のうちで、そこで生きる者にとって耐えがたいと感じられる生活はどちらだろうかということなのだ。私たちの周りを見渡してみよう。生活の苦しさを嘆く人ばかりではないだろうか。[28]

ルソーによれば自然状態は平和である。文明人たちが「生活の苦しさ」を嘆いているのとは対照的に、自然人たちは心安らかに生きている。さて、なぜルソーは自然人の生活を、そのような、「惨めさ」からほど遠いものとして描くことができるのだろうか？

ホッブズの自然状態論

ルソーよりも前に自然状態について論じたのがトマス・ホッブズ［1588-1679］である。ホッブズとルソーの自然状態論を比較することでこの問題について考えよう。

ホッブズはルソーとは対照的に、自然状態を戦争状態として描いた。自然状態において見られるのは、「万人の万人に対する闘争」であると主張した。ホッブズがそのように主張する根拠は大変興味深いものである。

ホッブズの考えはこうだ。人間はそもそも平等である。それは平等の権利をもっているとか、平等に扱われなければならないとかいった意味ではない。人間など一人一人はどれも大して変わらないということである。

たしかに力の強い人間もいるし、反対に非常に力の弱い人間もいる。しかし、どんなに力が強い人間であっても、何人かで徒党を組んで立ち向かえば打ち倒せないほどではない。人間の間の力の差とはその程度のものである。体を動かせない人間ですら、仲間を集めて彼らに指示すれば、力の強い人間を押さえつけることができるだろう。人間の力比べは所詮《しょせん》ドングリの背比べの域を出ない。ホッブズはこのような人間の力の平等を議論の出発点とする。

ここから次のような帰結が導き出されることになる。人間がその力において大差ないとすると、人間はだれもが同じように同じものを希望すると予想されることになる。なぜなら、「あいつがあれをもっているなら、俺もそれをもっていていいはずだ」と思えるようになるからだ。これを〈希望の平等〉と言う。

〈希望の平等〉は不安を起こさせる。なぜなら人は、「俺はこれをもっているから、他の連中もこれを狙《ねら》っているかもしれない」と予想するようになるからだ。何かをもっているときでも、何かを希望しているときでも、自分には競争相手がいるという感情が生まれる。つまり人は相互不信の状態に、そして疑心暗鬼に陥る。

当然そうした不安に人間は耐えられない。ならばどうするかというと、不安を取り除くために防衛策を講じる。一人では力の強い者にはかなわない。だから徒党を組み、自分の力を強めようとする。それだけではない。自分たちを脅《おびや》かす他の人間集団があれば、先んじてそれを攻撃しようとするだろう。なにしろ、そうしなければ自分たちが攻撃されるかもしれないのである。

こうして人間の間には闘争状態が、無秩序が生まれる。これがホッブズの言う戦争状態である。[29]

戦争状態から国家形成へ

　ホッブズの考えでおもしろいのは、彼が平等を無秩序の根拠と考えているところだ。不平等なら秩序が自然に生まれる。だれがだれに従わねばならないかが明確であり、疑いようがないからだ。だが、人間の力は平等であり、たいした差はない。それ故に〈希望の平等〉が、そして無秩序が生じる。

　さて、自然状態が続く限り、人間はこの息苦しさ、生命の危険を感じ続けねばならない。では、それは人間がそもそも望んでいた事態かと言えば、もちろんそうではない。人間はやはり平和を欲しているのである（これを第一の自然法則と言う）。しかし、自然状態ではだれもが自分の生命を守るために好き勝手なことをしており、それ故に平和が訪れない。そこには、だれもが自分の身を守ろうとするが故に、全員の身が危うくなっているという矛盾がある。

　ならばどうすればよいか？　この矛盾をどう解消すればよいか？　ホッブズの議論は簡単だ。自分の身を守るために全員が好き勝手にしているのを、全員で止めればいい。自然が人間に与えた「何でもできるし、何をしてもよい」権利、すなわち「自然権」を放棄し、法の支配を打ち立てればよい（これを第二の自然法則と言う）。

　こうして、全員で一つの国家を形成し、一つの権威に従うという社会契約の必然性が導き出される。ホッブズによれば、社会契約は、戦争状態たる自然状態を考察するなら必ずや導き出される必然的な行為なのである。[30]

ルソーの自然状態論

さて、ホッブズの自然状態論を読むと次の疑問が生まれるに違いない。なぜルソーはホッブズとは正反対に、自然状態を「惨めさ」からはほど遠い状態として描き、善良な自然人の像を提示したのだろうか？　それはルソーが性善説を信じるような人間だったからだろうか？　要するにこの違いは、ルソーとホッブズの個性の差なのだろうか？

そうではない。この点をルソーの性格や感情などから説明してはならない。両者が異なった結論に至ったことには理論的な理由があるのだ。

その理由は実に簡単なものである。ルソーによれば、ホッブズの言う「自然状態」は自然状態ではない。それは既に社会が成立した後の状態、要するに社会状態を描いているにすぎない。

ホッブズはある程度の数の人間が集団生活を送っている状態を想定している。しかし、自然状態から社会状態への移行に関して問わなければならないのは、まさしくそのような人間集団の成立なのである。

　だからこう言ってもいいだろう。ホッブズは自然状態と社会状態を描いたのではなくて、それらの名の下に、社会状態と国家状態とでも言えるものを描いていた。ルソーによれば、ホッブズは、「社会のなかで生まれた考え方を自然状態のうちにもち込んで、自然状態について議論している」[31]。ルソーはそのようにホッブズを批判して、そうした人間集団そのものが成立する以前の状態を考察する。では、集団生活が開始される以前、自然状態を生きる人間はどのような存在だろうか？

　人間は自然状態において自然権を謳歌《おうか》している。勝手気ままに、好きなときに好きなことをする。だから、どこかの集団にとどまっている必要はないし、それどころか、だれかと一緒にいる必要もない。ルソーがはっきりと述べているが、男女が出会って一晩を共にしたとしても、次の日に二人が一緒にいる理由はない。カップルや家族はすこしも自然な集団ではないのだ。なぜなら、自然状態においては、人間をどこかに縛り付ける絆など存在しないからだ。

　自然状態では強い者が弱い者を抑圧すると主張される。しかし、この「抑圧」という語が何を意味するのか自分にはよく分からないとルソーは言う。社会状態では暴力

ルソー	自然状態 善良な自然人	社会状態 堕落した社会	国家状態 社会契約による共同体
ホッブズ	（考察なし）	自然状態 万人の万人に対する闘争	国家状態 社会契約による共同体

で支配する者がいるだろう。しかし、自然状態では隷従とか支配とかそういったものがそもそも成り立たない。

たとえばだれかが集めた果実や、その人が殺した獲物《えもの》、その人が使っていた洞窟《どうくつ》を、別の人が力ずくで奪うことはできる。しかし、どうやって他人を服従させることができるだろう？「所有するものが何もない人々の間で、他人を自分に依存させる〈鎖〉をどのようにして作り出すことができるのだろうか[32]」。

ルソーがここで「所有」に言及していることは極めて重要である。所有がなければ人を隷属させたり、抑圧したりはできない。自分はこれを所有しているから、俺の命令に従うならこの所有物を分けてやろうというロジックが働かない限り、人を自分に従わせることはできないからだ。

所有は一つの制度であり、複数の人間が共通の法秩序に従うことを前提としている。自然状態においても、他人が占有するものを暴力で奪い取ろうとする輩《やから》はいるに違いない。しかし、だれかが自分の住みかを奪ったなら、自分は別の住みかを探せばいいだけである。力の強いヤツがいたところで、そいつは何もしないで人に言うことをきかせたりできるだろうか[33]?

利己愛と自己愛

ルソーの考える自然状態と社会状態とを特徴づける概念がある。「自己愛」と「利己愛」という対概念がそれだ。

自己愛は自分を守ろうとする気持ちであり、自己保存への衝動と言い換えることができる。ルソーによれば、人間はどんな状態にあろうとも自己を守ろうとする。危険が迫ればそれを避ける。自然状態であろうともそれは変わらない(そして一般に社会契約論ではこの自己保存への衝動が社会契約の動力源であるとされる)。

それに対し利己愛とは、他人と自分との比較にもとづいて、自己を他人よりも高い位置に置こうとする感情である。他人よりも優位に立ちたいと思い、劣位にある自分を憎み、優位にある他者をうらやむ、そうした感情である。これは社会状態でしか存在しない。

自己愛において現れるのは自分だけである。それに対し、利己愛においては他者が現れており、他者との関係においてしかこれは存在しない。難しく哲学的に言うと、利己愛は他者に媒介されている。

ルソーはおもしろいことを言っている。自然状態においても弱い相手から獲物を奪ったり、強い相手に自分の獲物を渡したりすることはあるだろう。だが、自然状態においてはこうした略奪行為は、「自然の出来事」としかみなされないと言うのだ。たとえば、クマに襲われ食べ物を放り出して逃げ出したとか、せっかく取った果物をつまずいて河に落としてしまったとか、はじめて出会った力の強い人間に獲物を奪われたとか、こういったことは自然状態においては区別されない。どの場合でも、「あぁあ、なんだよぉ……」と思うだけである。なぜならどれも単なる「自然の出来事」だからである。[34]もっと言えば、略奪行為であろうと、自然災害であろうと、事故であろうと、最終的には「仕方ない」と思えるのである。[35]

このことは逆側から見てみるとよく分かる。いま私たちは自然状態ではなくて、社会状態を生きている。その社会状態を生きている私たちはスーパーで買ってきたリンゴをだれか力の強い者に奪われたら、「仕方ない」などとは思えない。奪った相手をうらむだろう。

それはなぜだろうか？　簡単だ。「力を背景にして自分からリンゴを奪うのは不当である、なぜなら彼にはそのような権利はないからだ」と思えるからに他ならない。つまり、社会状態を前提とし、構成員全員が平等な権利をもつと前提してはじめて、うらみなどの感情が生まれるのだ[36]。

平等であるとの信念ゆえに生じる否定的な感情。ルソーはこれを総称して利己愛と呼んだ。利己愛こそは支配や抑圧の起源であろう。利己愛とは、自分を他人よりも高い位置に置きたいと願う気持ちだからである。逆に言えば、利己愛がない状態であれば、人間は支配や抑圧といった邪悪なことをする必要がない[37]。できないのではない。する必要がないのだ。所有物も、人間を縛《しば》りつける秩序もないのだから、邪悪なことをする条件がそろっていないのである。

自然状態論は何の役に立つのか？

ルソーが述べていることを丁寧に追っていくと、ルソーが単に自然人の善良を主張していたわけではないことが分かる。自然人は善良であるというより、邪悪なことができないし、する必要がない。自然人は、邪悪さが成立し得ない客観的条件を生きているにすぎない。

したがって、ルソーの自然状態論は価値判断（どちらがよいかわるいか）のための議論ではなくて、人間の生の客観的条件を描いたものと考えられねばならない。ルソーの思想はしばしば「自然に帰れ」というスローガンで紹介されることがあるが、この言葉がルソーの著作のどこにも見出されないのはよく知られた事実である。

そして何よりも重要なことは、ルソーが自然状態について、「もはや存在せず、おそらくはすこしも存在したことのない、多分将来もけっして存在しないような状態」と述べていることである。[38]ルソーは自然状態を、かつて人間がいた状態や戻っていける状態として描いているのでもないし、これからたどり着ける状態として描いているのでもない。

ルソーの目論《もくろ》見《み》は、私たちが当然だ、当たり前だと思っている社会状態を遠くから眺めてみることにある。人間はいま社会状態を生きているからそれを疑うことができない。しかし、自然状態の話をもってくれば、「ああ、人より高い場所に自分を置きたいという気持ちは、文明社会だから出てきた気持ちであって、人間の本能なんかじゃないんだよな」と思えるわけである。

ルソーの自然状態は、社会状態を相対的に位置づけるための概念である。あるいは、自己愛と利己愛を区別するための概念である。この区別がないと、人間はいつでもどこでも利己愛に支配されて、他人より高い場所に自分を置きたいと願っているということになってしまう。しかし、人間がいつでもどこでももっているのは自己愛の方であって、利己愛ではないのだ。

これはたとえば経済学が完全競争をモデルにして話を始めるのに似ているかもしれない。完全競争は純粋に理論的なフィクションであり、そんな状態は存在しない。そして（おそらく）経済学者もそれが存在するとは思っていない。それをモデルとして立てたうえで、そこからのズレにおいて現実を描き出そうとするのだ。

本来性なき疎外

しかし、ここで注意しなければならない。

純粋なモデルを立てると、そのモデルがあたかも理想であるかのように思われてしまうことがあるのだ。たとえば完全競争こそが望ましい状態なのに、それが乱されている……というように。

ルソーの描く自然人の姿もまた同じように誤解されてきたと言わねばならない。

「自然に帰れ」というルソーが一度も述べていない言葉がルソーのものとされてきた歴史は、ルソーの描く善良な自然人の姿が、本来の人間の姿であるかのように解釈されてきたことの証拠に他ならない。

「本来」という語は、辞書に言われるように、「もともとそうであること」「それが当たり前であること」「現状はそうでないが本当はそうであること」を意味する。[39] ならば、ルソーの描く自然状態は、人間にとってすこしも本来的ではない。それは「これまでも存在しなかったし、いまも存在しないし、これからも存在することはない」のだから。

ルソーは本来的な人間の姿や、人間にとっての本来的なものについて話をしているのではけっしてない。ルソーはただ、文明人の「みじめな」姿やその疎外を、自然状態というモデルを通じて描いているだけなのだ。

まとめるとこうなる。

「疎外」概念の起源と言われるルソーの自然状態論とはいかなるものか？　それは、人間の本来的な姿を想定することなく人間の疎外状況を描いたものである。一言で言えば、そこに現れているのは、本来性なき疎外という概念だ。

このことは極めて重要である。ルソーは、文明人の疎外について論ぜねばならないという使命感を抱いた。そして同時に、疎外については語ろうとも、「本来的なもの」を呼び寄せてはならないと堅く自己を律した。この慎重でありかつ大胆な態度の重要性は、いくら強調しても強調しすぎることはない。

け疎外についての議論におつきあいいただきたい。

「本来性なき疎外」という概念を記憶しておいていただきたい。そしてもうすこしだ

マルクスと労働

近代的な疎外概念の起源がルソーにもとめられるとすれば、それを議論の中心に据えて前景化したのがG・W・F・ヘーゲル［1770-1831］であり、カール・マルクス［1818-1883］である。

ただしヘーゲルとマルクスにおいてはこの概念は正反対の意味で用いられている。ヘーゲルはこれを肯定的な意味で、マルクスはこれを否定的な意味で用いている。

ヘーゲルによれば、人間はいったん自分に固有のものを投げ捨ててこそ、高い理想を実現できる。自分に固有のものを放棄するプロセスのことをヘーゲルは疎外と呼んだ。つまり、人間はいったん自分らしさを疎外されるのだが、その疎外を乗り越えてこそ、高い理想（具体的には共同性、共に生きること）を実現できるというわけだ。

それに対してマルクスはこう反論した。

ヘーゲルは人間の疎外を頭のなかでこね回しているだけではないか？　労働者を見てみろ。彼らは自己に固有のものを投げ捨て、労働している。彼らは疎外のなかにあ

る。そしてそのままである。自己放棄は自己放棄のままである。彼らが投げ捨てたものは彼らのもとに戻ってこない。労働力の外化によって製作された商品は、彼らのもとにではなく、資本家のもとに行くからだ。そこには高次の自己実現などない。

ここからマルクスは疎外という概念をヘーゲルとは正反対に否定的な意味で、そしてより広い意味で使用することになる。マルクスの疎外論にはやや複雑な歴史的経緯があるが、それは本文では割愛しよう。[40]マルクスがその疎外論において言ったことはけっして難しいことではない。資本主義下の工場労働者は特定の作業を強制され、いわば工場設備の一部、その部品にさせられ、「不具」「奇形物」にされてしまう。そして特定の労働の反復を強制されるため、自らの素質を生かすことができない。これがマルクスの言う疎外された労働である。

これはいまでも通用する議論であるように思われる。問題は、それがどう読まれたか、だ。

マルクス疎外論はどう読まれたか?

疎外論が盛んに論じられた一九五〇～六〇年代の書物として、フリッツ・パッペンハイム〔1902-1964〕の『近代人の疎外』を取り上げよう。この本はマルクスの疎外論が当時どう読まれていたのか、その雰囲気をよく伝えてくれるものである。[41]

パッペンハイムは、フェルディナント・テンニース〔1855-1936〕の『ゲマインシャフトとゲゼルシャフト』と比較することで、マルクス疎外論の意義を明らかにしようとしている。

まずテンニースが言っていたことを簡単に説明しておこう。本のタイトルに現れるゲゼルシャフトとは「利益社会」などと訳されるドイツ語で、契約的な関係にもとづく社会、人為的に結合した合理的・機械的な社会を意味する。それに対しゲマインシャフトとは「共同社会」などと訳されるドイツ語で、こちらは地縁・血縁などの感情を特徴とする自然発生的な共同体を指す。テンニースは歴史的発展のなかで人類がゲマインシャフトからゲゼルシャフトへと段階的に移行してきたことを示した。

さて、パッペンハイムによれば、マルクスの説く工業化された近代社会の枠組みは、ゲゼルシャフトの原型である。そこでは個人はバラバラに孤立している。個人はたとえば会社や工場で雇用されるといった特定の目的のためにのみ互いに接触する。

そうなると他人は自分にとっての手段でしかない。特殊な目的のためにつながっているのだから、当然そうなる。上司にとっての部下も、資本家にとっての労働者も、目的を達成するための手段である。

ならば、ゲゼルシャフトにおいては工場労働者が機械の部品になるのは避けられない。労働者は手段でしかないのだから。マルクスが疎外論において描いた事態はまさしく近代社会の運命であるという結論がここから導き出される[42]。

疎外論者たちの欲望

ではどうするのか？　問題はここからだ。あろうことかパッペンハイムはこの後、マルクスが批判したはずのヘーゲルの労働概念に戻ってしまうのである。

多少詳しく見てみよう。パッペンハイムによれば、マルクスは疎外された労働の危険を力説したけれども、単に疎外の否定的な面ばかりを見ていたわけではない[43]。マルクスはヘーゲルと同様に、疎外の苦しみとそれを克服する努力によって人間は自己自身へと戻ると信じていた。このことが労働過程に真の意味を与える[44]。パッペンハイムはこう述べて、マルクスの議論をヘーゲルの議論で理解してしまう。マルクスの議論がヘーゲルに対する批判から出てきたことを知っている読者なら、首をかしげてしまうに違いない。

ここに見るべきは一つの典型的な症候である。ここには疎外を論じる人々の欲望が明確に現れている。その欲望とは、本来性へと回帰したいという欲望に他ならない。

労働が疎外されているから、本来の、「真の」労働へと回帰せねばならない……。当時の疎外論者たちはそう願い、そしてその願いのままに論文を書いていたのである——マルクスの文言を無視して。

繰り返すまでもないが、「真の」労働などと夢想されているものは、ヘーゲルが頭のなかでこねくり回して作った労働概念にすぎないのだと、そう指摘するところから始めたのが他ならぬマルクスではなかったか？

こういった問題になると、もはや理論的にああだこうだ言っても無駄である。要するに、「疎外」と口にする人のほとんどは、「本来的なものに戻っていきたい」「本来性を取り戻したい」という欲望に突き動かされているのである。それが冷静な議論を妨げているのだ。

だからあらゆる手段を講じて「本来的なもの」を描こうとする。テキストも無視する。実際、マルクスは「真の意味」を与えられた労働過程を信じていたなどと言うとき、パッペンハイムはマルクスのテキストを引用することができない。それどころか、斥《しりぞ》けたはずのヘーゲルが復活するのだ。

なぜマルクスの疎外論が流行した後、それが強い反発を受け、斥けられることになったのか、その理由は明らかだろう。当時の疎外論者たちが皆、ありもしない「本来的なもの」を探し続け、あるいは——最悪の場合——人に押しつけようとしていたからだ。

労働と仕事——ハンナ・アレント

かつて流行した疎外論は本来性への強い欲望に貫かれていた。では、マルクス自身はどう考えていたのだろうか？　ハンナ・アレント［1906-1975］のマルクス批判を参照しながら、この点について考えて、本章を閉じることとしよう。

アレントは『人間の条件』（一九五八年）[45]のなかで、マルクスの労働の概念は矛盾に陥っていると述べている。アレントの指摘は至極単純である。マルクスは労働は必要だと言う。だが同時に、労働者階級は労働から解放されなければならないとも述べている。だから矛盾していると言うのである。[46]

言い換えれば、マルクスは労働を肯定し、かつ否定していることになる。アレントによればこの矛盾は、労働を論じた近代の代表的な哲学者たちにも見出《みいだ》される。そしてなぜこのような矛盾が現れるのかと言えば、近代の哲学者たちが〈労働〉と〈仕事〉とを区別しなかったところに原因があると彼女は言う。

では、ここに言われる〈労働〉と〈仕事〉とは何か？

アレントによれば〈労働〉とは、人間の肉体によって消費されるものに関わる営みである。たとえば食料や衣料品の生産などがそれに当たる。それはかつて奴隷《どれい》によって担《にな》われていた。だから〈労働〉は忌《い》み嫌うべき行為であった(この点はヴェブレンの『有閑階級の理論』を思い出せば簡単に理解できるだろう)。

それに対し、〈仕事〉は世界に存在し続けていくものの創造であり、たとえば芸術がその典型である。〈労働〉の対象は消費されるが、〈仕事〉の対象は存続する。ゆえに〈仕事〉は〈労働〉に比べて高い地位を与えられてきた。肯定的に捉《とら》えられてきたのである。[47]

このように両者を区別した後で、アレントは次のように言う。なぜ労働が否定されたり、肯定されたりするのか? それは哲学者たちが〈労働〉と〈仕事〉を混同していたからである。同じ行為の〈労働〉的側面がピックアップされれば否定的に論じられるし、〈仕事〉的側面が注目されれば好意的に受け止められるというわけである。[48]

この混同はジョン・ロック[1632-1704]に始まる。だが、そのことによる矛盾が最も強く現れているのがマルクスだとアレントは言う。マルクスほどに労働そのものについて論じた哲学者はいなかったからである。

アレントはこのことをこんな風に表現している。マルクスの労働概念は、他では見られぬほどの根本的矛盾を抱え込んでいる。しかし、「このようなはなはだしい根本的な矛盾は、むしろ二流の著作家の場合にはほとんど起こらないものである。偉大な著作家の作品なればこそ、かえって矛盾がその作品の核心にまで導入されるのである」[49]。

アレントによればマルクスは一流であったからこそ、この矛盾を体現していたということらしい。

アレントによるマルクスのテキストの改竄《かいざん》

さて、アレントはマルクスは矛盾していると言っている。マルクスは一流だったから矛盾してしまったと言って、この主張を通そうとしている。しかし、本当にそうなのだろうか？　疎外された労働について論じるマルクスは、本当に、労働からの解放を唱えていたのだろうか？

もちろん本書はここで、そうではない、と主張したいのである。マルクスは労働からの人間の解放などを唱えてはいない。

しかも、その証拠探しにはややこしい哲学的議論などすこしも必要ではない。その証拠はあっけないほど簡単に見つかる。アレント自身が引用しているマルクス『資本論』の一節を読むだけでいいのだ。

アレントはマルクスが、「労働が廃止されるときにのみ「自由の王国」が「必然の王国」に取って代わる」と主張したと述べている。そしてその証拠として『資本論』の一節を引用しながら次のように言う。

なぜなら「**自由の王国は、欠乏と外的有用性によって決定される労働が止《や》むときにのみ始まり**」、その場合にのみ「肉体の直接的な欲求の支配」が終わるからである。[50]

念のために述べると、ゴシック表示した部分がマルクスからの引用である。

「自由の王国は、欠乏と外的有用性によって決定される労働が止むときにのみ始まり」というマルクスの一節はアレントにとって決定的なものであったらしく、マルクスを中心的に論じた『人間の条件』第三章で二度も引用されている。

しかしこれは、労働が廃止されたときに自由の王国が始まると述べた文であろうか？

まったく違う。

これは、欠乏と外的有用性によって決定されるような労働が止むときに、自由の王国が始まると述べた文である。

「欠乏」によって決定されるとは、生存ギリギリの生活をしているから、仕方なく、ひどい労働条件で働くということだろう。「外的有用性」によって決定されるとは、外的に、たとえば現在の産業化社会にとって有用とみなされたものしか、まともな労働とはみなされない、そういう事態を指しているだろう。

マルクスが言っているのは、そのような労働は廃棄されねばならないということだ。いったいどこに労働そのものの廃棄が書いてあるというのか？

しかもアレントはその後の引用では、「欠乏と外的有用性によって決定される」という部分を意図的に除去し、「自由の王国はまず労働を廃止する行為において始まる」[51]などと書き記すのである。これはかなり悪質なテキスト改竄である。

マルクスにおける〈暇と退屈の倫理学〉

しかし、アレントを非難しても仕方ない。

問題は、「欠乏と外的有用性によって決定される」という文句がアレントの目に入ってこないということだ。もうこうなると、読み間違いの問題ではない。アレントの欲望の問題である。アレントはマルクスのなかに労働廃棄の思想を読み取りたくて仕方ないのである。[52]

アレントはいわゆる疎外論者たちが陥っていたのと似たトラップに陥っているように思われる。そのトラップとは一つの偏見、すなわち、疎外について論じている者は、悲惨な現実を全面的に廃棄して本来的な理想状態へと向かうことを志向しているという偏見である。

たとえば、「自然に帰れ」が何の疑問もなくルソーの言葉とされてきたのは、ルソーは文明による疎外を論じているのだから、文明の全面的な廃棄と本来的な自然状態への復帰を望んでいるはずだと思い込まれてきたからだ。アレントはこれと同種のトラップにかかっているのだ。

マルクスはたしかに「疎外された労働」について論じた。彼は近代の代表的疎外論者である。

しかし、マルクスはその代わりに「本来の労働」を置こうとしているのではないし、労働が廃棄された「本来」の人間のあり方をもとめているのでもない。彼は本来性を想定することなく疎外について考えている。つまり、ルソーの場合と同様、マルクスもまた、本来性なき疎外について考えている。

非常に長くなるが、アレントが引いていた『資本論』の一節の全体を引用しよう（面倒な人は傍点の箇所を読むだけで構わない）。

社会の現実の富と、社会の再生産過程のたえまない拡大の可能性とは、剰余労働のながさにではなく、剰余労働の生産性と剰余労働がそのもとで行われる生産条件の内容豊富さの程度とにかかっている。実際、自由の王国は、欠乏と外的有用性によって決定される労働が止むときにのみ始まる。だから、自由の王国は、事柄の性質上、現実の物質的生産の領域の彼方《かなた》にある。未開人が自分の欲望をみたすために、すなわち自分の生活を維持し再生産するために、自然と闘わなければならないのと同じく、文明人もそうしなければならないのであり、しかもどんな社会形態のもとでも、考えられるどんな生産様式のもとでも、そうしなければならない。文明人の発達とともにこの自由必然の国も拡大される。欲望が拡大されるからである。だが同時にこの欲望をみたす生産力も拡大される。この分野での自由は次の点のみにある。すなわち社会化された人間、結合された生産者が、盲目の力によって支配されるかのようにこの自然との物質的代謝によって支配されるのではなく、この物質代謝を合理的に規制し、自分らの共同の統制のもとにおくという点に、すなわち最小の力の支出をもって、自分らの人間性に最もふさわしくかつ最も適合した条件のもとで、この物質代謝をおこなうという点のみにある。だがこれはやはりまだ必然の王国なのである。この王国の彼方に自己目的としての人間の力の発展が、真の自由の王国が始まるわけであるが、しかしそれは必然の国をその基礎としてのみ花開きうるにすぎない。労働日の短縮がその根本条件である。[53]

マルクスがここで述べていることは、アレントのいう「一流」の著作家が書いたものにしては、つまらないぐらい常識的なものである。

「欠乏と外的有用性によって決定される労働」は止み、「自由の王国」が実現されねばならない。しかし、それは労働そのものが廃棄されるということではない。というのも、「自由の王国」は「必然の国をその基礎としてのみ花開きうるにすぎない」から。

どういうことかと言えば、マルクス自身が述べているように、「自由の王国」の条件は労働日の短縮なのである。働き過ぎを止めさせ、労働者に余暇を与えるということだ。労働はするけれど、余暇もある。だからこそ、「自由の王国」は「必然の王国」をその基礎とすると言われるのである（「自由必然の国」）。

肩すかしを食らったような単純な答えではないか？　たしかに大切だし、重要なことなのだけれど、何かこのあっけにとられるほど単純な答えに笑わずにはいられない。

――「必然の王国」を基礎として花開く「自由の王国」。「労働日の短縮がその根本条件である」。

労働の廃棄でも、本来的な労働の開始でもない、労働日の短縮。

言うまでもなく、労働日が短縮されれば現れるのは暇である。ならばマルクスは、労働について思考しながら、暇についても考えていたことになるだろう。

とはいえ、考えてみればこれは当然のことではないだろうか？　労働がないときに人間は暇なのだから、労働について徹底して考えた思想家が暇について考えていないわけがない。ここに、マルクスと〈暇と退屈の倫理学〉との接点が生まれる。

さて、マルクスと〈暇と退屈の倫理学〉との接点について示唆《しさ》的な一節が、『ドイツ・イデオロギー』のなかにある。非常にユーモラスな一節だ。

これに対して共産主義社会では、各人はそれだけに固定されたどんな活動範囲をももたず、どこでもすきな部門で、自分の腕をみがくことができるのであって、社会が生産全般を統制しているのである。だからこそ、私はしたいと思うままに、今日はこれ、明日はあれをし、朝に狩猟を、昼に魚取りを、夕べに家畜の世話をし、夕食後に評論をすることが可能になり、しかも、けっして猟師、漁夫、牧夫、評論家にならなくてよいのである。[54]

「共産主義社会では」というところを読み変えればよい。これは実に示唆に富んだ一節であろう。「欠乏と外的有用性によって決定される労働」が支配している社会では、「どこでもすきな部門で、自分の腕をみがくこと」などできない。だからそれが廃棄されなければならない。

大切なのは、魚釣りはしても漁師にはならなくてよい、文芸評論をしても評論家にならなくていいということではないだろうか？　それは余暇を生きる一つの術である。

マルクスの疎外論を読み解くためには、本来性なき疎外という概念が必要である。アレントにはそれがなかった。

そして、その可能性を引き出すためには、〈暇と退屈の倫理学〉の視点が必要である。繰り返すが、マルクスの言う「自由の王国」[55]は、労働日の短縮によってもたらされる暇において考えられているからである。

＊

以上、疎外論の代表的論者であるルソーとマルクスを論じてきて分かったことは、一般的な疎外論が本来性への強い志向をもつのに対し、彼らが本来性を想定することなく、しかし、疎外からの脱却を目指していたということである。

これはどういうことかと言うと、本来的なものを想定しない疎外論の方がむしろ正統派であるということだ。

本来性への志向とは、もともとはこうであったのに、そこから疎外されているから、本来の姿に戻らねばならないという過去への回帰欲望のことである。本来的なものとは、もともとそうであった姿として想定されるもののことであり、したがって、本来性という概念は過去形のものでしかあり得ない。だから本来性にもとづいて疎外論を構築するとき、その議論は強力に保守的なものとなり、時に凶暴な、暴力的なものにすらなる。本来性にもとづいて構想された疎外論は、現在の姿を全面否定し、過去の姿へと帰還するよう強制することがあり得るからである。

しかし、だからといって、本来性という概念を否定すると同時に、疎外の概念も捨て去るべきであろうか？　疎外論ブーム以後の思想・哲学は、産湯《うぶゆ》といっしょに赤子を捨ててしまったように思われる。本来的なものなど存在しないと言って、十把一絡《じっぱひとから》げに疎外そのものをも否定してしまうなら、結局そこに生まれるのは現状追認の思想である。疎外を否定した以上、どんな状態も相対的に位置づけられてしまうからだ。

ルソーは文明人の惨めさを嘆き、自然人という純粋に理論的な像を作り出すことで、人間の本性に接近し、そこから文明人をよりよく導くための教育法（『エミール』）や政治理論（『社会契約論』）を考えた。

マルクスは疎外された労働を批判しつつ、本来的な労働を措定することなく、労働日の短縮にもとづいた「自由の王国」を考えた。

彼らは、疎外を徹底して思考しながら、本来性の誘惑に囚《とら》われることなく、新しい何かを創造しようとした。これは別に取り立てて困難なことではない。戻っていくべき本来の姿などないことを認めたうえで、「疎外」という言葉で名指すべき現象から目を背けないこと。〈暇と退屈の倫理学〉が目指すのもこの方向である。

ボードリヤールは消費と浪費を区別することで、消費社会がもたらした「現代の疎外」について考えた。私たちもまたそれについて考えるべきである。ボードリヤールのように「疎外」という言葉を用いて。

その疎外は、暇なき退屈をもたらしている。暇なき退屈は、消費と退屈との悪循環（消費は退屈を紛らわすために行われるが、同時に退屈を作り出してしまう）のなかにある。

ただし、この疎外は、疎外論正統派（ルソーやマルクス）にならって、本来性なき疎外という枠のなかで論じられねばならない（また、この概念は、「同一性なき差異」という形でひそかにフランス現代思想に受けつがれていたことも指摘しておきたい）[56]。そしてこの論及は、またしても疎外論正統派にならって、いかなる方向に向けてこの疎外からの解放を考えるべきかという問題意識を伴っていなければならない。

第五章

暇と退屈の哲学

――そもそも退屈とは何か？

本章では退屈論の最高峰に挑戦してみたい。これまでに何度か名前をあげたマルティン・ハイデッガーの退屈論『形而上学《けいじじょう》の根本諸概念』である。見ての通り、かなり硬いタイトルの本である。分厚いし、やたらと難解な単語も現れる。哲学にもともと関心のある人でなければ絶対に手に取らないだろう。

しかし恐れないで欲しい。彼は非常にゆっくりと、一歩一歩論理を組み立てていくタイプの哲学者である。おっくうがらずに論理と論理のつなぎ目さえきちんと理解していけば、彼の主張はむしろ分かりやすい。

しかも、彼は退屈を説明するにあたっていくつかの事例の分析を行っているのだが、この事例というのが実に日常的で分かりやすい。私たちもしばしば体験する退屈な出来事を哲学的に解説するところは愉快ですらある。

できることならこの本を最初から最後までゆっくりと解説していきたいところだが、本書の範囲を大きく逸脱してしまうので、ここでは本書の議論に直接に関係のある部分だけをかなり凝縮して解説していくことにしたい。

哲学の感動

『形而上学の根本諸概念』という本は、彼がフライブルク大学で一九二九年から三〇年にかけて行った講義の原稿をまとめたものである。邦訳で五〇〇頁《ページ》以上ある。ハイデッガーの本のほとんどはこのような講義録だ。

この本の出発点にある問いは非常に単純である。哲学とは何か？　ハイデッガーはそれを問うのである。

これは巨大な問いであるが、しかし単純な、単純過ぎる問いでもある。さてこんな問いをどう扱ったらよいだろう？

ハイデッガーは哲学についてのある一つの定義を引用する。ノヴァーリス［1772-1801］という一八世紀ドイツロマン派の思想家が下した哲学の定義である。

ノヴァーリスによれば哲学とは何か？　哲学とはほんらい郷愁である、と彼は言う。さまざまな場所にいながらも、家にいるようにいたい、そう願う気持ちが哲学なのだ、と。[1]

いかにもロマン派という形容がぴったりとくる、すてきな定義だ。すてきな定義なのだが、しかし、ここで疑問がでてくる。なぜこのノヴァーリスの定義なのだろうか？

哲学の定義というのは無数にある。哲学者たちは哲学をさまざまな仕方で定義してきた。ではなぜそのなかからこれが選ばれたのか？　ハイデッガーはなぜ他の定義には言及せずにこれを掲げるのか？

ハイデッガー自身はそのことを説明していない。その意味ではハイデッガーの議論の仕方は恣意《しい》的である。自分に都合のよい定義だけを議論の出発点に置いているのだから。

しかし、そうやってその議論の仕方を斥《しりぞ》けるのではなくて、もうすこし近寄って見てみよう。すこし先でハイデッガーはこんなことを言っている。哲学に関してどんなに広範囲のことを扱ったとしても、問うことによって私たち自身が感動させられているのでないならば、何事も理解はできない。結局はすべて誤解にとどまる。[2]

ハイデッガーという人物の個性を伝える、非常に印象的な言葉である。ハイデッガーが言いたいことは簡単だ。ある哲学の概念についてどんなに多くの知識をもっていようとも、その概念について問うことで心を揺さぶられたり、心が捉《とら》えられるといった経験がないならば、その概念を理解したことにはならない。哲学の概念は人に訴えかける。その訴えかけを受け止めていないのなら、その概念を理解したことにはならない。こういうことである。

ならばハイデッガーがノヴァーリスの定義を引用し、議論の出発点にした理由は明らかである。彼はこのノヴァーリスの哲学の定義に感動したのである。彼はこの定義の訴えかけに心揺さぶられたのだ。

ハイデッガーの哲学は彼の感動に裏づけられた哲学である。では、私たち読者は彼の哲学に感動できるだろうか？

気分を問う哲学

さて、ハイデッガーはノヴァーリスの哲学の定義を掲げた。ではそれをどう読み解いていくのか？

ハイデッガーが注目するのは、この定義が「郷愁」という気分に言及していることである。ノヴァーリスは哲学を一つの気分によって定義した。

気分というのは曖昧《あいまい》な現象である。厳密さをもとめる哲学にはやや不釣り合いな感じがする。

しかしハイデッガーこそは、この気分というものを徹底して重視した哲学者だった。ハイデッガーによれば、哲学はいつも何らかの根本的な気分のなかに現れる。[3] 当然と言えば当然である。哲学をしているのは人間であり、人間は常に何らかの気分のうちにあるのだから。哲学のような思弁的な営みも、気分と無関係なはずがない。

彼の名を哲学界に知らしめた『存在と時間』という大著では、「不安」という気分が分析されていた。人間存在の根本には死に対する不安があると彼はそう断言していた。

しかし『存在と時間』の出版の二年後に行われたこの『形而上学の根本諸概念』の講義では、もはやそのような「死に対する不安」は語られない。何か考えを変えたのだろうか？　とにかく、ハイデッガーは別の気分について語ろうとするのだ。

ならばそれは何か？　いま、私たちにとっての根本的な気分とは何か？

ノヴァーリスはかつて「郷愁」という気分について語った。ならば、いま、私たちはどんな気分のなかにあるのか？　どんな気分について考えればいいのか？

ハイデッガーはその気分を「呼び覚ます」ことを目指す。私たちの根本にある気分に目を向けようとするのである。[4]

根本にある気分

ハイデッガーはここで一つの手がかりとして、当時流行していた、あるヨーロッパ文明論に言及する。オスヴァルト・シュペングラーの『西洋の没落』がそれである。[5]

この本はそのタイトルが示唆《しさ》する通りの内容である。西洋文明はこれまで近代の先頭を走り、それを牽引《けんいん》してきた。しかしもうその役割は終わった。いまや西洋は没落の時期にある。シュペングラーはそう述べた。

こんな悲観的な主張の本が当時ベストセラーになった。おそらくこの本は、ヨーロッパ人が何となく気づいていながらも大きな声では言っていなかったことを、はっきりと書き記していたのである。それ故《ゆえ》によく読まれたのだ。

いまでもそうだが、学者というのは流行しているものに対して批判的である。当時の学者たちも「こんな本は流行哲学にすぎない」と言ってバカにしていた。

だがハイデッガーはすこし違った。彼はこう言う。この本の時代診断は私たちをすこしも「感動させない」[6]（やはりハイデッガーにとっては感動できるかできないかが大きな価値判断基準であるようだ）。しかし、だからといって、「流行哲学にすぎない」とバカにして片づけてもいけない。[7]

やはりそれが流行することにはそれなりの理由がある。なぜならこれが読まれたという事実は、ヨーロッパ人がたしかに何らかの「没落」の感覚をもっていることのしるしであるから。

そこからハイデッガーは次のように考えを進めていくのである。

――私たちはいま自分たちの役割を探している。いや、というよりも、私たちはいま自分たちに何か役割を与えざるを得ない。

――しかしそれはいったいどういうことだろう？　私たちは、自分たちで自分たちにわざわざ役割を与えなければならないほど軽い存在になってしまったのだろうか？　もし私たち自身が自分たちにとって重要な存在であるのなら、わざわざ自分たちの役割を探し当てねばならないなどということにはならないだろうから。

――どうしてそんなことになってしまったのか？　なぜ私たちは自分たちの意味や可能性を見出《みいだ》せないのか？　これではまるで、あらゆる物が私たちに対して無関心になって、大きなアクビを吹きかけているかのようではないか。

――何にせよ、私たちは自分たちのために一つの役割を探している。「これこそが私のなすべきことだ」と言える何かを探している。

――言い換えれば、私たちは、自分たちを自分たちにとって再び興味あるものにしようとしている。自分たちが自分たちにもっと関心をもてるようになろうとしている。

――だが、ここには何かおかしなことがありはしないか？　なぜそんなことをしなければならないのだろう？

——もしかしたら、私たち自身がいま、自分たちにとって退屈になってしまっているのではないか？　だから何とかして自分たちを自分たちにとって興味あるものにしようとしているのではないか？

——しかし、人間が自分自身にとって退屈になってしまっているなどということがあり得るのだろうか？　なぜそんなことになってしまったのだろうか？

こうしてハイデッガーは次のように言うに至るのだ。結局、ある種の深い退屈が現存在の深淵において物言わぬ霧のように去来している[8]（「現存在」というのはハイデッガー独自の用語で、端的に人間のことを指している）。

何も言わない霧のように、いつの間にやら退屈がただよってきて、私たちの周囲を覆《おお》い尽くしている……。ハイデッガーが抱いていたのはそんなイメージである。そして、この退屈こそが私たちにとっての根本的な気分であるとハイデッガーは言うのだ。つまり、私たちは退屈のなかから哲学する他ない、と。

こうして退屈についての長い論究が始まっていく。

退屈を二つに分けてみる

では、退屈とは何か？

退屈を分析するハイデッガーが最初に言うのは、退屈はだれもが知っていると同時に、だれもよく知らない現象だということである。[9] そう、退屈をだれもが知っている。しかし、それについて問われると、だれもそれが何であるのかはっきり述べることはできない。不思議である。

こういったものを分析することは実に厄介である。まったく知られていないことなら、ゼロから始めればいい。読者にはゼロから教えればいい。しかし何となく知っていることだと、その知っていることが、分析を妨げるのである。分かった気になっているから、どこまで分析を深めれば十分なのかがよく分からない。人に説明するにあたっても、「自分が知っている退屈とは違うな」と思われてしまえば、分析は道半ばであってもその人はもう耳を傾けなくなる。

そこでハイデッガーはまず、退屈を二つに分けて考えることを提案する。みんながぼんやりと知っている退屈をまずは二つに分けて考えてみようというわけだ。

一つは、

①何かによって退屈させられること。

もう一つは、
②何かに際して退屈すること。[10]
ハイデッガーは①を退屈の第一形式、②を退屈の第二形式と呼ぶ。

両者は同じようなものに見えるかもしれない。しかし、そうではない。

①は受動形である（退屈させられる）。これはどういうことかと言えば、はっきりと退屈なものがあって、それが人を退屈という気分のなかに引きずり込んでいるということだ。[11]

それに対し②では、何か特定の退屈なものによって退屈させられるのではない。[12] 何かに立ち会っているとき、よく分からないのだがそこで自分が退屈してしまうのである。いわば退屈が周囲を覆い尽くしてしまうような感じである。そのなかで人が退屈するのだ。

退屈の第一形式

このままでは分かりにくいだろう。しかし心配はいらない。ハイデッガーは非常に分かりやすい、日常的な事例をあげて退屈を説明してくれるからである。この事例の解読が、ハイデッガーの退屈論を破《は》天荒《てんこう》におもしろいものにしている。

まずは退屈の第一形式を説明する事例である。じっくりと読んでいただきたい。

たとえばわれわれはある片田舎の小さなローカル線の、ある無趣味な駅舎で腰掛けている。次の列車は四時間たったら来る。この地域は別に魅力はない。なるほどリュックサックに本を一冊もってはいる――では、本を読もうか？　いやその気にはならない。それとも何か問いか問題を考え抜くことにするか？　そういう感じでもない。時刻表を読んだり、この駅から別の地域までの距離の一覧表を詳しく見たりするが、それらの地域のことは他には何も分からない。時計を見る――やっと十五分過ぎたばかりだ。では街道へ出よう。われわれはただ何かをするために、行ったり戻ったりする。だが何の役にもたたない。そこで今度は街道に沿って植わっている並木の数を数える。再び時計を見る――前に時計を見てからちょうど五分たった。行ったり戻ったりするのにも飽きたので、石に腰をおろして地面にいろんな絵を描く。そうしながら、ふと気がつくと、また時計を見てしまっている――やっと半時間たった――といった具合に進んでいく。[13]

ハイデッガー自身の体験談だろうか。非常に実感のこもった描写である。そして、読者にとっても大変想像しやすい場面だ。あまりにありふれていると言ってもいい。そんなありふれた場面をハイデッガーはどう分析していくのだろうか？

私たちもハイデッガーと一緒にこの駅舎に腰掛け、列車が来るのを待ちながら、ここに現れている退屈に迫ってみることにしよう。

退屈は何でないか？

上の描写のなかでまず目につくのは、時計を見るという仕草である。列車を待ちながら何度も時計を見てしまっている。なぜ何度も時計を見てしまうのかと言えば、それは当然、待つことに飽きていて、待つことから解放されたいと思っているからだろう。

するとこう考えられるかもしれない。何度も時計を見てしまうのは退屈だからであり、退屈なのは待っているからだ。つまり、退屈を発生させる原因は待つことである、と。

しかし、けっしてそうではない。あくまでもこの例において、待つことが退屈になっているにすぎない[14]。待っていると必ず退屈するわけではないし、緊張感をもって待つこともしばしばだ。たとえば大切な試験の結果を待っている場合には、退屈を受け入れる余地などない。

では、なぜこの例においては待つことが退屈になってしまっているのだろうか？　別の観点から考えよう。

列車に早く到着して欲しいと思っているのに列車が来ない。そこに現れる気持ちは焦《あせ》りである。私たちはこの焦りから脱出したいと思っている。つまり私たちを困らせているのはこの焦りだ。

すると退屈とはつまるところ焦りのことなのだろうか？　いや、それも違う。たしかに焦りは退屈と関連して生じる。しかしそれが退屈と同一かと言うと、そうではない[15]。

なぜかと言えば、焦りとはむしろ、退屈を押さえ込みたいと思っているのに、そうできないときの様子であるからだ。それは退屈そのものではなくて、退屈の結果として生じている状態なのだ。

以上から分かるのは、待つことや焦りが退屈と関連して現れ出ることがあるけれども、それらは退屈そのものではないということだ。では、退屈そのものはどこにあるのだろうか？

気晴らしと時間

さらに視点を変えよう。ここまでは、退屈する私たちがどんな状態にあるのか（待っている、焦っている）を考えた。今度はそうではなくて、退屈する私たちが退屈にどう関わろうとするのかを考えてみよう。

退屈しているとき、私たちは退屈を押さえ込もうとする。退屈を押さえ込むにあたってもとめられるのは気晴らしである。[16] 私たちは気晴らしによって退屈を押さえ込もうとする。

先ほどの事例に戻って考えよう。木々を数える。道を行ったり来たりする。座り込んで地面に絵を描く。こうしたことはすべて気晴らしである。どれも退屈を押さえ込むために行われている。

こうして気晴らしに注目すると、また再び、時計を見るという仕草が目につく。というのも、気晴らしが行われる度毎《ごと》に、すぐに時計に目をやっているからだ。

道を行ったり来たりすると、すぐに時計を見る。地面に絵を描くと、またすぐに時計を見る。なぜなのか？ もしかしたら時計を見ることも気晴らしなのだろうか？ いやそうではないだろう。なぜなら、時計を見るという仕草は退屈を押さえ込むために行われているわけではないからだ。私たちは時間を確認するために時計を見ている。

退屈を押さえ込むためではない。

だが、単に時間を見るためなら何度も時計を見る必要などない。すると、何度も時計を見るという行為には、どこかしら変なところがあることになる。どうやらここに問題を切り開くカギがありそうだ。

何度も繰り返し時計を見てしまうとき、私たちは単に現在の時刻を確認したいのではない。いま何時何分であるのかを知りたいのではない。そうではなくて、列車の発車までまだどれだけ時間があるのかを知りたいと思っている。

では、なぜそれを知りたいと願うのか？　目の前に現れている退屈を相手に、あとどれだけこの成果のあがらぬ気晴らしを続けねばならないのか、それを確認したいからである。いま私たちは退屈と闘っているけれども、その闘いがうまくいっていない。だからそれがあとどれだけ続くのかを確かめようとしているのである。

気晴らしを通じて行われる退屈相手の闘いとはいかなるものだろうか？　言うまでもなく、それは時間をやり過ごすこと、時間がより早く過ぎ去るように仕向けることに他ならない。

ならば、なぜ時間がより早く過ぎ去るようにしたいのか？　簡単だ。時間がのろいからである。[17]

〈引きとめ〉

さて、どうやらこの退屈を解き明かすための手がかりの一つが得られたようである。退屈においては時間がのろい。時間がぐずついている。退屈する私たちは、このぐずつく時間によって困らされているのだ。

でも、なぜぐずつくものが私たちを困らせるのだろうか？　ぐずついているものはこちらに積極的には関わってこない。だから、ぐずついているものが人を困らせるということはあまりない[18]。

たとえば、ぐずついている人間がただ横にいたとしても私たちはけっして困ったりしない。自分と関係のない人間がただひとりでぐずぐずしているだけである。ぐずぐずしている人間はこちらに関わろうとしてこない消極的な人間なのだから、たとえば、聞きたくもない話をやたらと語りかけてくる「積極的」な人間に比べればむしろありがたいぐらいだ。

なのになぜ、この退屈の場合にはぐずついているものが私たちを困らせるのか？

答えは簡単である。ぐずついているものが私たちを困らせるのは、それが単にぐずついているだけでなく、私たちを引きとめているからである。私たちは退屈しながら、ぐずつく時間によって引きとめられているのである。
〈引きとめ〉——これこそが退屈を構成する一つ目の要素に他ならない。時間がのろく、ぐずついている。こののろい時間によって私たちは〈引きとめ〉られている。これこそが退屈において生じている当のものだ。

〈空虚放置〉

ぐずつく時間による〈引きとめ〉は、退屈の第一形式を構成する要素である。この種の退屈においてはたしかにそういうことが起こっている。

しかし、これだけではまだ不十分である。これは退屈しているときの様子をより詳しく説明したものにすぎない。退屈する人の置かれた状態が、別の言葉で言い換えられたにすぎない。これだけでは退屈そのものの定義にはならない。

だからもう一歩が必要となる。そのためには次の問いに答えなければならない。なぜ私たちはぐずつく時間によって引きとめられると困るのだろうか？

気晴らしに注目することで、この問いへの答えを探ってみたい。

既に述べた通り、気晴らしが行われるのは時間をやり過ごすためであった。では、より具体的には時間をやり過ごすとはどういうことなのだろうか？　つまり、気晴らしとは要するに何をすることなのだろうか？

気晴らしをしているとき、私たちは何かやるべきことを探している。やるべき仕事を探している。[19]街道を歩く。木々の数を数える。座り込んで地面に絵を描く。何かやるべき事を探し、その仕事に従事しようとする。

やるべき仕事といっても、その際、その仕事の内容はどうでもいい。どんな仕事につくかは問題ではない。ここで関心の的になっているのは、やるべき何かをもつことであって、どんなことをやるべきかではない。[20]だから普段ならそんなことはしないくせに、木々の数を数えたり、街道を行ったり来たりする。単にやることがあればよいからである。

それにしてもなぜ退屈している私たちは、やるべき仕事を探し、仕事に従事しようとするのだろうか？　仕事というのは普通、できることならやらずにすませたい、そのようなものではないだろうか？　いや、そうではないのだ。やるべき仕事がないと、人は何もない状態、むなしい状態に放って置かれることになる。そして、何もすることがない状態に人間は耐えられない。だから仕事を探すのである。

先の問いに戻ろう。なぜ私たちはぐずつく時間によって引きとめられると困ってしまうのか？　その答えが分かった。そうして引きとめられると、何もないところ、むなしい状態に放って置かれることになるからである。何もすることがない、むなしい状態に人間は耐えられない。だから「退屈とともに台頭してくる空虚放置へと落ち込まないために」、私たちは何かやるべき仕事をもとめる。[21] むなしい状態に放って置かれることを、〈空虚放置〉と呼ぶことにしよう。これこそ、退屈を構成する二つ目の要素に他ならない。

言うことを聞いてくれない

空虚のなかに放置されないために気晴らしを行う。これはよく分かった。

だがよく考えてみよう。空虚などあり得るのだろうか？

いまの状況を考えてもらいたい。何もない、空虚だと言うけれども、電車を待つ私たちの周りには何もないのだろうか？　もちろん、そんなことはない。駅舎がある。時刻表も街道も並木もある。そもそもそこは鉄道が通るような地域なのである。何もないわけではない。

たしかに何かがある。なのに、なぜ何もないと言われてしまうのか？　それはこういうことである。そこには物がある。しかし、それらの物がこちらに向かって何事も仕掛けてこない。私たちを完全にほったらかしにしている。[22]

〈空虚放置〉とは単に物がないということではない。物が私たちに何も提供してくれないことを意味しているのだ。

しかし、駅舎は本当に私たちに何も提供しないのだろうか？　実際、駅舎は切符を売り与え、雨風をしのぐための場所を提供している。何も提供しないとはおかしいではないか。

いやそうではないのだ。駅舎はたしかにいろいろなものを提供している。しかし、私たちが期待しているものを提供してくれていないのだ。つまり列車である。何も提供してくれない、完全にほったらかしにしている、空虚の内に放置しているとは、すなわち、その駅舎が私たちの言うことを聞いてくれないということなのだ。

こうして長々と考え続けてきた退屈の第一形式の結論が見えてくる。ぐずつく時間によって引きとめられることで私たちが困ってしまうのはなぜか？　私たちが期待しているものを提供してもらえないからである。目の前の駅舎が退屈なのではない。目の前の駅舎はそれだけでは私たちを空虚の内に放置したりしない。目の前の駅舎が私たちの言うことを聞いてくれないから、私たちは退屈するのだ[23]。

まとめよう。

物が言うことを聞いてくれない。そのために、私たちは〈空虚放置〉され、そこにぐずつく時間による〈引きとめ〉が発生する。これが退屈の第一形式「何かによって退屈させられること」において起こっていることに他ならない。

駅舎の理想的時間

それにしても、物が言うことを聞いてくれないなどというのは自分勝手な言い回しである。駅に早めに着いてしまったのは自分の責任だろう。そうは思われないだろうか？

実はハイデッガーもそのような反論を取り上げている。[24] そして次のように言う。いまここで問うているのは、なぜ、だれの責任で退屈が発生したのか、ではない。その発生した退屈がどのようになっているのか、である。こうしてこの反論は斥けられる。

さらにそこに付け加えて、ハイデッガーは最後に変なことを言っている。物にはそれ特有の時間があると言うのである。

たとえば、駅舎には駅舎に特有の時間がある。それは何だろうか？　駅舎に特有の時間とは、駅舎というものの理想的時間である。その理想的時間とは何かと言えば、列車発車の直前である。[25] 列車発車の直前に駅に到着し、待たずに列車に乗り込めた人は、駅舎の理想的時間にうまく適合したのである。[26]

ものすごく単純なことを、わざわざややこしい言葉遣いで言うハイデッガーのこのフレーズは、読んでいて吹き出しそうになるが、彼は大まじめである。ハイデッガーが言っているのはこういうことだ。私たちは何かによって退屈させられているとき、その何かがもつ時間にうまく適合していないと言っているのである。

つまりある物とそれに接する人間がいるとして、両者の間の時間のギャップによってこの第一形式の退屈が生じるのである。何かによって退屈させられるという現象の根源には、物と主体との間の時間のギャップが存在している。それによって〈引きとめ〉が生じ、〈空虚放置〉される。

この図式はさまざまな場面に応用可能だ。たとえば会議は日常生活における退屈の代表のようなものだが、そこに起こっているのも、同じようなギャップである。

実りある発言や提案といった、私たちの期待するものがいっこうに提供されない。時間がぐずついている。いつまでも分かりきった内容の発言が続けられ、結論はもうそこに見えているのに、議論がなかなかそこに到達しない。ここにあるのは、「結論は分かりきっているのに……」との判断を下している主体の時間と、その会議の場時間とのズレ、ギャップである。会議室に〈引きとめ〉られた私たちは、自分たちの関心を引く、実りある発言や提案がないという意味で、〈空虚放置〉されている。

退屈の第二形式

退屈の第一形式、すなわち「何かによって退屈させられること」の分析はかなり説得力がある。

しかし、既に述べておいた通り、ハイデッガーはここに留まらない。退屈の第二形式「何かに際して退屈すること」の分析へと向かう。

ここで注意せねばならない。これは、単にいろいろな種類の退屈を分類するためになされるのではないということだ。「退屈にはこのようなものもあり、あのようなものもあり……」ということではないのである。

ハイデッガーは、第一形式から第二形式へと進むにつれて分析が深まっていくのだと強調している。二つは並んでいない。第二形式はより深まった退屈なのである。では第一形式よりも深い第二形式の退屈とはいったいいかなるものか？

「何かに際して退屈すること」（退屈の第二形式）と、「何かによって退屈させられること」（退屈の第一形式）とを並べてみるとすぐに分かる違いがある。第二形式においては、何がその人を退屈させているのかが明確ではないということだ。

特定の何かによって退屈させられるのではない。何かに際して、何かに立ち会いつつ、なんとなく、なぜか、いつのまにか、それと知らずに、退屈している……。第二形式が指示しているのはそのようなものだ。

しかしこのような説明だけでは分からないだろう。先ほどと同様に具体例を見てみよう。ハイデッガーは、第二形式については実例を思い浮かべるのが困難であると言いつつも、次のような例をあげる。極めて印象的な例である。

我々は夕方どこかへ招待されている。だからといって、行かねばならないということはない。しかし我々は一日中緊張していたし、それに夕方には時間があいている。そういうわけだから行くことにしよう。そこでは慣例通りの夕食が出る。食卓を囲んで慣例通りの会話が交わされる。すべてとても美味《おい》しいばかりでなく、趣味もなかなかいい。食事が済むと、よくある感じで楽しく一緒に腰掛け、多分、音楽を聞き、談笑する。面白く、愉快である。そろそろ帰る時間だ。婦人たちは、ほんとに楽しかった、とってもすばらしかったと確かめるように何度も言う。それも、別れの挨拶《あいさつ》のときだけでなく、下へ降りて外へ出て、もう既に自分たちだけになってしまっているのにそうしている。その通りだ。とてもすばらしかった。今晩の招待において退屈であったようなものは端的に何も見つからない。会話も、人々も、場所も、退屈ではなかった。だから全く満足して帰宅したのだ。帰宅すると、夕方中断しておいた仕事にちょっと目を通し、明日の仕事についておおよその見当をつけ、目安を立てる——するとそのとき気がつくのだ。私は今晩、この招待に際し、本当は退屈していたのだ、と。[27]

何となく想像できる事態である。しかし考えてみると不思議な事態だ。どこを探しても退屈なものはない。にもかかわらず退屈してしまう。

自分自身が退屈な人間であったがために、自分自身を退屈させてしまっていたのだろうか？　そうではないだろう。自分で自分を退屈させるためには、自分の殻に閉じこもって、自分で自分のことをあれこれと思い煩《わずら》っているのでなければならない。

しかし、あの晩はそうではなかった。自分の殻に閉じこもるどころか、会話にも食事にも全面的に参加していた。私は私のもとで退屈したのではない。なぜだかはよく分からないが、パーティーに際して退屈したのだ。[28]

では、この退屈は錯覚で、後から「あぁ、時間を無駄に使ってしまった」という後悔から生じたものなのだろうか？　それも違う。大変楽しかったけれども退屈したということは明白なのだ。[29]

これはおそらくハイデッガーの実体験なのだろう。ハイデッガーはおそらく夫人とともに何らかのパーティーに招待され、不思議な退屈を味わった。そして自問したのだ。あれはいったい何だったのか？

気晴らしはどこにあるか？

第二形式の退屈はなかなか手強《てごわ》いようだ。第一形式の退屈を参考にしながら分析を進めていこう。第一形式を検討していたときには気晴らしに注目することで分析の糸口がつかめた。ここでもそれに倣《なら》う。この第二形式においては気晴らしはどうなっているだろうか？

パーティーの最中、何度もアクビが出そうになった。[30] あれは疲れから来るものではなかった。だから、あのアクビは退屈の明白な証拠である。たしかに退屈はしていた。まずこの点を確認しておこう。

不思議なのは、それに対する気晴らしが見あたらないことである。あのパーティーの模様ははっきりと思い出せる。けれども気晴らしとなると、それらしいものを何一つ確認できない。[31]

どういうことだろうか？　退屈はしていたけれども、いかなる気晴らしも行ってはいなかったということなのだろうか？　そう考えられなくもない。実際、パーティーは楽しかったのだから。

だが、もうすこし考えてみる。そして、よくよく事態を眺めてみると、どうも気晴らしがなかったということではないらしい。こんなことを思い出した。自分はあのとき、指でトントンと机を叩《たた》きたくなった。これはよく知られているタイプの気晴らしである。

そして、指で机をトントンしようとしたとき、ちょうど、葉巻の箱がまわってきてそれを手渡された[32]。「一本どうですか？」「ああどうも。一本いただきますよ」。こうやって勧められた葉巻を吸うのは、パーティーの場では社交的な振る舞いの一つである。そして、これも気晴らしの一つだ。

こう考えてみると、たしかに気晴らしらしきものはあったことになる。木々を数えるとか、街路を行ったり来たりするとか、そういった気晴らしではないが、やはり、気晴らしらしきものはあったのである。

だが、なぜそれをはっきり思い出せないのだろう？　パーティーの模様ははっきりと思い出せるというのに。どうやら、指で思わず机をトントン叩いてしまうとか、葉巻を吸うとかいった気晴らしらしきものは、第一形式の退屈における気晴らしとは性格が異なっているようだ。ここでは気晴らしは第一形式のときとは違う形で現れている。だからうまく思い出せないのだ。

葉巻と事を構えているのではなく……

第一形式の退屈における気晴らしでは、何かやるべき仕事がもとめられていた。仕事の内容は何でもいいから、とにかく何かに携わって時間をやり過ごす、そうしたことがもとめられていた。

ではここ、第二形式の退屈においてはどうか？　葉巻はたしかにやるべき仕事を与える。指の間で葉巻を回したり、葉巻を吸ったり、煙の形を目で追ったり、ついでに灰が落ちるまでに何分ぐらい長持ちするかを見守ったりと、いろいろな仕事をしなければならない。

だが、この「仕事」は、第一形式における気晴らしがもとめた仕事とは異なっている。並木の数を数えたり、地面にいろんな絵を描いたりすることとは根本的に異なっている。並木の数を数えたり、地面にいろんな絵を描いたりしているとき、人はそれに集中している。集中しようとしている。自分の殻のなかに閉じ籠もっている。

しかし、パーティーで葉巻を吸う人は集中しようとしているのではない。自分の殻のなかで思いに沈み込み、葉巻と事を構えているのではなくて、葉巻を吸いながらきちんとその場に溶け込み、会話に参加し、一晩中上機嫌でいるのだ。[33]

ならば、そうやって上機嫌でいるなかで、退屈は、それこそ葉巻の煙のように、フーッと吹き払われているのだろうか？　この気晴らしらしきものによって退屈は追い払われているのだろうか？　そうではない。退屈は煙のように吹き払われてはいない。退屈は葉巻を吸っている間、まさにそこにある。そして、葉巻を吸う間も、葉巻と事を構えている訳ではない。葉巻を吸うという仕事は、会話やその他の振る舞いのなかに埋もれている。

ついに見つかった気晴らし

さてどうやら、この第二形式において気晴らしがいったいどこにあるのか、それが見えてきたように思われる。机をトントンと指で叩くのも、葉巻を吸うのも、気晴らしらしきものである。では、なぜそれが気晴らしとは言い切れず、気晴らしらしきものに思えるのか？

それは、たとえば葉巻を吸うという行為それ自体がそれだけで気晴らしであるわけではないからだ。それは気晴らしの一部なのだ。どういうことかと言うと、このパーティーや私の行為のどこかに気晴らしが存在するのではなくて、実は、そこでの立ち振る舞いの全体、ひいてはそのパーティー全体、招待そのものが気晴らしであるのだ。

私たちはこのパーティーや自分の振る舞いのどこかに気晴らしがあるものだと思い込んでいた。しかし、そうではない。実は気晴らしを探していたその場所そのものが気晴らしだったのである。だから気晴らしがはっきりと見出せないのだ。

この第二形式は「何かに際して退屈すること」と定式化されていた。その「何か」とはこの例ではパーティーを指す。ここで私は、パーティーに際して退屈している訳だが、実は同時にそのパーティーが気晴らしであるのだ。だから次のように言えよう。この退屈の第二形式においては、退屈と気晴らしとが独特の仕方で絡み合っているのである。[34]

ついに答えが見つかった。パーティーに際して退屈していたにもかかわらず気晴らしが見出せなかったのは、その「際して」いた対象そのものが気晴らしだったからである。だからこそ、特定の退屈なものが見つからないのはもちろんのこと、はっきりとした気晴らしも見出せなかったのだ。

第一形式との違いは明らかだろう。第一形式の場合には、退屈させる対象が明確にあり、それに対する対抗措置として、主体が明確な暇つぶしを行う。第二形式の場合には、主体の置かれている状況、主体の際している状況そのものがそもそも暇つぶしである。その状況は暇つぶしとして作られているのだから、暇つぶしとしての工夫に満ちたその状況のなかには、特定の退屈なものなどありはしない。何もかもがおもしろいものに仕立て上げられている。だから、会話も人々も場所も退屈ではなく、それどころかまったく満足して帰宅したのである。

第二形式における〈空虚放置〉と〈引きとめ〉

さて、この謎《なぞ》めいた退屈の第二形式において、暇つぶしがどう見出されるのかは分かった。では、この第二形式において退屈はいったいいかなるものであるか？　第二形式において退屈はどのような仕方で働いているか？

ここでも参考になるのは第一形式の分析である。そこには退屈の形づくるものとして、〈引きとめ〉と〈空虚放置〉という二つの要素が見出された。第二形式でも事態は同じであろうか？

当然ながら同じではない。

まず第一形式において、〈引きとめ〉はぐずつく時間と結びついていた。ぐずつく時間が私たちを引きとめていた。第二形式においては、そのようなものは見出されない。パーティーにいる私はこれが早くお開きになるのを待っているわけではないし、時計に何度も目をやるわけでもない。時間がのろいわけでもない。それもそのはずで、私はこのパーティーのために進んで時間をとったのである。にもかかわらず退屈していることが問題なのだ。

〈空虚放置〉についても同じように言わなければならない。そこには空虚などない。パーティーは楽しいもので満たされている。片田舎の小さなローカル線の無趣味な駅舎にいるわけではない。私はそこでほったらかしにされているわけでもない。関心を引くものがあり、また会話においてはたえまなくはたらきかけられる。

すると、この退屈の第二形式においては、ぐずつく時間による〈引きとめ〉も、私たちを取り囲む物による〈空虚放置〉も欠けているということになるのか？　退屈の第一形式を定義したこれら二つの要素は第二形式には当てはまらないということになるのだろうか？

成育する〈空虚放置〉

最初から考えよう。第一形式においては退屈なものは特定の何か（到着しない列車）であり、それによって私たちは退屈させられる。それに対し第二形式においては、特定の退屈なものは存在せず、何かに際して私たちが退屈する。ここでは退屈させるものは「何だか分からない」という性格をもっている。[35]

何だか分からないもののなかにいるから、私たちは何かやるべき仕事をもとめてきょろきょろと探し回ったりしない。お喋《しゃべ》りをしながら調子を合わせて周りの人たちと一緒にいる。一緒にいることへと自分を任せっぱなしにしている。付和雷同。投げやりな態度である。[36]このような態度のなかでは、何かを探し、その何かによって満たされようとする気持ちは完全にもみ消されてしまう。[37]

したがって投げやりな態度において、私たちはもうこれ以上何ももとめないようになる。そこにある物、そこにいる人、そこで演じられる会話、そうしたものが自分自身を満たしてくれるかどうかなど、もう気にかけないようになっている。周囲に自分を任せっぱなしにすることが心地いい。調子を合わせているのが愉快である。だから、自分が空虚のうちに置かれようともどうでもいい……。

こうして、そこにいる私自身のなかに空虚が成育してくる。[38]そう、ここにもまた〈空虚放置〉があるのだ。しかし、第一形式の場合とは違うタイプのものだ。第一形式の場合には、〈空虚放置〉は満たされることの欠如であった。単に物が言うことを聞かないということだった。

ところが、第二の形式の場合には、単純に空虚が満たされぬままになっているということではなくて、空虚がここで自らを作りあげ、現れ出て来る[39]。簡単に言えば、外界が空虚であるのではなくて、自分が空虚になるのだ。周囲に調子を合わせる付和雷同の態度で投げやりになり、自分をその雰囲気に任せっぱなしにする。そういう意味で自分自身が空虚になるのである。ここには第一形式とはまったく異なる〈空虚放置〉が見出される。

放任しても、放免しない〈引きとめ〉

では、〈引きとめ〉の方はどうだろうか？ 第一形式では時間はぐずついていた。そのぐずつく時間が私たちを引きとめていた。第二形式ではどうか？ 第二形式では時間は私たちを悩ませていない。だから時計を何度も見るということはない。つまり、時間は控えめに引き下がっている[40]。

第一形式では時間が私たちを苦しめた。時間はのろくなり、そののろい時間が私たちを引きとめていたからだ。この第二形式ではそうではない。時間は控えめであり、私たちが周囲と調子を合わせていようと何をしていようと、介入してこない。時間のことなど気にする必要がない。この意味で、時間は私たちを放任している。

これはほとんど時間が停止している状態である。時間の流れが私たちを拘束していないのだから。私たちは、その流れに絶えず気を配る必要もなければ、なんとかそれをやり過ごす必要もない。

しかし当然ながら、時間から絶対的に自由になっているわけではない。当たり前である。時間から自由になることはできない（時間の外に出るとは、おそらく死ぬことである）。するとこういうことが分かる。時間は私たちをたしかに放任している。しかし、放免してはいないのだ。ここに見出されるのは、時間への根源的な縛り付けである。第二形式において見出されるのは、根源的な時間への〈引きとめ〉なのだ。

これを分かりやすく言い換えてみよう。

たとえば、いつでもガミガミと叱《しか》ってくる親であれば、子どもは、親が見ていない隙《すき》を盗んで悪いことができる。退屈の第一形式における引きとめとは、このガミガミうるさい親と同じだ。親がいなくなれば監視は終わる。時間のぐずつきによる引きとめは、一定の時間が来れば（列車が到着すれば）終わる。

それに対し、好きなことをさせつつもじっと眺めている親からは、子どもは強い圧力を感じるだろう。たしかに自分は放任されている。しかし、自分はけっして放免されることがない。そういう感覚を強くしていくだろう。しかも控えめに引き下がっているが故《ゆえ》に、その親にはなかなか面と向かって文句が言えないのだ。退屈の第二形式における時間への〈引きとめ〉とは、このようにして子どもに無言の圧力を与える親のようなものである。それは、「お前は私に根源的にくくりつけられているのだ」と無言で呼びかけてくるのである。

こうして、退屈の第二形式においても〈空虚放置〉と〈引きとめ〉が見出されたことになる。自分自身が空虚のうちへと滑り込んでいく。しかもそれは何かによってもたらされるのではなく、自分のなかで空虚が成育するという仕方で起こる。そして、このような空虚の成育が起こるのは、自分が時間を停止させたからである。投げやりな態度になり、もうこれ以上は何ももとめないという状態に陥っているからである。私はその停止した時間から空虚のうちへと滑り込むがままに放任されている。とはいえ、放免されるわけではなく、停止した時間へと引きとめられている。

第二形式においても、〈引きとめ〉と〈空虚放置〉という二つの要素は不可分の関係にある。この複合体こそが、第二形式において私たちを退屈させる「何だか分からない」ものである。

第二形式によって明らかになるもの

ここまでハイデッガーによる二つの退屈の分析を見てきた。この分析を本書の議論と組み合わせてみたい。第三章で暇と退屈を区別し、暇がある／がない、退屈している／していない、の四項目からなる表（本書一三三頁）を作成したのをご記憶だろうか？

この表について復習しておこう。〈暇でありかつ退屈している〉①という事態は容易に想像がつく。これは暇とか退屈について考える人ならだれにでもすぐに思いつくものである。

〈暇であるが退屈していない〉②というのも分からなくない。暇を楽しそうに過ごしている人がたしかにいる。また暇を生きる術《すべ》をもった有閑階級もこの分類にあてはまる。

①からの連想で〈暇がないし退屈してもいない〉③も容易に想像がつく。忙しく働き、充実した生活を送っている人は、特に暇をもてあましたりしないし、退屈もしていないだろうと人は考えるからだ。

以上三つと比べて、〈暇ではないが退屈している〉④という事態は謎めいている。ぱっと見ただけでは何を指しているのか分からない。暇ではないなら退屈しないだろ

	暇がある	暇がない
退屈している	①〈退屈の第一形式〉	④〈退屈の第二形式〉
退屈していない	②	③

暇と退屈の類型

うと思えてしまうからだ。暇ではないのに退屈しているとは？　暇と退屈をさして区別することなく口にしてきた人ならなおさらのこと、この疑問を抱くに違いない。

第四章では『ファイト・クラブ』という映画を例にしてこの四つ目のカテゴリーに迫ってみた。そこでは消費社会における人間がこの④のカテゴリーに当てはまるのだと述べた。とはいえ、あれは事例による説明であった。このカテゴリーそのものの説明ではなかった。

しかし、いまや私たちはこのカテゴリーそのものの説明を得たように思われる。ハイデッガーが分析した退屈の二つの形式をこの表にあてはめてみるとどうなるか？　退屈の第一形式は間違いなく〈暇でありかつ退屈している〉(①)に対応する。ならば第二形式はどうか？　これに対応するのは他ならぬ、〈暇ではないが退屈している〉(④)である。

この第四カテゴリーは大変謎めいていた。ハイデッガーは退屈の第二形式を分析しながら、この④の本質を言い当てたのではないだろうか？　そこでは気晴らしと退屈が絡《から》み合っている。そこで人が感じているのは、気晴らしと区別のできない退屈である。退屈を払いのけるはずのものが退屈になっている。本末転倒である。私たちを救ってくれるはずのものが、実は私たちを悩ましている。しかも、その救いと悩みとが絡み合っているがために、いったい何に困っているのかも不明である。

第二形式と人間の生

それだけではない。こうして謎が解けてくると、実は第四カテゴリー、つまり退屈の第二形式こそは、私たちが普段もっともよく経験する退屈ではないかと思えてくるのである。

私たちの生活は何のためやらよく分からない気晴らしに満ちている。テレビで芸能人がゲームをしているのを延々と眺めているのは気晴らしである。休日に特に欲しい物もないのに買い物に出かけるのも気晴らしである。ツイッターでいまどこで何をしているのかをつぶやくのも気晴らしである。ケータイで絶えずメールをやりとりし合うのも気晴らしである。

「高尚」だと思われる事柄も同じではないか？　古典文学を読むのも、名画を鑑賞するのも、モーツァルトやベートーベンを聴くのも気晴らしではないか？　私たちの生活がすべて気晴らしであるわけではないだろう。しかし、私たちの生活は気晴らしに満ちている。

　必要だと思ってやっていることさえ、もしかしたら気晴らしかもしれない。受験勉強も気晴らしかもしれない。額に汗してあくせく働くことすら、絶対にそうではないとどうして言い切れるだろう。

　だれもがその気晴らしを退屈だと感じるわけではない。しかし時折その気晴らしは退屈と絡み合う。

　第四カテゴリーは一見すると謎めいている。けれども、実は私たちの生活においてもっとも身近な退屈なのだ。暇つぶしと退屈の絡み合った何か——生きることとはほとんど、それに際すること、それに臨み続けることではないだろうか？

　ハイデッガーが退屈の第二形式を発見したことの意義は本当に大きい。これはどれだけ強調しても強調しすぎることはない。退屈と絡み合った気晴らし、気晴らしと絡み合った退屈、退屈させる気晴らし……。そうしたものは、何か人間の生の本質を言い当てていると言ってよいように思われるのだ。

第二形式の「正気」

ハイデッガー自身、第一形式と第二形式を比べながらこんなことを言っている。第二形式には「安定」がある。退屈と気晴らしが絡み合ったこの形式を生きることは、「正気」の一種である、と。[41]

第一形式に見出《みいだ》されるのは大きな自己喪失である。第一形式の退屈にある人間は自分を大きく見失っている。どういうことだろうか？　第一形式の退屈のなかにある人間は時間を失いたくないと思っている。駅舎で列車を待ちながら、早く電車にきて欲しいと焦《あせ》っている。なぜそんなに焦るのかといえば、何か日常的な仕事のためである。約束に間に合わない。仕事の締め切りが迫っている。そうした日常の仕事に強く縛り付けられているから、焦ってしまう。

つまり、第一形式のような退屈を感じている人間は仕事の奴隷になっているということだ。それは大袈裟《おおげさ》に言えば、時間を失いたくないという強迫観念に取り憑《つ》かれた「狂気」に他ならない。第一形式において人は仕事熱心で時間を大切にしているのだからとても真面目《まじめ》なように見える。しかし実はそうではないのだ。ハイデッガーによればそれは大いなる「俗物性」への転落ですらある。

それに対し第二形式においては、自分で自分に時間をとっておいて、パーティーに行くことができている。時間に追い立てられてはいない。自分に向き合うだけの余裕もある。だからそこには「安定」と「正気」がある。

ならば、人間が「正気」で生活していくとは、気晴らしと退屈とが絡み合った、この第二形式を生きることではないだろうか？　だからこそ、ハイデッガーはこの第二形式の退屈を発見することによって、人間的生の本質を言い当てたのかも知れないと言えるのだ。

退屈の第三形式

ハイデッガーの退屈の分析は鋭い。その分析は退屈を通り越して、生そのものの本質にまで迫りつつある。では、この後ハイデッガーはどう歩みを進めるのだろうか？

ハイデッガーは、当初、退屈を分析し始めるにあたって、「何かによって退屈させられる」と、「何かに際して退屈する」の二つの形式のみをあげていた。しかし二つの分析を終えたいま、彼は退屈の三つ目の形式について語ろうとする。

第一形式の退屈は外から来る。それに対し、第二形式の退屈は私たちのなかから立ち昇ってくる。その意味では第二形式の方が「深い」。しかし、まだ十分に深くない。なぜなら、第二形式ではまだ気晴らしが可能であるから。というより、それは気晴らしと絡み合った退屈なのだった。
ハイデッガーはここから、もはや気晴らしが不可能であるような、最高度に「深い」退屈について考えようとする。退屈の第三形式である。
いったいそんなに「深い」退屈とはいかなるものだろうか？　ハイデッガーはそれについてこう言う。私たちは多分それを知っている、と。[42]
最高度に「深い」退屈。退屈の第三形式。それは何か？　読んでいると驚かずにはいられないのだが、ハイデッガーはとくに準備もなく突然答えを出すのである。

なんとなく退屈だ。[43]

これが退屈の第三形式である。
第一形式も第二形式も実感のこもった具体的な例があげられていた。第三形式についてもそうだろうと思っていたら、「なんとなく退屈だ」という短い一文が投げ出される。[44]
なぜこれが最も深い退屈なのか？　そして、どうしてこれまでのような具体的な例があげられないのか？

これら二つの問いの答えは関連している。ハイデッガーによれば、先の二つの形式は何らかの具体的な状況と関連している。それに対し、最も深い退屈は状況にかかわらず、突発的に現れる。[45] なぜなら最も深い退屈だからである。だれがとか、どこでとか、どんなときにといったことに関わらないほどに深いのだ。

とはいえハイデッガーもすこしは具体的な話をしている。たとえば「なんとなく退屈だ」はこんなときに現れる。日曜日の午後、大都会の大通りを歩いている。するとふと感じる、「なんとなく退屈だ」[46]。

第三形式とは、「なんとなく退屈だ」と感じることであり、「なんとなく退屈だ」というこの声を聞き取ることであり、また「なんとなく退屈だ」というこの声そのもののことである。そうした一連の事象をハイデッガーはこの「なんとなく退屈だ」という一文に込めている。

気晴らしはもはや許されない

この第三形式もこれまでと同様、気晴らしの観点からまず分析されねばならない。そして、既に述べた通り、この退屈に対してはもはや気晴らしということがあり得ない。[47] もはや気晴らしは無力である。第一形式では、退屈に対抗するという仕方で気晴らしが存在していた。第二形式では、退屈を何となく回避するという仕方で気晴らしが存在し、それが退屈と絡み合ってしまっていた。両者を比べると、第二形式では気晴らしが弱くなっているように思える。つまり、退屈が深さを増すにつれて、気晴らしは次第に力を失っていく。そしてこの第三形式においては、まったくの無力となる。

それだけではない。ハイデッガーは奇妙なことを言う。この退屈の第三形式においては、私たちは気晴らしがもはや許されないと分かっているというのである。[48] 気晴らしが許されない？　しかもそれを私たちは分かっている？

なんとかハイデッガーの言わんとするところに迫ってみよう。

第一形式において人は退屈を気晴らしによってかき消そうとする。言い換えれば、退屈の言うことを聞く必要をなくしてしまうことに向けて努力する。ぐずつく時間によって振り回されることのないよう、何かやるべき仕事を探すわけだ。

第二形式においては、そもそも私たちは聞くことを欲しない。退屈に耳を傾けようとしていない。退屈に直面せず、ただそれにひたっている。

ならば第三形式においてはどうだろう？　ハイデッガーはこう言う。ここでは私たちは、退屈に耳を傾けることを強制されている。[49]

「なんとなく退屈だ」という声。この声は私たちの存在の奥底から響いてくる。だからこそ、そこからは逃れられない。いや、逃れられないように感じる。耳を傾けねばならないと感じる。だから、「なんとなく退屈だ」という声に対して私たちは、気晴らしがもはや許されないことを了解しているとハイデッガーは言うのである。

もうすこし言い換えると、こうなるだろうか。日常生活のなかで、ふと、「なんとなく退屈だ」という声が聞こえてくることがあるのではないか、とハイデッガーは言っているのである。そして、その声が私たちの心の底から聞こえてくるのであれば、どうやってもそこに耳を傾けないわけにはいかないではないか、と言っているのである。

ハイデッガーの言うことに実感をもって同意できなくてもいい。彼が言いたいことはなんとなく分かっていただけただろうか。

第三形式における〈空虚放置〉と〈引きとめ〉

この第三形式についてもこれまでと同様、〈空虚放置〉と〈引きとめ〉の二つの観点から分析が行われる。そして実はそこから、退屈からの解放もまた描き出されることになる。

まず〈空虚放置〉だが、こちらは明々白々である。[50]「なんとなく退屈だ」においては、周囲の状況も、私たち自身も、すべてがどうでもよくなっている。すべてが一律同然にどうでもよくなっている。「なんとなく退屈だ」の声を聞いた瞬間、人は全面的な空虚のなかに置かれる。すべてがどうでもよくなる（もちろんその後で日常は取り戻され、その全面的などうでもよさのことは忘れてしまうのだろうが）。

第一形式の場合には、何か特定のもの（列車の到着）が言うことを聞かないのが問題であった。第三形式では何かが言うことを聞かないのではない。何一つ言うことを聞かないのだ。何一つ言うことを聞かない、そのような状況の真っ只中《ただなか》に私たちは置かれている。[51] 何か宙づりのような感じだ。

だから、いかなるごまかしもきかない。つまり気晴らしはできない。「何となく退屈だ」という声に耳を塞《ふさ》ぐことはできない。聞くことを強制される。

ではその声を無理矢理聞かされることで人はどうなるか？　ここでもう一つの契機、〈引きとめ〉が現れる。

何一つ言うことを聞いてくれない場所に置かれるとは、何もないだだっ広い空間にぽつんと一人取り残されているようなものである。ハイデッガーはこのことを「余すところなき全くの広域」に置かれると表現する。[52]

そのような広域に置かれるということは、外から与えられる可能性がすべて否定されているということだ。外からは何も与えてもらえない。あらゆる可能性が拒絶されている。するとどうなるか？

人間（現存在）は自分に目を向ける。いや、目を向けることを強制される。[53] ではそこに目を向けることを強制されてどうなるか？ 人間としての自分が授かることができ、授かっていなければならないはずの可能性を告げ知らされる。[54] この状況を突破する可能性、この事態を切り開いていくための可能性、その先端部を自分のなかに見出すことを強いられる。

簡単に言えば、自分に目を向けることで、自分がもっている可能性に気がつくということである。

可能性の先端部にくくりつけられ、引きとめられ、そこに目を向けることを余儀なくされること。これが第三形式における〈引きとめ〉である。ここではそれはもはや否定的な価値をもたない。なぜなら、それは最高度に深い退屈がもたらした絶対的な〈空虚放置〉を打ち壊し、状況を切り開く可能性に目を向けることを意味するからである。この〈引きとめ〉は、解放のための可能性を教えるきっかけに他ならない。

どういうことかと言うと、ハイデッガーはここで、一つの反転の論理を展開しているのである。「なんとなく退屈だ」と感じる私たちは、あらゆる可能性を拒絶されている。すべてがどうでもよくなっているのだから。だが、むしろあらゆる可能性を拒絶されているが故に、自らが有する可能性に目を向けるよう仕向けられている、とハイデッガーは言うわけである。[55]

「なんとなく退屈だ」という声は、この可能性がいったい何であるのかについては語らない。だが、絶対的な拒絶であることによって、逆に、この可能性を告げ知らせている。[56] ゼロであるからこそゼロを突破する可能性が見える、と言うわけである。

第三形式と第一形式の関係

こうして退屈の三つの形式が出《で》揃《そろ》った。

これら三つの形式は単に並列されるものではないのだった。第一形式から第三形式へと向かうにつれて、退屈はより深くなっていくのだった。

この深さは単に言葉の上でのことではないし、深く見えるということでもない。第三形式が最も深い退屈であるとはどういうことかと言うと、この第三形式からこそ、他の二つの形式が発生するのだ。これはけっして理解するに難しいことではない。説明しよう。

第一形式は駅で列車を待つときに感じられた退屈であった。だが、なぜ列車を待つことにあれほどの退屈を感じるのか？　駅舎が言うことを聞いてくれないから、つまり、私たちの望む通りに列車を提供してくれないからである。では、なぜそれが退屈へと結びつくのか？　時間を失いたくないと思っているからだ。ならば、なぜ時間を失いたくないのか？　日常の仕事に使いたいからだ。時間を無駄にしたくないから、日常の仕事のために時間を最大限に使用したいからだ。

となると、ハイデッガーが言っていた通り、日々の仕事の奴隷になっているからこそ、私たちは第一形式の退屈を感じるのである。もしそこから自由であったなら、列車の到着まで待たなければならないぐらいでそんなに焦ったり、退屈を感じたりはしないはずだ。

しかし更に問うてみよう。なぜ私たちはわざわざ仕事の奴隷《どれい》になるのだろうか？　なぜ忙しくしようとするのか？　奴隷になるとは恐ろしいことではないだろうか？

いや、そうではないのだ。本当に恐ろしいのは、「なんとなく退屈だ」という声を、聞き続けることなのである。私たちが日常の仕事の奴隷になるのは、「なんとなく退屈だ」という深い退屈から逃げるためだ。

私たちの最も深いところから立ち昇ってくる「なんとなく退屈だ」という声に耳を傾けたくない、そこから目を背けたい……。故に人は仕事の奴隷になり、忙しくすることで、「なんとなく退屈だ」から逃げ去ろうとするのである。[57] 第一形式の退屈をもたらすのは、第三形式の退屈なのである。「なんとなく退屈だ」という声から何とか逃れようとして、私たちは仕事の奴隷になり、その結果、第一形式の退屈を感じるに至るのだ。

第三形式と第二形式の関係

では、第二形式はどうか？

第二形式においては、最初、気晴らしが見あたらなかった。分析の結果分かったのは、「何かに際して退屈する」と言われる、この「何か」こそが気晴らしだったということだ。第二形式においては、したがって、気晴らしと退屈とが絡み合っていた。

だが、ここで単純な疑問がわき上がろう。そもそもこの気晴らしはなぜ行われていたのだろうか？ 気晴らしは退屈があってこそ、それを払いのけるために行われるものではないのか？ そうやって払いのけられるはずの退屈は見あたらず、逆に、気晴らしによって退屈が作り出されるとはどういうことなのか？ 要するに一言で言えば、あのパーティーはなぜ行われていたのだろうか？

退屈の第三形式のことが分かったいま、これももはや謎ではない。退屈の第二形式の特徴は、私たちが聞くことを欲しないことだ。そう、「なんとなく退屈だ」という声、現存在の深みから立ち昇ってくるこの声を聞くことを欲しない。だから、気晴らし（パーティー）が行われるのだ。

第二形式の退屈の発端となっているあの気晴らし（パーティー）は、そもそものはじめから退屈を払いのけるために考案されていたのである。「なんとなく退屈だ」という声を聞かないですむように、あのパーティーは行われていたのだ。にもかかわらず、皮肉にも、その気晴らしに際して私たちは退屈してしまっていたのだ。

こう考えると、第一形式と第二形式にはさほど大きな違いはないようにも思える。どちらも、「なんとなく退屈だ」に対して耳を塞ぐことを目指しているから。[58]

しかし、やはり二つは違う。第二形式では私たちは自分に時間を与えていた。第一形式でのように奴隷にはなっていないため、自分自身に向き合うという姿勢がそこには現れている。それ故にこそハイデッガーは、第一形式の方が自己喪失が大きいと言うのである。

解放と自由

さて、肝腎なことをまだ確認していない。

退屈の第三形式、「なんとなく退屈だ」のなかで、人間は自分の可能性を示される。そうハイデッガーは言う。ではその可能性とは何なのか?

答えは驚くほどに単純である。「自由だ」とハイデッガーは答えるのだ[59]。退屈という気分が私たちに告げ知らせていたのは、私たちが自由であるという事実そのものである、と。

こう言い換えてもよいだろう。私たちは退屈する。自由であるが故に退屈する。退屈するということは、自由であるということだ。

まだ続きがある。

この段階ではまだ自由は可能性にとどまっている。人間が自由であるという可能性が示されているだけである。ではそれをどう実現するか?

ここでの答えもまた驚くほど単純だ。「決断することによってだ」と言うのである[60]。ハイデッガーは、退屈する人間には自由があるのだから、決断によってその自由を発揮せよと言っているのである。退屈はお前に自由を教えている。だから、決断せよ──これがハイデッガーの退屈論の結論である。

＊

本章までの歩みとハイデッガーの分析を組み合わせて最後のまとめをしよう。ハイデッガーは退屈の諸形式の分析によって、「なんとなく退屈だ」という深い退屈へとたどり着いた。普段、人間はこの声を抑えつけるために、仕事の奴隷になったり、退屈と混じり合った気晴らしに耽《ふけ》ったりしている。

しかし、どうしてもこの声は響いてくる。そして「なんとなく退屈だ」という声に耳を傾けたとき、私たちはだだっ広い「広域」に置かれる。あらゆるものが退き、何一つ言うことを聞かない真っ白な空間に置かれる。

このゼロの状態は、しかし、人間が自分たちの可能性を知るチャンスでもある。その可能性の先端部に否応《いやおう》なしに目を向けさせられるから。あらゆる可能性が拒絶されているが故に、かえってその可能性が告げ知らされる……。

ハイデッガーが述べていることを本書の文脈で翻訳すると次のようになる。

人間の大脳は高度に発達してきた。その優れた能力は遊動生活において思う存分に発揮されていた。しかし、定住によって新しいものとの出会いが制限され、探索能力を絶えず活用する必要がなくなってくると、その能力が余ってしまう。この能力の余りこそは、文明の高度の発展をもたらした。が、それと同時に退屈の可能性を与えた。退屈するというのは人間の能力が高度に発達してきたことのしるしである。これは人間の能力そのものであるのだから、けっして振り払うことはできない。したがってパスカルが言っていた通り、人間はけっして部屋に一人でじっとしていられない。これは人間が辛抱強くないとかそういうことではない。能力の余りがあるのだから、どうしようもない。どうしても「なんとなく退屈だ」という声を耳にしてしまう。

人間はなんとかしてこの声を遠ざけようとする。わざわざ命を危険にさらすために軍職を買って戦場に赴いたり、狩りや賭《か》け事に興じる。だが、そうした逃避も退屈の可能性そのものに対しては最終的には無力である。人間の奥底からは「なんとなく退屈だ」という声が響いてくる。

ハイデッガーは難しい言葉使いをしているけれども、けっして奇妙なことを述べているのではない。また彼の述べることは、退屈を論じる他の論者たちが述べていることにも一致する。

だが、だとしても、最終的なハイデッガーの解決策はどうも腑《ふ》に落ちない。たとえば、自分にはすべての可能性が否定されていると感じ、まさしく「広域」を生きながら部屋に閉じ籠《こ》もっている人間に対して、「お前はいま現存在（人間）の可能性の先端部を見ることを強制されているのだ。どうだ見てみろ。お前の現存在としての可能性が見えるだろう。だったら決断してそれを実現しろ」などと言っても、どうなのだろう。

この結論には、こうやって笑い飛ばすわけにはいかない重大な問題もまた潜んでいるのだが、そのことは後述しよう。

いずれにせよハイデッガーの結論には受け入れ難いものがある。しかし、彼の退屈の分析は極めて豊かなものである。特に退屈の第二形式の発見。そこには〈暇と退屈の倫理学〉を考えるうえでの大きなヒントがある。

この後はハイデッガーの退屈論を批判的に検討しつつ、結論へと向かっていきたい。

第六章

暇と退屈の人間学

——トカゲの世界をのぞくことは可能か？

退屈こそは人間の可能性の現れである。ハイデッガーはそう考えた。その可能性とは自由のことだ。人間は退屈する。いや、退屈できる。だからこそ自由である。ハイデッガーはそこから決断の必要を説いた。決断によって人間の可能性である自由を発揮せよ、と。

前章の末尾で述べたが、この結論にはどうも納得できないところがある。本章では別の観点からこの問題について考えてみたい。

ハイデッガーは人間は退屈できるのだから自由であると考えている。それだけではない。彼は人間だけが退屈すると考えている。つまり、人間は退屈するが、動物は退屈しないと考えている。

たとえばラッセルも同じようなことを述べていた。動物ならば健康で食べる物が十分にあれば幸福である。人間だけが退屈に悩むのだ、と。

しかし、本当に退屈の有無によって人間と動物を区別できるのだろうか？　もし退屈の有無が動物と人間を区別するのだとしたら、そのとき、人間や動物はいったいどのような存在として考えられているのだろうか？

実は大変興味深いことに、ハイデッガーは退屈について論じた後、動物について論じている。ある生物学者を批判的に検討しながら、動物と人間の区別について論じているのだ。ここでは、それをさらに批判的に検討しながら、〈暇と退屈の人間学〉を試みようと思う。

ひなたぼっこするトカゲについて考える

突然だがトカゲのことを考えたい。岩の上でひなたぼっこをするトカゲのことである。トカゲのような変温動物は日光で体を温めてから活動を開始する。たとえば岩の上に体を乗せて、太陽の光を浴びる。ひなたぼっこする。

私たちはそれを眺めながら、「トカゲが岩の上に乗って太陽の光を浴びている」と言う。トカゲ／岩／太陽の三つの独特の関係をそこに見出《みいだ》す。だが、よく考えてもらいたい。トカゲについて考えるなら、そのような見方では不十分ではないだろうか？　トカゲについて考えるとは、トカゲをトカゲが生きている世界のなかで捉えるということだ。

たとえば、古代エジプトの人間について研究するとき、現代日本社会の常識でそれを眺めてはならない。古代エジプトの人間について研究するためには、その人間が生きていた古代エジプトという世界について知らなければならない。もちろん、現代の日本社会を生きる人間が古代エジプトという世界を理解するのは困難であるし、限界もある。しかし、だからといって知らなくてよいことにはならない。研究者はさまざまな手段を駆使して、この限界に挑戦する。

ならば同じことをトカゲについても言わねばならない。トカゲのことを考える際、現代日本社会の常識でそれを眺めてはならないのは当然だが、人間の常識でそれを眺めてもいけない。トカゲを理解するためには、トカゲの世界を理解しようと努めなければならない。

すると、ひなたぼっこするトカゲについて考えることは案外困難である。トカゲの身になってトカゲを眺める必要があるからだ。私たち人間はそこにトカゲ／岩／太陽の三つの独特の関係を見ているが、それはトカゲ自身にとってはいかなるものなのだろうか？　トカゲ自身は太陽の光や岩をどう経験しているのだろうか？

ある物をある物として経験する

さて、ここからハイデッガーの述べることに耳を傾けてみよう。

彼はトカゲについて大変奇妙なことを述べている。人間は太陽を太陽として経験する。しかし、トカゲは太陽を太陽として経験しない。彼はそう言うのである。

ハイデッガーは岩についても同様のことを述べる。岩の上にトカゲが横たわってひなたぼっこをしている。トカゲは岩と何らかの関係をもっている。しかし、トカゲに岩の鉱物学的性質を問うことができるだろうか？　できっこない。つまり、トカゲは岩の上でひなたぼっこしているが、トカゲには岩は岩として与えられているわけではない[1]……。

ハイデッガーはいったい何を言っているのだろうか？　実はタネが分かれば彼の言っていることはそれほど難しくはない。彼は、人間だけが、ある物をある物として経験できる、と言っているのである。太陽を太陽として、岩を岩として経験できるのは人間だけである、と。だからトカゲは太陽を太陽として経験しているわけではないことになる。トカゲにとっては太陽は体を温めてくれるものにすぎないというわけだ。岩も同様であって、トカゲは岩を岩として経験したりはしない。それはトカゲにとっては、体を温めるために乗る台であってそれ以上のものではない……。

　この主張は太陽や岩だけでなく、あらゆる物に拡張することができる。ひいては世界そのものについても適用できる。つまりこういうことだ。人間は世界を世界として経験できる。人間だけが世界そのものに関わることができる。言い換えれば、人間には世界が世界として与えられている。これは人間だけの特権であり、動物には許されていない。なぜなら、動物はあるものをあるものとして経験することができず、したがって、世界を世界として経験することができないからだ。

石／動物／人間

当然反論もあるだろう。だが、ここではしばらくハイデッガーの言うことに付き合ってもらいたい。ハイデッガーは以上の考えから次の三つの命題を提示するのである。

（１）石は無世界的である。
（２）動物は世界貧乏《ひんぼう》的である。
（３）人間は世界形成的である。

何かおかしなものが紛れ込んでいる。なぜ「人間」と「動物」に並んで「石」なのか？ この疑問は正しい。この命題は人々を失笑させずにはおかない。ハイデッガーとしては石は物質的な物の例なのだそうだが、この点はおいておこう。[2] ここでは第二命題および第三命題について考えよう。

ハイデッガーによれば、人間はある物をある物として経験することができる。たとえば太陽を太陽として経験することができる。したがって、世界を世界として経験できることになる。人間は世界そのものに関わることができる。世界そのものと関係をもち、それを作り上げていくことができる。このことを指して彼は「世界形成的」と呼ぶ。

それに対し、動物はある物をある物として経験することができない。トカゲにとっては岩は岩ではなく、ひなたぼっこをするための台である。それぞれの動物は、それぞれの仕方でしか世界と関われない。トカゲはトカゲなりの仕方でしか世界と関係をもてない。動物がもつ世界との関わりは限定されている。そのことを指してハイデッガーは「世界貧乏的」と呼ぶ（ちなみに、「びんぼう」ではなくて、「ひんぼう」と読む）。

だが、これだけではまだイメージがはっきりしないだろう。動物がある物をある物として経験することができないとはどういうことなのか？　世界そのものと関われないとはどういうことなのか？　どんな生物であろうとこの世界のなかに生きているではないか！　そう疑問に思うのは当然だ。

ここで一つ大変興味深い考え方を紹介したいと思う。生物学者ユクスキュルの「環世界」という考え方である。ハイデッガーはこの環世界の考えを踏まえたうえで、それを批判し、上のように述べたのである。これをおさえれば、ハイデッガーが言っていることはけっして難しくはない。

ダニの世界

ヤーコプ・フォン・ユクスキュル［1864-1944］はエストニア生まれの理論生物学者。ハイデルベルク大学で動物比較生理学の研究に従事し、そのなかで「環世界Umwelt」という概念に思い至った。

この発想が非科学的と思われたのか大学での職にはありつけず、フリーの身で研究を続けた。だが六二歳のとき、ハンブルク大学に設立された環世界研究所の名誉教授となり、その後、一〇年間にわたり、若い研究者の指導にあたった。その後、ユクスキュルの見解はさまざまな分野に大きな影響を与えることになった。

ではユクスキュルの言う環世界とは何か？

私たちは普段、自分たちをも含めたあらゆる生物が一つの世界のなかで生きていると考えている。すべての生物が同じ時間と同じ空間を生きていると考えている。ユクスキュルが疑ったのはそこである。彼はこう述べる。すべての生物がそのなかに置かれているような単一の世界など実は存在しない。すべての生物は別々の時間と空間を生きている！

これだけ聞くとSFのようである。そこで、ユクスキュルがその著書『生物から見た世界』（一九三四年）の冒頭で掲げる実に印象的な事例を見ながら、その意味するところを考えていきたい。[3]登場するのは、とても小さな生物である。

この本は牧歌的な田舎の情景の描写から始まる。

田舎に住んでいると、犬を連れて森や林のなかを歩き回ることも多いだろう。そんな人なら、茂みの小枝にぶら下がっている小さな動物について知っているに違いない。そいつはそこにぶら下がって、獲物《えもの》を待ち伏せている。人間でも動物でもいい。適当な獲物が見つかると、それに飛びついて生き血を腹いっぱい吸う。そいつはもともとは一ミリか二ミリの小さな生き物だ。だが、生き血を吸うやたちまちエンドウ豆大にふくれあがる。

哺乳類《ほにゅうるい》や人間の血を吸うこの不快な動物とは、ダニである。正確にはマダニ。[4]そのメスは交尾を終えると、八本の肢《あし》を使って適当な枝までよじ登る。よじ登ることに成功すると、哺乳類が近くに来るのを待つ。下を通りかかる小哺乳類の上に落ちるか、大型動物にこすりとられるのを待つのである。うまいこと哺乳類の皮膚に取りつくことができたなら、待望のその生き血を吸う。

吸血のプロセス

さておもしろいのはここからである。ダニの狩りの様子は分かった。ではダニはどうやってこの狩りを行っているか？

まずどうやって待ち伏せの場所を見つけるのだろうか？　実はこのダニは目が見えない。己の表皮全体に分布する光覚という器官を使って、光のあるなしをまさしく全身で感じ取るしかない。それなのに、なぜかうまく待ち伏せに適切な枝を見つけ、そこによじ登っていくのである。

では待ち伏せの場所がうまく見つかったとして、今度はどうやって獲物の接近を知るのだろうか？　このダニは目が見えないのだった。ならばどうするか？　音で？　いや実はこのダニは耳も聞こえないのだ。獲物が近づくガサガサという音に反応することもできないのである。

ダニは枝で待ち伏せしている。その下を哺乳類が通るのを待つ。おそらく獲物は、自分の背丈の百倍以上も離れたところを通りかかる。そんなに遠くにいる獲物に向かって、目も耳も使えないこの小さな動物がダイブして飛びつこうとするのである。ダニはどうやってその好機をつかむのだろうか？

ダニが哺乳類の接近を知るのは嗅覚《きゅうかく》によってである。ダニは視覚も聴覚もないが、非常に発達した嗅覚をもっている。哺乳類の皮膚からは酪酸《らくさん》と呼ばれる物質が発せられているのだが、ダニはそのにおいを嗅《か》ぎとるのだ。この酪酸のにおいが、「見張り場から離れて身を投げろ」というシグナルとして働く。言い換えれば、ダニは見張り場所で、ひたすらこのにおいを待つのである。

さて、運よくダニの待ち望んでいたにおいが漂ってきたとしよう。ダニは飛び降りる。だが、そのダイビングが成功する保証はない（繰り返すが、においを感じ取ったから飛び降りるというだけであって、獲物めがけて飛び込むことはできないのだ）。地面に落ちるかもしれないし、他の枝に引っかかるかもしれない。いずれにせよ、失敗すれば見張り場所となる枝までもう一度登らなければならない。ならばダニはどうやってダイビングの成功を知るのだろうか？　耳も聞こえなければ、目も見えないというのに。

ダニがダイビングの成功を知るのは、その鋭敏な温度感覚によってである。ダニは自らの獲物である哺乳類の体温を知っている。その体温を感じ取ると、自らのダイビングの成功を知って次の行動に移るのである。

この温度感覚は本当に鋭敏である。ダニは単に温かさを感じ取るのではない。ダニは正確に摂氏37度の温度を感じ取る。着地点が温かくとも、温度がそれ以上やそれ以下であったら、ダニは次の行動へと移らず、もう一度見張り場所に戻ろうとする。着地点の温度が摂氏37度であったならば、今度は触覚を使ってなるべく毛の少ない場所を探す。適当な場所が見つかると獲物の皮膚組織に頭から食い込む。こうしてダニは温かな血液にありつく。

三つのシグナル

以上から分かるのは、ダニが三つのシグナルの連関に沿って動いているということである。

（1）酪酸のにおい
（2）摂氏37度の温度
（3）体毛の少ない皮膚組織

これら三つは順序通りに続いて受け取られることではじめてシグナルとして意味をもつ。

整理しよう。

酪酸のにおいをかぎとったダニはダイビングを試みる。どこかに着地する。着地の衝撃を感じると、もう酪酸のにおい探しはせずに、37度の温度を探し始める。ダイビング行動があってはじめて、37度の温度を探し始めるのであって、酪酸のにおいを嗅いでいないダニに37度の温度の場所を与えても、ダニは吸血場所を探し始めたりしない。

シグナル1の受信→シグナル2の探索→シグナル2の受信→シグナル3の探索

……

ダニはこのように交代する三つのシグナルに沿って行動する。このような連鎖があってはじめてそれぞれのシグナルは意味をなす。

またダニはそのシグナル以外の情報をまったく受け取らない。たとえば実験室のなかでダニをどこか高いところに待機させておく。フラスコにでもいれた酪酸を近づける。するとダニはそこから飛び降りる。飛び降りそうな場所には人工膜でも置いておこう。そしてその温度を37度に保つようにし、膜の下にはただの水を置いておく。そうするとダニは人工膜の上で「吸血」行動を始める。「血」を吸い始めるのだ。

これだけ苦労して生き血をもとめるのだから、ダニは吸血鬼のように血の味を好む動物であると思われるかもしれないが、実際はそうではない。ダニは非常に敏感な嗅覚や触覚をもっているが、味覚は一切もたないことが分かっている。ダニは味を感じない。

つまり、酪酸のにおい、37度の温度などの条件さえ整えれば、ダニはどこからでも「吸血」しようとするのだ。酪酸のにおいがどこから来るとか、37度の温度を感じさせるものが何であるとかいったことはお構いなしである。ダニはいまあげた三つのシグナルだけで動いているからだ。それ以外の情報は受け取らない。言い換えれば、このダニは純粋に三つのシグナルだけでつくられた世界を生きている。

環世界

今度はすこし距離をとって、このダニの生活を眺めてみよう。

ダニを取り囲む環境は非常に豊かで、非常に複雑なものである。森のなかではさまざまなにおいが漂い、さまざまな音が飛び交っている。昼も夜もあり、光は絶えず変化する。風も吹けば、雨も降る。

しかしそうした現象はダニにとっては存在しない。狩りのために待ち伏せるダニが感じとるのは、先に見た三つのシグナルだけである。だからダニの世界には、それ以外のものは存在していない。

もうすこし言葉を足そう。私たちは何気なく、「ダニは枝の上で哺乳類が近くに来るのを待つ」と言ってしまう。さらには「うまく哺乳類が通ってくれるとそれに飛びかかる」とも言う。

しかし、これは人間から見たダニの行動でしかない。よく想像してみて欲しい。ダニは哺乳類を待っているのではない。ダニは酪酸のにおいを待っているのである。ダニの世界には哺乳類は存在しないのだ。ダニには哺乳類の姿など見えていない。飛びかかる獲物が鹿《しか》だとか犬だとか人間だとか、そういうことも認識しない。ダニはただ酪酸のにおいに反応するだけだ。だからフラスコの酪酸にも反応するし、37度に温められた人工膜からも「血」を吸おうとするのだ。

ダニは私たち人間とはまったく異なる「世界」を生きている。たとえばあなたが森に入れば、森の空気を感じ、光に目をやり、足場の悪さを気にかけるだろう。しかし、そんな環境を体験しているのはあなただけなのだ。その横で枝でじっと待つダニは、森の空気も、光も、足場の悪さもまったく感じてはいない。

当然このことはダニだけではなくて、あらゆる生物に当てはまる。私たちは頭のなかですべての生物が投げ込まれている「世界」なるものをイメージする。しかし、いかなる生物もそんな「世界」を生きてはいない。どんな生物もその生物なりの世界を生きているのだ。ダニが三つのシグナルから成る世界を生きているように。

そうすると、そのような「世界」ではなくて、それぞれの生物が生きている世界を考える必要が出てくる。人間の頭のなかで、抽象的に作り上げられた、客観的な「世界」なるものではなく、それぞれの生物が、一個の主体として経験している、具体的な世界のことだ。

これこそが、ユクスキュルの言う「環世界 Umwelt」に他ならない。あらゆる生物はそれぞれがそれぞれの環世界を生きている。たとえばダニは三つのシグナルからなる環世界を生きている。

人間が頭のなかで抽象的に思い描く「世界」なるもののことを、ユクスキュルはとりあえず「環境 Umgebung」と呼んでいる。これは環世界を、私たちが普段想像する「世界」から区別するための言葉である。実際にはこの「環境」なるものは虚構である。だれも何も、そんな「環境」を生きてはいないからである。それぞれの生物はそれぞれの環世界を生きているのだ。

先ほどは非常に印象的なダニの環世界を例として取り上げてみた。だが人間についても同様のことが言えないだろうか？　森で森林浴をしようとする散歩者、狩りをする猟師、森林の状態を検査する森林検査官、植物を採集する植物学者。彼らは一つの同じ森を同じように経験するだろうか？

猟師は散歩者が気がつかないような遠くの動きや音を察知するだろう。植物学者は猟師が目にもとめず踏みつけてしまいさえする足下の植物に気がつくだろう。散歩するものは森の光や香りだけでもありがたがるだろう。

森のなかではさまざまな主体が行動している。散歩者、猟師、森林検査官、植物学者、さまざまな動物、そしてダニ……。それらが同じ一つの森を経験しているなどとはとても言えない。たしかにそこには同じ一つの森が「環境」として存在すると想像はできる。しかし、それは頭のなかで組み立てられたものにすぎない。実際に生きられている、経験されているのは、一つ一つの環世界だ。散歩者の森であり、猟師の森であり、森林検査官の森であり、植物学者の森であり、そしてダニの森である。

ダニの驚くべき力

ダニに戻ろう。ダニはダイビングに成功するとたっぷりと血のごちそうをいただく。このごちそうは、実はダニの最後の晩餐《ばんさん》である。というのもこの後でダニに残されているのは、地面に落ちて産卵して死ぬことだけだからだ。

先に述べたように、ダニのメスは待ち伏せの前に交尾を済ませている。このメスは、交尾の際に受け取った精子を性包という器官のなかに入れて受精を防いでいる。哺乳類の血液がダニの胃に入ってくると、精子はそこから解放されて、卵巣《らんそう》内で休んでいた卵を受精させる。血液は次世代のための栄養になる。

なぜこんな面倒な仕組みになっているのかと言えば、ダニのメスが交尾をしてから吸血に至るまでには、非常に長い時間がかかる可能性があるからである。要するに木の枝で長いあいだ待ち伏せしていなければならないからである。この仕組みがなければ、吸血するまえに受精し終わってしまう。

では、ダニは長いあいだ待たなければならないといっても、いったいどれほど待たなければならないのだろうか？

わずか一ミリそこらの動物が、広大な森のなかでたった一本の木の枝を選ぶ。そしてその下をうまく哺乳類が通ってくれるのを待つ。哺乳類に出くわし、しかもうまくダイビングを成功させる確率はいかほどだろうか？　狩りの成功はほとんど幸運な偶然と言う他ないだろう。

だからダニは枝の上で長期間にわたって待機できる能力を備えている。しかも、当然ながら飲み食いせずに、だ。そしてこの能力は、私たち人間の想像を遥《はる》かに越えるものである。

ユクスキュルは驚くべき事実を紹介している。バルト海沿岸のドイツの都市ロストックの動物学研究所では、それまで既に一八年間絶食しているダニが生きたまま保存されていたというのだ。

一八年間、飲まず食わずで、ただ酪酸のにおいを待ち続けるダニ。これは驚きである。人間にはとてもそんなことはできない。

しかし、環世界の概念からこのようには考えられないだろうか？　そんなに長いあいだ、ひたすら酪酸のにおいを待つことは、人間にとっては驚きである。だが、ダニにとってそれが当然のことなのだとしたら？　というのもダニは人間とはまったく異なる環世界を生きているのだ。ダニにとっては一八年間など大した長さでないのだとしたら？

ここから、この環世界なるものについてさらに考察を深めねばならない。つまり、ダニと人間では受け取る情報の数が異なっているというだけでなく、もしかしたら、時間も異なっているのかもしれないという可能性まで考えねばならない。ここから出てくるのは、時間とは何か、という問いである。

時間とは何か？

時間とは何か？　これは古代より哲学者たちが挑んできた難問である。哲学はそれに答えを出せたとも言えるし、出せていないとも言えるだろう。だがこの難問に対し、ユクスキュルは驚くほどあっさりと答えを出すのである。時間とは何か？――時間とは瞬間の連なりである。

これだけではよく分からない。時間が瞬間の連なりであるのなら、この「瞬間」とは何か？　またしてもユクスキュルの答えは驚くほどあっさりしている。ユクスキュルは具体的な数字をもって、この問いに答えるのである。

彼はこう言う。人間にとっての瞬間を考えることができる。人間にとっての瞬間とは一八分の一秒（約 0.056 秒）である。

いったいこの数字はどこから来たのだろう？　ユクスキュルは実はあるメディアに訴えかけることでこの数字を導き出している。そのメディアとは映画である。

映画のフィルムを目にしたことがあるだろう。一コマ一コマを取り上げると写真のようである。そのコマが縦に連なっている。よく誤解されているのだが、フィルムを光源の前に置いて縦に流しただけでは、映画は見えてこない。つまり絵は動かない。

絵が動いて見えるためには、一コマを映した後にシャッターを閉じ、閉じている間にコマを移動し、移動し終わったら再びシャッターを開けて次の一コマを映すという作業を繰り返さなければならない。つまり、映写機は、(1) コマを映す、(2) シャッターを閉じて次のコマへと移動する、(3) シャッターを開いてコマを映す……という作業を繰り返している。

映画館のスクリーンには動画が映されている。人や物はなめらかに動いている。しかし、映写機のメカニズムから分かるのは、スクリーン上ではコマの映写と暗転が繰り返されているということである。実際に映画館で映画が上映されているとき、一コマと一コマの間には、シャッターが閉じる瞬間があるのだ。要するに私たちが映画を見ている間、スクリーンは何度も真っ暗になっている。

だが、私たちの目には真っ暗のスクリーンは見えない。映画館で見えるのは動いている映像である。なぜかと言うと、各コマの停止とスクリーンの暗転が一八分の一秒以内に行われると、暗い部分は私たちの目には感じられないのである。逆に言えば、それ以上の時間がかかると映像がちらちらする（現在の映画は、一秒間に二四コマのスピードで映像を動かしている）。

一八分の一秒以内で起こることは人間には感覚できない。したがって、人間にとって一八分の一秒とは、それ以上分割できない最小の時間の器である。人間にとっては一八分の一秒の間に起こる出来事は存在しない。だれも映画を見ている間に真っ暗のスクリーンを目撃などしない。

しかも驚くべきことに一八分の一秒は視覚のみならず、人間のあらゆる感覚にとって時間の最小の器であるらしい。たとえば、一秒に一八回以上の空気振動は聞き分けられず単一の音として聞こえる。人間の耳では一秒間に一八回以上の振動は捉《とら》えられない。

触覚も同様。棒で皮膚をトントンとつつくと、トントンとつつかれていることが感じられる。ところが、一秒に一八回以上皮膚をつつくと、ずっと棒を押し当てられているような一様な圧迫としてこれが感じられるというのだ。

人間にとっては一八分の一秒が感覚の限界である。ということはつまり、一八分の一秒という瞬間、「最小の時間の器」、それが連なって人間にとっての時間ができている。人間にとっての時間とは何か？　それは一八分の一秒の連なりである。

ベタの時間、カタツムリの時間

人間の環世界に流れているのは一八分の一秒が連なった時間である。人間の環世界には一八分の一秒より短い時間は存在しない。

すると当然、感覚できる時間が人間よりも短かったり長かったりする動物がいるのではないかと考えたくなる。この予想は当たっている。生物によって「瞬間」の長さは異なるのだ。

ある研究者は、ベタという魚が自分の映像を見たときの反応から、この魚の知覚時間を研究した。それによればベタは三〇分の一秒まで知覚することができる。ベタは自分が動いている映像を一秒間に一八回示されたのでは（つまりコマの停止と暗転が一秒に一八回起こる映像を見せられたのでは）、それが自分だと認識できない。一秒間に三〇回コマを映し出す映像だと、そこに自分の姿を認識し、反応を示すのだという。ベタに喋《しゃべ》ることができたなら、（人間用の）映画を見せても「画面がちらついて見にくい」と文句を言うはずだ。ベタの目には、暗転した際の真っ黒なスクリーンがはっきり見えるのである。

このような環世界に生きるベタにとっては、人間は彼らの六割ぐらいのスピードでしか動けないのろまな生物である。ベタは人間が気づけないような短い間に起こったこと、一八分の一秒より短い時間内に起こったことを認識できる。川魚が激しい河の流れのなかで俊敏に動き回りながらエサを見つけて食いつく姿を思い起こせばいい。

あのようなことは人間には不可能である。しかし魚にとっては普通のことなのだ。なぜなら魚にとっての時間と人間にとっての時間が異なっているからである。

逆に人間の時間よりものろい時間を生きている生物もいる。カタツムリは、三分の一秒（あるいは四分の一秒）より短い時間を認識できない。カタツムリの足下に小さな棒を差し出すと、カタツムリはその上に這《は》いあがろうとする。さて、その棒をゆっくり回転させてみる。一秒間に一回から三回、棒がカタツムリを叩《たた》くようにすると、カタツムリは棒の上にあがろうとしなくなる。棒が動いていると分かるからである。ところが、回転を少しだけ速くして一秒に四回以上カタツムリを叩くようにすると、カタツムリは棒に這いあがろうとする。カタツムリの環世界では一秒間に四回振動する棒は既に静止した棒になっているのである。

人間から見るとカタツムリは大変のろまな生物である。しかし、カタツムリと人間の時間は違う。するとカタツムリ自身は猛スピードで動いているつもりかもしれない。私たちが川魚をみるとその俊敏な動きに驚くように、カタツムリは散歩している人間を見て、「なんて素早い動きだ」と驚いているのかもしれない。

時間の相対性

環世界というものが各生物ごとにどれほど異なっているかが分かるだろう。環世界の考えは、単に各生物にそれぞれの世界があると言っているだけではない。すべての生物はそれぞれ異なった時間を生きている、とまで述べるのだ。[6]

ここから途方もない時間を待ち続けるダニについての話に戻りたいと思う。私たちはダニが何も食べずに延々と一八年間も待ち続けることに驚いた。しかし、環世界ごとに時間までもが異なっているのだとしたら、実はこれは驚くに当たらないことかもしれない。

私たちがこの事実に驚くのは、ダニも人間と同じ時間を生きていると前提してしまっているからだ。ユクスキュルはダニにとっての瞬間がどれほどであるかについては何も述べていないが（それを調査するのは大変困難だと思われる）、ダニの知覚する時間はおそらく人間の知覚する時間と大幅に異なっているのだろう。

ユクスキュルは、ダニはその待機時間中、一種の睡眠に似た状態にあるものと推測している（冬眠のことを思い出すとよいかもしれない）。人間もまた睡眠の間は何時間か時間が停止する。その停止がダニの場合は何時間どころか何年も続くということなのだ。そして酪酸のシグナルが与えられるや否《いな》や、その休止状態は解除され、ダニは活動を再開するのである。

時間はあらゆる出来事をその枠内に入れてしまう。だから時間は客観的に固定したものであるかのように思える。しかしそうではない。むしろそのなかを生きる主体こそがその環世界の時間を支配しているのである。ダニが、ベタが、カタツムリが、そして人間が、己の生きる時間を支配している。「これまでは、時間なしに生きている主体はありえないと言われてきたが、いまや生きた主体なしに時間はありえないと言わねばならないだろう」[7]。

環世界から見た空間

同じようなことが空間についても言える。生きた主体から独立して存在する客観的空間は、たしかに仮説としては存在する。しかし、いかなる生物もそのような空間を生きてはいない。

たとえば、視覚をもたない生物、光を感じる程度の感覚しかもちあわせない生物は、視覚をもつ生物とはまったく異なった仕方で空間を把握しているだろう。そうした生物は、視覚をもちあわせていないからと言って困っているわけではない。また視覚をもつ動物でも、夜行性の動物や洞窟《どうくつ》に住む動物は、触覚や聴覚を使って空間を把握している。そうした動物は、人間のように空間把握をもっぱら視覚のみに頼る動物とは異なる空間を生きている。

ユクスキュルはミツバチと巣箱について興味深い事例を紹介している。ミツバチが出かけている間にちょっといたずらをして巣箱を二メートルほど移動させる。しばらくして戻ってきたミツバチは、巣箱がすぐそばにあるというのに巣箱には戻らない。巣箱の戸口がもともとあった場所に集まりそこを旋回している。そうして旋回したあげく、五分もたつと、やっと方向を変えて巣箱のところに飛んでいく。ミツバチは視覚をもってはいる。しかし視覚は空間を把握するうえではけっして主要な役割を果たしていない。

しかも不思議なことに、触覚を取り除いたミツバチに同じいたずらをすると、同じように二メートルほど移動させておいた巣箱に直接戻るのだという。どうやらミツバチは触覚を用いて空間を把握しており、それは視覚よりも信用できるものなのである。[8]

物そのもの？

ユクスキュルの環世界論をゆっくり見てきた。ここで本章冒頭の問題に戻りたい。トカゲについてのハイデッガーの議論である。

ハイデッガーはユクスキュルを批判している。その批判は極めて単純なものである。

ユクスキュルの環世界論は動物に関しては正しい。動物はそれぞれの環世界をもっている。しかし人間はそうではない。人間に環世界の概念を適用するのは間違っている。[9]これがその批判の骨子だ。

ハイデッガーはトカゲについてこう言っていた。トカゲは太陽を太陽として経験することがないし、岩を岩として経験することもない、と。

ダニの例から類推すればその意味するところはより分かりやすくなるだろう。ダニは哺乳類の血を吸うために枝で待ち伏せる。しかし、ダニは哺乳類を待ち伏せているのではない。ダニは酪酸のにおいを待っているだけだ。ダニは哺乳類を哺乳類として経験しているわけではない。

同じように、トカゲは体温を上昇させるため、熱い光とそれを受け取るための台を探す。岩は温まるための台にすぎない。太陽を知覚するのではなく、光を体で受けるにすぎない。だから、トカゲは太陽そのものを知らない。岩板そのものを知らない。ダニが哺乳類を知らないように。たしかにそうも言えよう。

このことをハイデッガーは次のような哲学的な言い回しで説明する。環世界を生きる動物にとっては、物そのものとか、物それ自体といったものが、構造的に欠けている。動物にはそれ自体としての物が認識できない。[10]トカゲには太陽そのものや岩そのものが認識できないし、ダニには哺乳類そのものが認識できない。

だが、ユクスキュルの環世界論を知った人なら、ハイデッガーのこのような主張に疑問をもつに違いない。ハイデッガーが動物について、物そのものが認識できないとか、「そのもの」の構造が欠けているなどと否定的な言い方をするのは、人間にはそれが認識できる、人間はそうした構造を備えている、と考えているからだ。

しかし本当にそうなのか？　人間には物そのものが認識できると言えるのだろうか？　そもそも、物そのものとは何だろう？　トカゲがひなたぼっこのための台として岩を経験するように、人間もまたそれぞれの関心にもとづいて岩を経験するとは言えないのか？

人間は太陽を宇宙物理学的に、岩を鉱物学的に認識できるが、トカゲにはそれはできないとハイデッガーは言う。しかし、そこで問題になっているのは、所詮《しょせん》、宇宙物理学者にとっての太陽、鉱物学者にとっての岩ではないだろうか？　たしかにトカゲは岩の鉱物学的性質を問題にすることはできない。だが、どうして岩の鉱物学的性質を問うことが「岩そのもの」を問うことであるのか？　どうして、鉱物学的性質が「岩そのもの」を形成していると言えるのか？　どうして岩がトカゲにとっては体を温めるための台でしかないように、鉱物学者にとっては鉱物学的性質をもった物質でしかない、と考えることはできないのか？　どうしてここで、トカゲの環世界と鉱物学者の環世界という二つの環世界を構想することができないのか？　できないはずがない。

トカゲがトカゲの環世界をもつように、宇宙物理学者は宇宙物理学者の環世界を、鉱物学者は鉱物学者の環世界をもつ。ハイデッガーはそれをどうしても認めない。そうした考えを斥《しりぞ》けることに全力を尽くしている。なぜか？　ハイデッガーはなからいいいいいいい人間は特別であるという信念を抱いており、その信念に合うように立論しているからだ。

ミツバチを語るハイデッガー

しかし、そうは言ったものの、ハイデッガーの言うことにも一理ある。
宇宙物理学者の環世界は人間が形成し得た環世界の一つである。人間は個人差こそあるものの、宇宙物理学者の環世界を獲得したり、鉱物学者の環世界を獲得する可能性をもつ。だが、トカゲが人間と同程度にさまざまな環世界を獲得することは考えにくい。たしかにそこには何か違いがある。

ハイデッガーの議論を人間中心主義だといって斥けるのは簡単だ。だが、もうすこし彼の議論に付き合って考えを進めてみよう。

ハイデッガーはユクスキュルを批判するにあたって、ミツバチの事例を取り上げている（これは『生物から見た世界』には出てこない）[11]。ミツバチとはもちろん、ハチミツを作ってくれる、あのミツバチのことだ。においを頼りに花から花へと飛び、その蜜《みつ》をもとめる。蜜を見つけたなら、それを吸い上げる。そしてその後、吸うのをやめて飛び去る……。

これはだれもが知っているミツバチの習性である。ミツバチは蜜を探している。だから見つけたら吸う。その後ずっとそこにいるはずがないのだから、いつかは飛び去るだろう。当たり前ではないか？　なんでこんなことをわざわざ物語るのか？

ハイデッガーはこう言う。それはこのことがすこしも当たり前ではないからだ。むしろ徹頭徹尾謎めいたことだからだ。このようにミツバチの習性をまとめてみたところで、私たちは何も理解はしていないのだ。むしろ私たちはこう問うべきなのである。なぜミツバチは飛び去るのか、と。

では早速問うてみよう。ミツバチはなぜ飛び去るのだろうか？「蜜がなくなったからだ」という答えが当然予想されよう。ならば次のように問わねばならない。ミツバチは蜜がなくなったことを確認して、そのうえで飛び去っていくのだろうか？

ハイデッガーはある実験に言及する。まず、ミツバチが一気に蜜を吸い上げることができないよう、蜜がいっぱい入った皿の前にミツバチを連れて行く。すると、ミツバチは蜜を吸い始めるが、しばらくすると吸うのをやめ、飛び去ってしまう。ミツバチは目の前にある蜜は置き去りにする。

ミツバチは皿の上にある蜜をすべて吸い上げることはできないのだから、ここまでは当然と思える。驚くべきは次だ。これに続いて少々残酷な実験が行われる(ハイデッガーは「残酷」とは言っていない)。どういう実験かと言うと、ミツバチが皿で蜜を吸っている最中に、そのミツバチの腹部に用心深く切り込みをいれるのである。するとどうなるか?

蜜はドクドクと腹部から流れ出す。しかし、それにもかかわらずミツバチは、平然と蜜を吸い続けるのである。[12] つまりこういうことだ。ミツバチの目の前には飲み干せないほど多くの蜜がある。しかし、ミツバチはそのことを確認しない。だからひたすら蜜を吸い続ける。それだけではない。腹部に切り込みがはいっていることの確認さえしない(ハイデッガーは、「それぐらいはしてもよさそうに思えるのだが」と言っている)。[13]

ミツバチは何らかの仕方で満腹を感じるのだろう。この満腹というシグナルが、飛び去るという次の動作を導く。ちょうど酪酸のにおいや摂氏37度という温度がダニにとって次の動作を導くためのシグナルであったように。だから、満腹のシグナルを受け取らなければ、ひたすら蜜を吸い続ける。

〈とりさらわれ〉と〈とらわれ〉

このようなミツバチの「振る舞い」を指してハイデッガーは、ミツバチは餌《えさ》によって「とりさらわれている」と言う。「とりさらわれる」とは何らかの衝動によって駆り立てられるということだ。ミツバチは蜜をもとめる衝動に駆り立てられている。それにもとづいて蜜を探し、発見し、吸い、そして飛び去る。

なぜミツバチは蜜を吸うのをやめるのか？　それは満腹したからである。満腹はつまり、蜜を吸うという衝動を停止する。そうすると今度は、それまで停止されていた飛び立つという衝動が解除される。そしてミツバチは飛び立つ。

動物は〈衝動の停止〉と〈衝動の解除〉とを繰り返して行動しているというのがハイデッガーの見解である。

ダニの場合についても同じことが言えよう。酪酸のにおいによってダイビングの衝動が解除されるとともに、酪酸のにおいを待つという衝動が停止される。ミツバチも

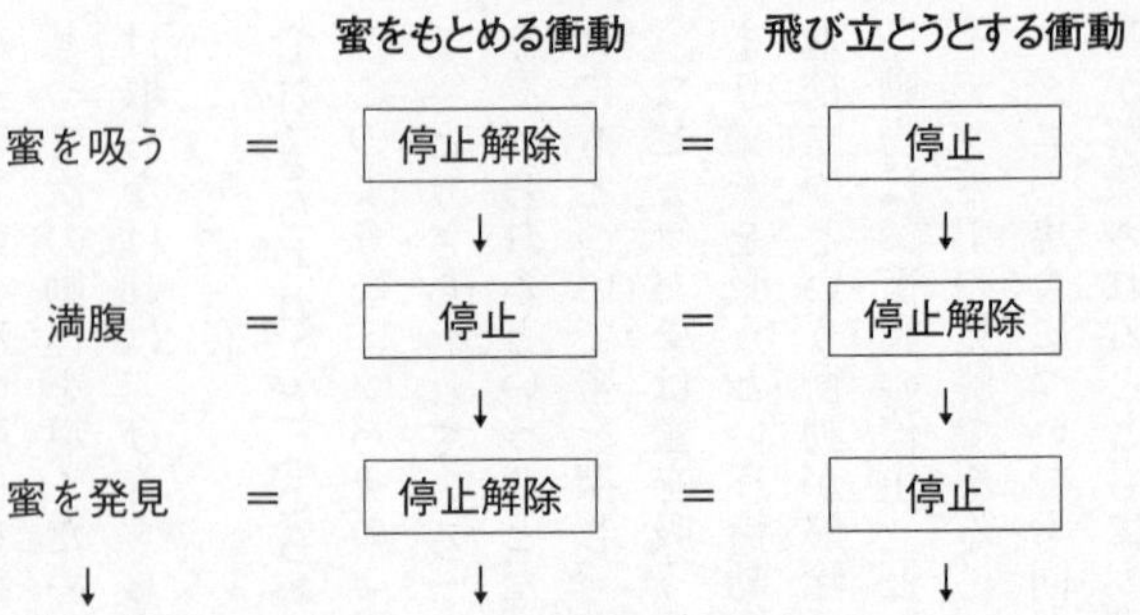

ダニも、衝動の停止と解除の連鎖において動いていることになる。この状態を指してハイデッガーは〈とらわれ〉と言う。

ハイデッガーはこの〈とらわれ〉を「自分の中へとり込まれていること」などといった言葉で説明している。[14]どういうことかと言えば、衝動の停止と解除という枠——ハイデッガーの言葉では「抑止解除の輪」——のなかにはまり込んでいるということだ。動物はそうした衝動の停止と解除によってのみ行動し、それ以外の仕方では行動できないと言うのである。

〈とらわれ〉と訳されたドイツ語 Benommenheit は、一般には「軽度の麻痺《まひ》」や「もうろうとした状態」を、医学用語としては「昏蒙《こんもう》」を意味する。ハイデッガーはいろいろと断りを付しているが、この言葉の選択に強い価値判断が込められていることは言うまでもない。つまり、動物は恒常的に一種の麻痺状態にいるようなものであり、特定のシグナルを受け取ってそれに答えるという仕方でしか生きていないと言いたいのである。動物を、人間とは違う単純なものとして特徴づけようとしているのである。

それに対し〈とりさらわれ Hingenommenheit〉の方はニュートラルな言葉であり、衝動によって突き動かされることを意味する。動物はたとえば特定の餌によって〈とりさらわれ〉ている。そういう生き物の姿をハイデッガーは〈とらわれ〉という語で特徴づける。ハイデッガーによれば、何かに〈とりさらわれ〉ることは、〈とらわれ〉た存在であることを意味する[15]。

ミツバチは目の前にある蜜を蜜として受けとることができないと言われた。ミツバチは蜜へと関係しているが、その関係の仕方は「とらわれている」。動物は衝動を停止したり解除したりするシグナルに「とりさらわれている」。

ここまで来れば、続いてハイデッガーが何を言いたいのかは分かるだろう。人間はとらわれていない、と言いたいのである。なぜならハイデッガーに言わせれば、人間は蜜そのものを認識することができるし、蜜を蜜として受け取ることができるからである。これを拡張すれば、人間は世界のあらゆる事物を事物そのものとして認識できるということになる。つまり、世界そのものに関わることができる、と。

ハイデッガーは動物は〈世界貧乏《ひんぼう》的〉であるのに対し、人間は〈世界形成的〉であると言っていた。それぞれの意味するところがここから理解できる。人間は世界そのものに関わり、世界そのものを作っていくことができる。しかし動物は特定のシグナルを受け入れるだけである。だから世界そのものに関わることができない。

トカゲの環世界、宇宙物理学者の環世界

ハイデッガーの主張の大枠が見えてきた。ここで、もう一度整理しよう。

動物はある物をある物として受け取ることができない。トカゲにとって太陽は太陽としては与えられていない。それに対し人間は太陽を太陽として受け取ることができる。物そのものを受け取る能力は人間だけに備わったものである。これがハイデッガーの主張であった。

私たちはそれに対してこう反論した。ハイデッガーは、トカゲには太陽を宇宙物理学的に問うことなどできないと言う。しかし、どうして太陽を宇宙物理学的に問うことが、太陽そのものと関わることと言えるのか？　トカゲはトカゲの環世界のなかで太陽と関わる。宇宙物理学者は宇宙物理学者の環世界のなかで太陽と関わる。そうは言えないのか？

たしかにミツバチは目の前に飲みきれないほどの蜜があることを確認しない。切開された腹部からドクドクと蜜を垂らしながらひたすら目の前にある飲みきれないほどの蜜を吸い続ける。それを指してハイデッガーは、ミツバチは蜜そのものと関わることができないと言った。だが、ならばなぜ人間は蜜そのものと関わることができると言えるのか？　だいたい、蜜そのものとは何なのか？

宇宙物理学者とひなたぼっこする者を比べて見ればいい。彼らは太陽をまったく違う仕方で体験する。

ならば、ミツバチがミツバチの環世界を生きる、トカゲがトカゲの環世界を生きるように、宇宙物理学者は宇宙物理学者の環世界を、ひなたぼっこする者はひなたぼっこする者の環世界を生きていると言えるのではないか？

天文学者の環世界

実際、ユクスキュルは人間の環世界についても論じている。『生物から見た世界』の最後に出てくるのは天文学者の環世界である。

天文学者は地球から途方もない高さまで伸びた塔の上にすわっているようなものである。彼はそこから宇宙の遠い星までも見渡せる望遠鏡を覗《のぞ》いている。その環世界では太陽と惑星が荘重な足取りでまわっている。彼にはそのような天体の運動が見える、からだ。「その環世界空間を通りぬけるには、足の速い光でさえ何百万年もかかる」[16]。天文学者はこんな風にして宇宙を眺める。素人《しろうと》が「ああ、星がきれいだ」と感激している横で、天文学者はまったく別の仕方でその夜空を体験しているのだ。彼には星の動きが見える。いや、そうした星が動いている宇宙空間に頭を突っ込んでいる。まるで、地球から高く延びた塔の上にすわっているかのように。

素人にとっては石などただの石ころである。しかし鉱物学者は何の価値もなさそうに見えるその石ころを熱心に眺める。そして分類する。同じ石でもまったく見え方が違う。なぜなら鉱物学者は鉱物学者の環世界を生きているからである。

レストランで流れているクラシック音楽。食事をする者には単なる一つの音の続きとしてしか聞こえない。しかし、音楽家ならすべてのパートや楽器を聞き分ける。弦の音、管の音、打楽器の音が明確に聞き分けられる。なぜなら音楽家は音楽家の環世界を生きているからだ。

このような例は無数にあげることができる。というよりも、ありふれていると言った方がいい。ならば、ハイデッガーのような大哲学者がそれに気がつかないということがあるだろうか？　そんなはずがない。

そうすると、どうも彼は無理をしていたのではないかと考えたくなってしまう。人間に環世界を認めず、動物は「とらわれている」とするとき、ハイデッガーは相当に無理をしているように思われるのだ。

ならばなぜそう主張するのか？　なぜこんなに無理をしてまで人間に環世界を認めることを拒絶するのか？　なぜ動物は〈とらわれ〉ていると主張するのか？

理由はいくつかある。だが本書の議論にとって重要な理由はおそらく次のものである。

ハイデッガーは退屈という根本的な気分の解明を目指している。ハイデッガーによれば、「なんとなく退屈だ」という深い退屈において人間は、何一つ自分の言うことを聞いてくれない、すべてがどうでもいい、そう感じるのだった。そして、その退屈は人間の可能性そのものである自由の実現へとつながっていく。

しかし、もし人間が環世界を生きているのであれば、そのようなことは説明がつかなくなってしまう。ハイデッガーによれば、環世界を生きるとは〈とりさらわれ〉て生きていることであり、それはすなわち、〈とらわれ〉という一種の麻痺状態にいることだったからだ。

要するにこういうことだ。人間だけが退屈する。なぜなら人間は自由であるから。

動物は退屈しない。なぜなら動物は〈とらわれ〉の状態にあって自由ではないから。——ハイデッガーはこのように主張したいのである。ならば、人間に環世界を認めるわけにはいかないだろう。なにしろハイデッガーの考えでは、環世界に生きるとは、動物のような〈とらわれ〉の状態、一種の麻痺状態を生きることを意味するのだから。

人間と動物の違い

かなりハイデッガーの退屈論の本質に迫ってきた。だが、まだ先に掲げた問いに答えていない。

人間にも動物の場合と同じように環世界を認めたとしよう。そうすると、人間も動物も変わらないということになるのだろうか？

ハイデッガーは何とかして人間と動物とを区別しようとした。そのため断固として人間に環世界を認めなかった。だが人間に環世界を認めない理由はない。ならば、人間と動物は同じだと、単にそう言えばよいのだろうか？

人間も動物も環世界をもつ。それは分かる。だが、だとしても、私たちは何か人間とその他の動物の違いを感じるのではないか？　人間とその他の動物の間にはやはり何か違いがあるのではないか？

あくまでも本書の文脈に沿って、動物と人間の違いというこの大問題に一つの答えを与えることを試みよう。やはり参考になるのは環世界論である。

先に次のように述べたのを思い出していただきたい。宇宙物理学者の環世界は人間が形成し得た環世界の一つである。人間は個人差こそあるが、宇宙物理学者の環世界を獲得したり、鉱物学者の環世界を獲得したりできる。

だが、トカゲが人間と同程度にさまざまな環世界を獲得するとは考えにくい。そこには何か違いがあるように思われる。

まずここから考えよう。環世界は生物ごとに大きく異なる。その間に見出《みいだ》される違いは極めて大きい。では、さまざまな環世界の間に見出される違いが大きいと言われるとき、その大きさとは具体的には何を指しているだろうか？　いったい何をもって私たちはそれぞれの環世界が大きく異なると言っているのだろうか？

ダニの環世界は三つのシグナルで構成されていた。この環世界は人間の環世界と大きく異なる。なぜ「大きく異なる」と言いたくなるのかと言えば、ダニが人間の環世界を体験したり、人間がダニの環世界を体験したりすることは極めて困難であるからだ。

するとこう言えるのではないか？　さまざまな環世界の間の違いの大きさとは、具体的には、一つの環世界から別の環世界へと移行することの困難によって示すことができる、と。

盲導犬から考える——環世界間移動について

この困難について、ユクスキュルがあげている例を通じて考えてみよう。その例とは盲導犬である[17]。

盲導犬を一人前に仕立て上げることの難しさはよく知られている。訓練を受けた盲導犬がすべて盲導犬としての役割を果たすようになるわけではない。

なぜ盲導犬を訓練によって一人前に仕立て上げることはこれほど難しいのか？　それは、その犬が生きる環世界のなかに、犬の利益になるシグナルではなくて、盲人の利益になるシグナルを組み込まなければならないからである。要するに、その犬の環世界を変形し、人間の環世界に近づけなければならないのだ。

盲導犬は盲人がぶつかるかもしれない障害物を迂回《うかい》しなければならない。しかもその障害物は犬にとってはすこしも障害でない場合がある。たとえば窓が道に向かって開いている場合、犬は難なくその下を通り抜けるが、人間はその窓にぶつかってしまう。一匹の犬を盲導犬にするためには、その犬がもともと有していた環世界では気にもとめなかったものに、わざわざ気を配るように訓練しなければならない。これが大変難しいのだ。

この例が教えるところは非常に重要である。盲導犬は訓練を受けることで、犬の環世界から人間の環世界に近いものへと移動する。それは困難であるが、不可能ではない。盲導犬は見事に環世界の移動を成し遂げる。

おそらく生物の進化の過程についてもここから考察を深めることができるはずである。ダーウィンがカッコウの托卵《たくらん》、奴隷《どれい》をつくるアリ、ミツバチの巣房《すぼう》などの驚くべき例をもって説明したように[18]、生物は自らが生きる環境に適応すべく、その本能を変化させていく。対応できなければ死滅することもある。

さて、環境への適応、本能の変化は、当然ながら環世界の移動を伴うだろう。それは長い生存競争を経て果たされる変化である。容易ではない。だが、すこしも不可能ではない。こうしてみると、あらゆる生物には環世界の間を移動する能力があると言うべきなのだろう。

人間にも環世界を移動する能力がある。その点ではその他の動物（さらには生物全般）と変わらない。ただし、人間の場合には他の動物とはすこし事情が異なっている。どういうことかと言うと、人間は他の動物とは比較にならないほど容易に環世界の間を移動するのである。つまり環世界の間を移動する能力が相当に発達しているのだ。たとえば宇宙物理学について何も知らない高校生でも、大学で四年間それを勉強すれば、高校のときとはまったく違う夜空を眺めることになろう。作曲の勉強をすれば、それまで聞いていたポピュラーミュージックはまったく別様に聞こえるだろう。鉱物学の勉強をすれば、単なる石ころ一つ一つが目につくようになる。

それだけではない。人間は複数の環世界を往復したり、巡回したりしながら生きている。たとえば会社員はオフィスでは人間関係に気を配り、書類や数字に敏感に反応しながら生きている。しかし、自宅に戻ればそのような注意力は働かない。子どもは遊びながら空想の世界を駆け巡《めぐ》る。彼らの目には人形が生き物のように見えるし、いかなる場所も遊び場になる。しかし学校に行ったら教師の言うことに注意し、友人の顔色に反応しながら、勉強に集中せねばならない。人間のように環世界を往復したり巡回したりしながら生きている生物を他に見つけることはおそらく難しいだろう。

人間はその他の動物とは比べものにならないほど容易に別の環世界へと移動する。ここにこそ、ハイデッガーが見落としていた、いや、見ようとしなかった人間の特性がある。

環世界論から見出される人間と動物との差異とは何か？　それは人間がその他の動

物に比べて極めて高い環世界間移動能力をもっているということである。人間は動物に比べて、比較的容易に環世界を移動する。「比較的」というところが重要である。その他の動物もまた困難でこそあれ、環世界を移動することができる。盲導犬の例はそれにあたるし、生物が進化の過程で環境に適応していくのもそれにあたる。しかし、人間の場合にはこの移動能力がずば抜けて高い。つまり、動物と人間の差異は相対的である。そして相対的ではあるが、量的にはかなり大きな差、相当な差である。ここにこそ、人間とその他の動物との区別が見出されるのではないだろうか？

この環世界を移動する生物の能力を本書では「環世界間移動能力 inter-umwelt mobility」と名づけたい。そしてそれを人間と動物の差異について考えるための新しい概念としてここに提唱したい。

環世界と退屈

環世界間移動能力の概念を用いれば、ハイデッガーの議論を別様に展開することができるはずである。

ハイデッガーによれば、人間は〈世界形成的〉であり、世界そのものを受け取ることができるがゆえに退屈するのだった。そしてこの退屈は人間が自由であることの証拠である。そのためハイデッガーは、人間に断固として環世界を認めなかった。環世界を生きているのは、〈とらわれ〉た存在である動物だと言った。

しかし、人間に環世界を認めないというのは無理のある主張であった。人間もまたそれぞれの環世界を生きている。

ただしここで重要なのは、人間は他の動物と同様に環世界を生きているけれども、その環世界を相当な自由度をもって移動できるということだ。人間は他の動物に比べて相対的に、しかし相当に高い環世界間移動能力をもつ。

ならば、ハイデッガーの立論の問題点とは何か？　それは、この相対的に高いにすぎない能力を、絶対的なものとみなしてしまったことであるように思われる。そのために人間が、環世界を超越する存在として描かれることになってしまった。

たしかに人間の高度な環世界間移動能力は、その「自由」の現れであろう。しかし、それは絶対的なものではない。ましてや、環世界そのものからの絶対的な離脱を可能にするような「自由」ではない。

では、ここから退屈について考えるとどうなるか？　人間は環世界を生きているが、その環世界をかなり自由に移動する。このことは、人間が相当に不安定な環世界しか持ち得ないことを意味する。人間は容易に一つの環世界から離れ、別の環世界へと移動してしまう。一つの環世界にひたっていることができない。おそらくここに、人間が極度に退屈に悩まされる存在であることの理由がある。人間は一つの環世界にとどまっていられないのだ。

ハイデッガーの例を少し解説してみよう。退屈の第一形式の説明において、駅で待っていた彼は退屈したので駅舎の外に出た。そして地面に絵を描き始めた。そこに絵を描き始めたとたん、自分を支える地盤であったものはキャンバスになる。屈《かが》んで、下を向く姿勢では、地面はそれまでとは全く違うように体験される。目で見ず、足で確かめていたものが、目の前で、視界の外まで広がっていく平面となる。道を歩く人々の顔や上半身は気にならなくなり、ただ足音や気配だけが感じられるようになる。つまり、地面に絵を描き始めたとたん、人は全く別の環世界に突入する。しかし、ハイデッガーがそうであったように、その環世界にひたっていることは難しい。特に大人はすぐに環世界間移動能力を発揮して、その環世界を離れ、別の環世界へと移行してしまう。

退屈の第二形式の説明で論じられた葉巻でもいい。タバコを吸う人なら分かるだろうが、喫煙の煙は独特の時間を与えてくれるものである。そのゆったりとした形状の変化はとても美しく、喫煙者はしばしばそれに見とれる。その時、時間はゆっくりと流れている。忙しく働いていた人間が喫煙する時、時間の早さは極端に変化する。つまり全く別の環世界へと入る。しかし、タバコの煙に〈とりさらわれ〉続けることは難しい。すぐに人は環世界間移動能力を発揮し、喫煙者の環世界を出ていく。

環世界を容易に移動できることは人間的「自由」の本質なのかもしれない。しかし、この「自由」は環世界の不安定性と表裏一体である。何か特定の対象に〈とりさらわれ〉続けることができるなら人は退屈しない。しかし、人間は容易に他の対象に〈とりさらわれ〉てしまうのだ。

するとハイデッガーの退屈論を次のように書き換えることができるはずである。人間は世界そのものを受け取ることができるから退屈するのではない。人間は環世界を相当な自由度をもって移動できるから退屈するのである。

退屈する動物

それだけではない。動物と退屈の関係についても別様の議論が展開できるだろう。ミツバチはたしかに蜜を求める衝動によって〈とりさらわれ〉ている。その衝動に突き動かされている。ハイデッガーはそこからさらに一歩踏み込み、ミツバチは〈とらわれ〉た状態にあると言った。すなわち、衝動の停止と解除だけでしか行動できない、ある種の麻痺状態にあると主張した。

しかし、〈とりさらわれ〉ることがあるからといって、その生物が〈とらわれ〉ていることにはならない。たとえば飼い慣らされた犬は餌に見向きもしないことがある。盲導犬は自分の好みの餌が目に入ったからといって、盲人を無視してそれを食べに行ってしまったりしない。犬は餌への〈とりさらわれ〉から自由になることがあり得る。

そもそも人間も〈とりさらわれ〉ることがある。飢えの状態にある人間は食物への衝動に〈とりさらわれ〉る。だからといって、人間という種そのものが、衝動の停止と解除だけでしか行動できない、〈とらわれ〉の状態にあるとは言えない。つまり、〈とりさらわれ〉は〈とらわれ〉の証拠にならない。

そうすると、動物だけが環世界を生きているという主張はもちろんのこと、動物は〈とらわれ〉ているという主張もまた、到底支持し得ないことになる。つまり、環世界を生きるということは、衝動の停止と解除だけでしか行動できない〈とらわれ〉の状態にあることを意味しない。

人間も動物も環世界を生きている。人間も動物も新しい刺激、新しい環境に対応する（たとえばダーウィンは新しい環境に対し、知性を働かせて対応するミミズについて論じている）。[19]そして、人間も動物も環世界を移動する。[20]

では、ここから動物と退屈について何が言えるか？　人間は高度な環世界間移動能力をもつが、それは相対的に高いに過ぎないのだった。他の動物もこの能力をもつ。ならば、すくなくとも可能性としては、他の動物もまた、一つの環世界にひたっていることができず、退屈することがあり得ると言わねばならない。

動物は身体的な衝動から絶対に逃れられないというわけではない。ならば、たとえば、一つの環世界にひたっていることができない犬を想像することができるだろう。その犬は退屈している可能性がある。

たしかに人間以外の動物が退屈する可能性は相当に低いかもしれない。また犬に比べれば、ミツバチが特定の〈とりさらわれ〉から自由になる可能性はかなり低いかもしれない。だが人間と動物の差が環世界間移動能力の概念によって相対的に説明されるものであるのなら、退屈する動物の可能性を考えてみなければならないし、考えることができる。もちろん、実際に尋ねてみなければわからないし、尋ねることはできないのだが。[21]

さらにここから、人間と動物の区別がもつ意味をも問い直すことができる。この区別は多くの場合、人間がどうして動物よりも高い地位にあるのかを説明するためにもとめられる。[22] 本書もまた、人間は他の動物に比べて相対的に、しかし相当に高い環世界間移動能力をもつと述べた。

しかし退屈と環世界をめぐる以上の議論より、この上下関係をひっくり返す価値判断が可能になる。なぜなら、動物は人間に比べて相対的に、しかし相当に高い、一つの環世界にひたる能力をもつと言うことができるからだ。ここには〈暇と退屈の倫理学〉を構想するための一つのヒントがあるのではないか？

＊

本章ではユクスキュルの環世界の理論に注目しながら人間と動物の区別について考えてきた。その理論を発展させることで得られた環世界間移動能力という概念を用い、この区別を本書なりの仕方で定義した。

またこの概念を使ってハイデッガーを読み直すことで、彼の立論を別の仕方で組み立て直すことができた。ハイデッガーが見出した人間の「自由」は決して絶対的なものではない。それはあくまでも他の動物に比べて相対的に、しかし相当に高い環世界間移動能力に基づくものだ。

とはいえ、たしかに、この「自由」は人間の退屈の根拠ではある。この「自由」故《ゆえ》に、人間は一つの環世界にひたっていることができないのだから。ならばハイデッガーとは別の結論を構想することはできないだろうか？　ハイデッガーは人間を動物からなんとか区別しようと腐心《ふしん》した。そのため、環世界に生きつつも、高い環世界間移動能力をもつという人間の条件について考察することができなかった。

この条件から退屈との向き合い方について考えてみることはできないだろうか？　最終章ではそれについて考えてみよう。

第七章
暇と退屈の倫理学
——決断することは人間の証しか？

ハイデッガーの退屈論の結論は決断だった。人間は退屈する。その退屈こそは、自由という人間の可能性を証《あか》し立てるものなのだ。だから決断によって自らの可能性を実現せよ……。

ハイデッガーの議論は哲学的に難解な語彙《ごい》に彩《いろど》られている。だから、その意図するところを即座に理解するのは難しいかもしれない。だが、この結論とは要するに、退屈している人に対して「グダグダしていないで、心を決めて、しゃきっとしなさい！」と活を入れることに他ならない。これははたして現実的な解決策だろうか？そしてまた、望ましい解決策だろうか？

いま私たちはハイデッガーの立論そのものを組み換えることで、別の道を探ろうとしている。ハイデッガーの議論を活《い》かしながらも、それとは違う結論に至ること。これが本章の目的である。

人間と自由と動物についてのハイデッガーの考え

ハイデッガーの結論と提案をもう一度まとめよう。それは次の二項目に要約できる。

（1）人間は退屈し、人間だけが退屈する。それは自由であるのが人間だけだからだ。
（2）人間は決断によってこの自由の可能性を発揮することができる。

ハイデッガーは人間について環世界を認めない。これは大変不合理に思えた。なぜハイデッガーがそのような不合理なことを主張したのかと言えば、それは例の深い退屈を描くためであった。つまり、人間が深い退屈のなかで何一つ言うことを聞いてくれない全体へと引き渡される、その様を描くためであった。「何一つ言うことを聞いてくれない全体へと引き渡される」とは、たとえば、何もない、真っ白で、だだっ広い空間に、ぽつんと取り残される、そんな風にイメージしてくれればいい。

さて、なぜそんな風に主張できたのかと言えば、人間だけが世界そのものと関わることができるという考えが根底にあったからだ。

ハイデッガーによれば、人間はある物をある物として受け取ることができ、物そのものと関わることができる。したがって、世界そのものと関係をもつことができる。それゆえ、逆に、何一つ言うことを聞いてくれない全体へと引き渡されることもあり得る。何とでも自由に関わりをもつことができるのだから、何ものとも関わりをもたない状態があり得るというわけだ。

それに対し、動物は〈とらわれ〉ていて、特定のシグナルから自由になれない。したがって、そのような全体に引き渡されることもない。だから退屈しない。

このような主張は、動物は環世界を生きるが、人間は環世界を生きないというハイデッガーの信念によって支えられている。だが、この信念は間違っている。人間も環世界を生きている。

たしかに、腹部に切れ目を入れられたミツバチは目の前に飲みきれないほどに大量の蜜《みつ》があることを確認しない。しかし、「このミツバチの目の前には、飲みきれないほどに大量の蜜がある」と確認できる人間は、その蜜を蜜として確認しているわけではない。その蜜はその人間にとって、実験材料の一部として与えられている。甘いものに飢えた人間は蜜に甘みをもとめるだろう。ハチミツが好きなクマのプーさんを思い起こす人間もいるだろう。「蜜としての蜜」など存在しない。

ハイデッガーは、このあまりにも当然の事実に目をつぶっている。では、なぜハイデッガーはそんな無理をしたのかと言えば、繰り返すが、人間だけが自由であると言うためだ。


目をつぶれ！　耳をふさげ！

すると今度は、彼が推奨する決断についても、大きな疑問が浮かび上がってくるのだ。それは次のような疑問である。決断を推奨するハイデッガーは、読者に、決断が必要になるような状況を故意に作り出すよう促していることにはならないだろうか？　つまり、何一つ言うことを聞いてくれない状況へと故意に陥るよう仕向けていることにはならないだろうか？

決断するためには、何一つ言うことを聞かなくなる全体に引き渡されることが必要である。決断とは何もないところから何かを作り出すことであろう。したがってそれは常に無根拠であろう。

ここで奇妙なことが起こる。ハイデッガーは決断を推奨する。すると、決断せざるを得ないのではなくて、決断したいと願う人間が必ず現れる。その人間はどう振る舞うだろうか？　おそらく、これからの行動の根拠や指針を与えてくれる物や人を故意に遠ざけるだろう。決断せずとも、目の前に与えられた条件や情報を吟味することで今後の行動の指針は得られるかもしれないというのに、そうした条件や情報からわざと眼をそらして、わざわざ決断へと身を投じる、そういった事態が考えられよう。

すこし日常的に考えてみよう。本当に何一つ自分の言うことを聞いてくれないと感じられるような事態に陥ったとすれば、それは途方もなく辛《つら》い。だが、日常生活には人や物との交流のチャンスが与えられている。そのなかに、もし何か一つでも自分の言うことを聞いてくれるものがあれば、それを手がかりに事態の打開を図ることができるかもしれない。

たとえば自分にとって大切なアーティストの歌がある。他の人は自分の気持ちなど分かってはくれない。しかし、偶然かもしれないが、というか、偶然なのだろうが、そのアーティストは自分の心を歌い上げてくれる。別に相談に乗ってくれるわけでも、指示を与えてくれるわけでもない。だが、苦しいときも、その歌を聴けば何とか生きていける。

あるいは、学校でも孤立し、家庭でも孤立し、行き場がない。しかし、時たま、帰り道に出会う老人が公園で話を聞いてくれる。自分は死を想《おも》ったこともあった。老人はそれについて何かを言ったわけではない。だが、彼の幼い頃の話、若い頃の話をしてくれた。訊《き》いたら、それに答えてくれた。

日常生活には物や人とのふとした交流が存在する。もちろんそうしたことが必ずあるとは言えない。ところが決断を目指す者は、そうした機会が実際に目の前にあるというのに、故意に交流の機会を絶つ。なぜなら決断は、物や人との関わりが不可能になったところで現れるからである。決断を欲する者は、わざとそうした関わりを不可能にする。

ならば人々に「退屈しているのなら決断しろ」と迫るハイデッガーは、結局、次のように述べているも同然ではないか――決断するために目をつぶり、耳をふさげ、いろいろ見るな、いろいろ聞くな、目をこらすな、耳をそばだてるな。

決断の奴隷《どれい》になること

セーレン・キルケゴール［1813-1855］という哲学者は「決断の瞬間とは一つの狂気である」と言っている。

たしかに決断は人を盲目にする。そして、そのような「狂気」が必要な場面は確実にあるだろう。

しかし、ハイデッガーのようにして最初から決断の必要性、「狂気」の必要性を決めてかかるならば、本末転倒の事態が現れざるを得ない。すなわち、ぎりぎりに追い詰められた人間が、仕方なく、周囲の状況に対して盲目になりながら決断という狂気へと身を投じるのではなく、決断という狂気をもとめて、目をつぶり耳を塞《ふさ》ぎ、周囲の状況から自分を故意に隔絶するという事態である。

周囲に対するあらゆる配慮や注意を自らに免除し、決断が命令してくる方向に向かってひたすら行動する。これは、決断という「狂気」の奴隷になることに他ならない。

繰り返すが、そうしたことが必要な事態もあるだろう。

だが重要なのは、そうした「狂気」が故意にもとめられる事態があり得るということだ。そして、そこにもう一つ付け加えねばならない。実はこんなに楽なことはないということだ。

あらゆる配慮と注意を自らに免除し、ただひたすら決断した方向に向かえばいい。しかも、もはや「何となく退屈だ」の声も聞こえない。決断は苦しさから逃避させてくれる。従うことは心地よいのだ。だからこう言わねばならない。人は従いたがるのだ、と。

人は奴隷になりたがる。第一章で見たニーチェも言っていたではないか、「若いヨーロッパ人たち」は「何としてでも何かに苦しみたいという欲望」をもっている、と。そうした苦しみから、自分が行動を起こすためのもっともらしい理由を引き出したいと願っているのだ、と。彼らは奴隷になりたがっていたのだ。

「決断」という言葉には英雄的な雰囲気が漂う。しかし、実際にはそこに現れるのは英雄的有り様からほど遠い状態、心地よい奴隷状態に他ならない。

決断後の主体

さて、決断についてこのように考えてくると、実はハイデッガーが描き出した退屈の三つの形式について、大変意外な関係が見えてくるのである。どういうことか順を追って説明していこう。

第一形式において人は日常の仕事の奴隷になっているのだった。奴隷になっているからこそ時間が惜しい。そこから退屈が生まれる。ぐずつく時間による〈引きとめ〉と、期待の対象が言うことを聞いてくれないという〈空虚放置〉が、この第一形式の退屈を特徴づけていた。

ハイデッガーはここには甚大《じんだい》な自己喪失があると言っていた。日常の仕事の奴隷になり自分を見失っている。自分に向き合う機会を失ってしまっているからだ。

では、なぜ人は日常の仕事の奴隷になっているのか？　それは「なんとなく退屈だ」という声から逃れたいがためだった。常識から言えば、奴隷になるのはとてもイヤなことだ。だが、この声に悩まされることは、それとは比べものにならないほど苦しいのだ。

このことは第二形式においても同様だ。人間はこの声から逃れようと日常的に気晴らしを行っている。そしてその気晴らしのなかで退屈がぼんやりと現れ、両者が絡《から》み合う。これが第二形式の退屈だ。

つまりこういうことだ。「なんとなく退屈だ」の声から逃れるにあたり、日々の仕事の奴隷になることを選択すれば、第一形式の退屈が現れる。退屈と混じり合うような気晴らしを選択すれば、第二形式の退屈が現れる。

さて、第三形式の退屈においては深い退屈が決断によって反転し、自由という人間の可能性の実現へとつながる、そのような筋書きになっていた。ハイデッガーが決断を結論として導き出すためにかなり無理をしていること（人間に環世界を認めない等々）は前章で見た通りである。ハイデッガーのこの決断主義には大いに問題がある。

だが、それだけではない。ハイデッガーの決断主義には問題があるだけでなく、ある重大な欠落がある。決断について語るときにハイデッガーは大事なことを忘れている。何かと言えば、それは、決断した後の人間のことである。

決断した人間はその後、具体的にどうなっていくのか？　どうしていくべきなのか？　そうした議論がまったくなされていない。完全に抜け落ちているのだ。

第一形式と第三形式の意外な関係

ならば私たち読者自身で考えてみようではないか。決断した人間はどうなるか？

彼はある内容を選び取り、決断した。決断したのだから、その決断した内容をただただ遂行していかねばならない。決断は決断された内容への従属をもとめる。決断を下した者は、決断の内容に何としてでも従わねばならない。そうでなければ決断ではない。簡単に破棄できるなら決断とは言えない。したがって、先に述べた通り、決断した者は決断された内容の奴隷になる。

「奴隷」という言葉はハイデッガー自身から借りた比喩《ひゆ》である。別にこの言葉でなくてもいい。重要なのは何かに縛り付けられることだ。

決断した者はそのときどう感じるだろう？　これについても先に述べた。彼はそれまでは周囲の何一つとっても自分の言うことを聞いてはくれないと感じていたし、何をしてよいのかも分からなかった。しかし、いまや思い悩む必要はない。何しろ、そうやって自分で下した決断の内容をただひたすらこなしていけばいいのだから。

そう、彼は決断によって「なんとなく退屈だ」の声から逃げることができた。だから彼はいま快適である。やることは決まっていて、ただひたすらそれを実行すればいい。

さて、ここで第一形式のことを思いだそう。第一形式において人間は日常の仕事の奴隷になっていた。なぜわざわざ奴隷になったのかと言えば、その方が快適だからだ。「なんとなく退屈だ」という声を聞かなくてすむからだ。

そうすると思いがけない関係がここに現れる。そう、第三形式の退屈を経て決断した人間と、第一形式の退屈のなかにある人間はそっくりなのだ。彼らは何かに絶対的に従うことで、「なんとなく退屈だ」の声から逃げることができているのだから。

いや、それどころではない。こうも考えられる。

第一形式において人間は日常の仕事の奴隷になっていると言われる。しかしその人間はもしかしたら、その仕事を決断によって選び取ったのかもしれないのだ。

すると大変滑稽《こっけい》な図が想像できよう。

決断の電車旅行

A君は、何一つ自分の言うことを聞いてくれない全体（広域）へと引き渡されていた。だが、ある日、そんな広域のなかでこそ、自分が、現存在（人間）の可能性の先端部に接近していることに気がついた。彼は決断した。決断によって、現存在に授けられた可能性を実現しようとした。

さて、A君にはその決断によってあるミッションが与えられた。A君はそれを成し遂げねばならない。しかし、どうやらそれを成し遂げるためには遠方に赴《おもむ》く必要があるようだ。車をもたないA君は電車でそこに向かうことにした。

電車は途中で乗り換えねばならないようである。一本目の電車での移動はずいぶんと長かった。A君は旅の最初、自らが決断を下したミッションを誇らしく思う気持ちでいっぱいだった。自分のこれからを想うと胸が高鳴った。

しかし、電車の旅はあまりにも長い。だんだんと外の風景にも飽きてきた。うんざりする気持ちが頭をもたげてくる。

さて、やっと乗換駅についた。A君はほっと胸をなで下ろした。電車を降り、改札口近くの時刻表で乗り換えの電車の時刻を確認した。なんと、次の電車は四時間後だ。

この地域は別に魅力はない。なるほど彼はリュックサックに本を一冊もってはいる――では、本を読もうか？　いやその気にはならない。それとも何か問いか問題を考え抜くことにするか？　そういう感じでもない。彼は時刻表を読んだり、この駅から別の地域までの距離の一覧表を詳しく見たりするが、それらの地域のことは他には何も分からない。時計を見る――やっと十五分過ぎたばかりだ……。

すこし意地悪に書きすぎたかもしれない。しかし、第三形式と第一形式とがどのように通底しているのかはこれで一目瞭然《いちもくりょうぜん》だろう。第三形式と第一形式は最終的に区別できない。というか、これら二つはそれぞれ、一つの同じ運動の一部と捉《とら》えるべきだ。

ハイデッガーは第一形式について、そこには甚大な自己喪失があると言っていた。だとするならば、第三形式についても同じことを言わねばならないのである。決断する人間にも甚大な自己喪失がある、と。

第二形式の特殊性

ここで第二形式の特殊性が際立《きわだ》ってくる。例の、気晴らしと独特な仕方で絡み合った退屈である。

ハイデッガーが述べていた通り、あの第二形式には「現存在〔人間〕のより大きな均整と安定」がある。それは「正気であることの一種」であった。[1]付和雷同、周囲に話を合わせること——ハイデッガーは極めて否定的に第二形式の退屈のなかにある人間の有り様を描いていた。だが、第三形式＝第一形式に比べるならば、人間の生はそこでは穏やかである。何しろ第三形式＝第一形式においては人間は奴隷なのだから。

第二形式においては何かが心の底から楽しいわけではない。たしかにぼんやりと退屈はしている。だが、楽しいこともある。そこにもハイデッガーの言う「自己喪失」はあるのかもしれない。だが大切なのは、第二形式では自分に向き合う余裕があるということだ。

ならばこうは言えないか？　この第二形式こそは、退屈と切り離せない生を生きる人間の姿そのものである、と。人間は普段この第二形式を生きている。そこには「現存在のより大きな均整と安定」がある。だから人間がそれをもとめるのも当然のことだろう。もしそれを非難する人がいたら、その人は人間というものを見誤っている。

すると退屈の三つの形式の関係は次のように整理できることになる。

人間は普段、第二形式がもたらす安定と均整のなかに生きている。しかし、何かが原因で、「なんとなく退屈だ」の声が途方もなく大きく感じられるときがある。自分は何かに飛び込むべきなのではないかと苦しくなることがある。そのときに、人間は第三形式＝第一形式に逃げ込む。自分の心や体、あるいは周囲の状況に対して故意に無関心となり、ただひたすら仕事・ミッションに打ち込む。それが好きだからやるというより、その仕事・ミッションの奴隷になることで安寧を得る。

たとえば、将来を思い悩む大学生にとって、自分に何ができるか、どんな仕事があるか、そういったことを考えるのは苦しい。しかも何をしていいのか分からない。おそらくそんなとき、「なんとなく退屈だ」という声が響いてくる。それにはとても耐えられない。だから、それよりも大きく鳴り響いている別の声を探す。たとえば、「資格がなければ社会では認めてもらえない」「資格をとっておけば安心だ」という世間の声。この大きく鳴り響いている声に耳を傾けていれば、苦しさから逃れられる。そうして、資格取得の決断を下す。決断してしまえば本当に快適である。資格試験の奴隷であることはこの上なく楽だ。しかも、世間からは「一生懸命頑張っているね」と褒めてもらえる。というか、周囲は褒める以外にない。

ハイデッガーはそうしたあり方を指して「狂気」と言ったのだった。それは、好きで物事に打ち込むのとは訳が違う。自分の奥底から響いてくる声から逃れるために奴隷になったのだから。

おそらく多くの場合、人間はこの声をなんとかやり過ごして生きている。そのために退屈と気晴らしとの混じり合いのなかで生きている。そうして「正気」の生を全うする。

そうするとやはりこう考えずにはいられない。人間の生とは退屈の第二形式を生きることではないか、と。あるいは、退屈の第二形式を生きること、それこそが人間の「正気」ではないか、と。

人間が人間らしく生きること

　ここから、「なんとなく退屈だ」という声とのつきあい方に対するハイデッガーの評価についても問題点を指摘せねばならない。

　人間はたしかにこの声を耳にする。しかし、いつもそれに思い悩まされているわけではない。気晴らしと退屈とが絡み合った第二形式の退屈を生きることで、それをなんとかやり過ごしている。

　ハイデッガーは、そうした人間の姿を否定的に描く。パーティーをする人間の態度を、周囲に自分をあわせる付和雷同として描いた。だがこれは不当な評価ではないだろうか？　なぜなら退屈の第二形式において描かれた気晴らしとはむしろ、人間が、い、い、い、い、い、人間として生きることのつらさをやり過ごすために開発してきた知恵と考えられるからだ。

　退屈と向き合うことを余儀なくされた人類は文化や文明と呼ばれるものを発達させてきた。そうして、たとえば芸術が生まれた。あるいは衣食住を工夫し、生を飾るようになった。人間は知恵を絞りながら、人々の心を豊かにする営みを考案してきた。

　それらはどれも、存在しなくとも人間は生存していける、そのような類《たぐい》の営みである。退屈と向き合うことを余儀なくされた人間が、そのつらさとうまく付き合っていくために編み出した方法だ。

ハイデッガーが例にあげたパーティーもまったく同じだろう。そんなものはなくても人間は生存していける。しかし、おいしい食事と楽しい会話は人々を和ませる。葉巻の香りは気持ちをゆったりさせる。それを楽しむことで人の心は豊かになる。

なぜそれをハイデッガーは否定的にしか捉えられないのか？　なぜ人類の知恵を受け入れられないのか？　なぜ人間が人間らしく生きること、すなわち、退屈の第二形式を生きることの価値を認められないのか？　やはりハイデッガーの特殊な人間観がそれを邪魔していたと考える他ない。

もちろん、「なんとなく退屈だ」の声が、何らかのきっかけで大きくなることがある。「あれもできるし、これもできるのだが、しかし俺はこんなことをしている……」。人間はその声に耐えられなくなるや、退屈の第三形式＝第一形式の構造へと身を投げて奴隷になろうとする。ある意味でこれは不可避なことである。たしかに「なんとなく退屈だ」の声は人をひどく悩ませるから。

だが大切なのは、第三形式を経て決断へと至ることではない。それは第三形式と第一形式のサーキットのなかに身を置くことに他ならないからである。

コジェーヴ——歴史の終わり、人間の終わり

さて、以上を踏まえたうえで、人間と動物の区別の問題をまったく別の視点からもう一度考えてみたい。

参考にするのは、アレクサンドル・コジェーヴ［1902-1968］の「歴史の終わり」という議論である。

コジェーヴはロシアに生まれ、二月革命と十月革命の混乱を生き、その後亡命してドイツ、フランスで研究を続けた哲学者だ。彼の仕事で有名なのは、一九三三年から一九三九年にかけてパリで行ったヘーゲルについての講義である。後に哲学や文学の分野で大きな仕事を成し遂げる者たち（ラカン、バタイユ、メルロ＝ポンティ、ブルトンなど）がこの講義を聴講していた。講義は後に『ヘーゲル読解入門』として出版されることとなる。

本書と関係してくるのは、そのなかの一つの注である。彼はそこで「歴史の終わり」と「人間の終わり」について語っている。この議論はいまもなお、人間なるものの理解、とりわけ、人間と動物の区別の理解に対して影響力をもっている。少々詳しく紹介しよう。

「歴史の終わり」とは何か？　それは別に時間が止まるとか、世界が消滅するとか、そういったことではない。人間の歴史が、何らかの目的に向かって突き進むプロセスだと前提したうえで、その目的が達成されてしまった状態のことを「歴史の終わり」と言っているのである。

歴史の目的が自由であったとしよう。人間は自由とは何かについて考え、そして哲学を創造した。自由を妨げる社会、身分制社会などを否定し、革命を起こした。歴史はたしかに血塗られている。しかし、そうした血を乗り越えて、人類は進歩してきた。ヘーゲルは、否定とそれを乗り越えるこのような運動の全体を「弁証法」という言葉で総称した。ヘーゲルによれば人類は、この弁証法的過程を経て、歴史の目的を達成していく。

たとえばナポレオンは自由や平等といったフランス革命の理念を掲げてナポレオン戦争を闘ったが、彼こそはこの歴史の目的を達成する人物である。ヘーゲルはナポレオン戦争を決定づけたイエナの闘いに「歴史の終わり」を見ていた。

ヘーゲルを解説するコジェーヴはこの考えに同意する。いつまでも人類が前進し続けるわけがなかろうと、彼もまたそう考えた。

さて、本書の議論と関わるのはこの後である。続いてコジェーヴは、歴史が終わることは人間が終わることを意味すると述べる。

「人間の終わり」といっても、もちろん種としてのホモ・サピエンスが絶滅するということではない。先の歴史についての議論と同様、人間の終わりについての議論も、彼の特殊な人間観にもとづいている。

人間は歴史の目的を背負ってきた。与えられたものに満足せず、それを否定し、ひたすら進歩を目指して前進してきた。コジェーヴはこのような有り様の人間を「本来の人間」と呼ぶ。

「本来の人間」はこれまで歴史を牽引《けんいん》してきたのだった。しかし、先に見た通り、歴史は終わるのである。ならば、歴史が終わり、その目的が実現されたのなら、もはや人間はそのようなあり方を続けることはできない。つまり、人間はこれまでのようではなくなる。「本来の人間」は消滅する。

では、その後、人間はどうなるか？ コジェーヴは簡潔に答える。革命や戦争は消滅する。歴史の目的のために命を賭《か》けて戦う必要はなくなるから。また、哲学も必要なくなる。人間はもはや自己を根本的に変化させたり、世界とは何かとか、人間とは何かなどと考える必要もなくなるから。

だが、それ以外のものはすべて保持される。「芸術や愛や遊び等々……要するに人間を幸福にするものはすべて保持される」。そうしたものまで消え去る理由はない。これまで「本来の人間」の活動を支えてきたものだけが消え去る。[2]以上の事態をコジェーヴは「人間の終わり」と呼んだ。

既に訪れていた歴史の終わり

「歴史の終わり」は支持しがたい考えであろう。ましてやその後の歴史、特に二つの世界大戦を知る者にとっては、ナポレオン戦争で歴史が終わったなどというのは過去の哲学者の近視眼的な思い込みにすぎないと思えるかもしれない。

だが、コジェーヴはこれをおそらく本気で信じていた。その証拠に、彼は傑出した哲学者であったにもかかわらず、哲学をいとも簡単に投げ捨てて、外交官として活躍することになる。理由は簡単だ。ヘーゲルによって歴史の終わりは予言された。後は、この予言がうまく成就《じょうじゅ》するように政治を行っていけばいいだけなのだ。哲学はもう必要なくなる。

しかも、それだけではない。ここからが本題である。コジェーヴは「歴史の終わり」を信じていただけではなくて、実際に自分が生きていた時代のなかにそれを発見する。外交官として各国を訪れるなかで、自分は「歴史の終わり」を目撃したと主張するに至るのだ。それが述べられているのが、同書の第二版において追加された、問題の注である。[3]

コジェーヴは次のように述べている。

> ヘーゲルについてのこの本の第一版を準備していたとき、つまり一九四六年の段階では、自分は「歴史の終わり」はまだ先のことだと思っていた。そのうちに訪れるものだと考えていた。
>
> しかし、一九四八年から一九五八年までの間にアメリカ合衆国とソ連とを旅行した結果、自分は「歴史の終わり」は既に訪れていると確信した。合衆国は既に歴史の終わりに到達している。アメリカ的生活様式《アメリカン・ウエイ・オブ・ライフ》は、まさしく歴史が終わった世界の生活様式である。アメリカ合衆国は「階級なき社会」を実現している。彼らアメリカ人は、与えられた状況を否定し、乗り越えていくということを知らず、ただ満足に浸っている。

ヘーゲルはナポレオン戦争に歴史の終わりを見た。たしかにナポレオン戦争の後も戦争はあったし、歴史は激動していたように思えるかもしれない。だが、その後の戦争も、結局は自由と平等というナポレオン戦争時の理念のもとに闘われていたのではないだろうか？

だとしたら、結局ナポレオン戦争の時点で人類が解くべき問題は決まっていて、それを解く作業に多少時間がかかっているだけなのだ。既に歴史は終わっていたのだ。そしてアメリカ人はその歴史の終わりを生きているのだ……。

アメリカ人は動物

コジェーヴはアメリカの大量生産・大量消費社会のことを思い描いている。そこには我慢がない。望むものがすべて与えられる。しかも必要以上に与えられる。彼らには幸福を探求する必要がなく、ただ満足を持続している。そこには「本来の人間」はいない。これが「人間の終わり」だ。

人間が終わったのなら、そこにいるのはだれか？　いや、「だれ」と言うべきではない。そこにいるのは何か？

コジェーヴによれば、そこにいるのは動物である。人間が終わった後も、ホモ・サピエンスという種は存続する。ただし人間としてではなく動物として。合衆国において実現された歴史以後の世界を見て分かるのは、歴史が終わったあと、人間は動物性へと回帰していくということである。

たしかにこれからも人間は記念碑や橋やトンネルを建設するだろう。しかし、それは鳥が巣を作り、クモがクモの巣を張るようなものである。蛙《かえる》や蟬《せみ》のようにコンサートを開き、子どもの動物が遊ぶように遊び、大人の獣がするように性欲を発散する。それが〈歴史以後〉の動物である。

そう考えるならば、ソビエト人や中国人は、まだ貧乏な、だが急速に豊かになりつつあるアメリカ人でしかない。それらの国の国民は、歴史の最終目的である共産主義革命が既に終わった（ことになっている）社会を生きている。すべては実現されている。彼らもまた歴史の終わりを生きている。彼らにはもはや進歩ということはあり得ない（というか、進歩を目指せば、反革命だとして警察に捕まるのだが）。

共産主義国家の国民は歴史の終わりを生きている。そしてその生き方は実は、アメリカ的生活様式《アメリカン・ウェイ・オブ・ライフ》にそっくりである。彼らはそのうちアメリカ人になる。言い換えれば、アメリカ人は、豊かになった中国人やソ連人である（コジェーヴがこう述べたのは冷戦が最大の緊張を迎えていた時期であることも思い起こされたい）。

歴史は終わっており、歴史が終わった後は人間は動物になっていく。この〈歴史以後〉の動物は、幸福を追求したりせず、ただひたすら満足に浸る。アメリカ合衆国はそれを体現しており、ソ連や中国もいずれそうなる。人類はみなアメリカ人になる、つまり動物になる。

これが一九五八年時点でのコジェーヴの考えであった。

人間であり続ける日本人

アメリカ人を動物に見立てるというのはヨーロッパではよくある偏見である。ヨーロッパ人はアメリカ人をよくバカにする。とはいえ、コジェーヴは自己の観察をもとにして、これを「歴史の終わり」の生の有り様として真剣に取り上げたわけである。だが、あろうことか（！）、彼はこの見解をも根本的に覆《くつがえ》すことになる。歴史以後、人間はアメリカ人になる、すなわち動物になるという見解を、彼は撤回するのである。

その撤回のきっかけになったのが一九五九年の日本訪問である。日本人を見たコジェーヴは、日本人こそ歴史以後の人間の姿だと考えるようになる。そして、日本人はすこしも動物的ではなかったと言うのである。どういうことか見ていこう。

日本は鎖国期に約三百年にわたって、いかなる内戦も対外戦争もない時代を生きたたぐいまれなる国である。この時代こそまさしく歴史の終わりである。そこには、与えられたものを否定して前進するという歴史的発展は完全に欠けていた。なぜならその必要がそもそもなかったのだから。完全な平和であったのだから。日本は歴史の終わりを既に体験している。

では、歴史の終わりを体験した日本人はいったいどのような特徴をもっているか？コジェーヴはスノビズムという語をあげる。一般にこの言葉は「紳士や教養人を気どったきざな俗物的態度」のことを指すが、コジェーヴはもっと広い意味で用いている。実質ではなくて形式を重んじる傾向。歴史的な意味や内容をすっかり失ってしまい、形式化された価値だけを絶対視する立場。分かりやすく言えば、〝カッコつける〟ということである。

ただし、それが日本では、にわかには信じられないほど高度に洗練されている。ご多分に漏れず、コジェーヴがあげる例は能楽や茶道や華道であるが、それだけではない。究極的にはどの日本人も、純粋なスノビズムにより、まったく無償の自殺を行うことができるとコジェーヴは言う。ハラキリ、そして「特攻」の事である。彼によれば、「この自殺は、社会的政治的な内容をもった「歴史的」価値にもとづいて遂行される闘争がもたらす生命の危険とは何の関係もない」。

武士がハラキリをすることは単に形式を重んじてのことであって、それによって何か切迫する事態が解決するわけではないし、飛行機で戦艦に無謀な突入をすることは、自国の勝利を導いたりしないと言いたいのだろう。自分が犠牲になることで戦争を勝利に導き、革命を成就させることができるといった「歴史的価値」を信じて命を賭けることにこそ「本来の人間」の姿を見ているコジェーヴには、この「無償」の自殺、報酬なき自殺は目新しいものであった。

スノビズムが支配しているのだから、日本には宗教も道徳も政治も必要ない。そうしたもので人間をまとめ上げなくても、スノビズムが最高度の規律をもたらしている。スノビズムは「戦争と革命の闘争や強制労働から生まれた規律をはるかに凌駕《りょうが》していた」。

コジェーヴが言っていることに納得できなくてもいい。重要なのは彼がここから導き出した結論だ。

コジェーヴによれば、どんな動物もスノッブではあり得ない。だからスノッブである日本人は人間である。

するとこうなる。アメリカ人はまだ「歴史の終わり」の初期を生きているにすぎない。最近始まった日本と西洋世界との交流は後に西洋人を日本人化することへとつながるだろう。したがって、たとえ歴史が終わりを迎えようとも、ホモ・サピエンスという種が存続する限り、人間が消滅することはない。人間はみな日本人になって生き延びる。

コジェーヴの勘違い

これが歴史の終わりについてのコジェーヴの予言である。こうやってまとめると些《いささ》か滑稽な趣もある。だが、この議論はいまもなお影響力をもっている。[4] とりわけ、ここで論じられた動物と人間の区別、あるいは人間の動物化という事態はその後も何度も意匠を変えて繰り返されてきた。

だが、この議論には途方もない勘違いが横たわっているように思われる。その勘違いとは「本来の人間」のイメージである。

「本来の人間」は自らに与えられた状況を否定し、その乗り越えを試み、歴史的価値を信じて命まで賭けるらしい。だが、そんな人間が本当に「本来的」なのだろうか？

ハイデッガーの退屈論を批判的に読解してきた私たちにとっては、コジェーヴの勘違いを位置づけることは容易だ。「本来の人間」は退屈の第三形式（したがって第一形式）において描かれた人間に対応している。彼らは決断し、自ら奴隷になる。ならば、いったいそのどこが「本来的」なのか？

人間はたいてい第二形式の退屈を生きている。時折、何らかの原因でそれに耐えきれなくなり、第三形式＝第一形式へと逃げ込む。ヘーゲルもコジェーヴも、そこに逃げ込んだ人間を勝手に理想化しただけである。

そもそも、歴史以後の人間は動物化したアメリカ人になると言ったのに、いやそうではない、やはり人間的な日本人になるなどとコロコロ結論を変更するところが信用できない。そして、本書のこれまでの議論にもとづいて検討するなら、このコジェーヴの態度変更の理由も明々白々である。

コジェーヴがコロコロと結論を変えられるのは、彼の言う「アメリカ人」も「日本人」も実は大差ないからである。「アメリカ人」の動物性も「日本人」のスノビズムも第二形式の退屈の現れにすぎない。

コジェーヴの言う「アメリカ人」や「日本人」はどちらも、気晴らしと独特の仕方で混じり合った退屈を生きている。バケツのような容器に入ったポップコーンやコーラを飲み食いしながらドライブインシアターで映画を観《み》ることも、まったく形式化された作法でお茶をたてることも、第二形式の退屈において描かれた生でなくて何だろうか？ それらは気晴らしである。「なんとなく退屈だ」という声から逃れるための気晴らしである。そしてこの気晴らしは退屈そのものと絡み合っている。

勝手な理想化

こうして見てくるなら、ハラキリや特攻についての見解も疑わしいものになる。ハラキリや特攻が「「歴史的価値」にもとづいて遂行される闘争がもたらす生命の危険とは何の関係もない」などとどうして言えるのか？ どちらも、決断して奴隷になることではないか？ 両者は関係がないどころかまったく同型だ（そして、もちろん、そんなものを人間に強いたり、勧めたりする社会はどちらも愚劣である）。

そもそもハラキリや特攻を、茶道や華道と同じカテゴリーで論じているところが腑《ふ》に落ちない。前者が退屈の第三形式＝第一形式の構造に関わっているとすれば、後者は第二形式に関わっている。これはあまりに十把《じっぱ》一絡《ひとから》げな議論であり、それらをそう束ねることを可能にしているのは、コジェーヴの日本に対する幻想に他ならない。だいたい、すこし旅行しただけでどうしてその国の本質が分かるというのか？

したがって、「歴史以後の生」とか、「歴史の終わり」とかいったテーゼにもとづいてなされる「人間の動物化」云々《うんぬん》の話は、すべて壮大な勘違いである。理由は簡単であって、人間というものを捉え損ねているからである。稀に起こる事態を勝手に理想化しただけだからである。

この議論に出口がないところからも、その問題点がよく分かる。ありもしない理想（歴史的価値を信じて、与えられたものを否定し、自らの命を賭けて闘う「本来の人間」）を掲げ、そのうえで、やれ人間はアメリカ人のような動物になるとか、やれ日本人のような形式しかない生を生きる「人間」になるとか言っているのである。この議論の末には絶望しかない——あぁ、歴史が終わり、もうかつてのような輝かしい本来の人間は存在しないのだ……。

迷惑をこうむっているのはアメリカ人であり日本人であり、そして動物である。ヨーロッパ人はアメリカ人を動物と見なしたがるが、ヨーロッパ人の大好きなパーティー——ハイデッガーが嫌悪《けんお》していたパーティー——は、ポップコーンとコーラを飲み食いしながらドライブインシアターで映画を観ることとどこが違うのか？ どちらも気晴らしだ。第二形式の退屈だ。

ハラキリや特攻を強いた体制は、国民国家の理念にもとづいて大戦を引き起こし、自国民たちを戦場で見殺しにしたヨーロッパの国々の社会体制とどこが違うというのか？ どちらも、退屈の第三形式（＝第一形式）の構造に逃避したくなる人間の弱さにつけいったのである。繰り返すが、それらは愚劣である。

アメリカ人は動物である？ 人間は、「なんとなく退屈だ」という声に耐えきれず、気晴らしを四六時中行っている、パスカルが言うところの「惨《みじ》めな」存在だ。動物にはそんな惨めさはない。動物は自らの存在に耐えきれなくなってどこかに逃げ込んだりしない。

テロリストたることの勧め？

人間はおおむね第二形式の退屈を生きている。そして時折、何らかの原因で退屈の第三形式＝第一形式の構造へと逃げ込む。つまり、人間はたいていは一方に留まっているが、時折もう一方との間を往復する。それが人間の生である。

この場合、悲劇は、もう一方へと赴き、そのまま戻って来れなくなることであろう。それは奴隷であり続けるか、奴隷のままで死ぬことを意味するからだ。

ここから、以上の議論にもう一つ話題を付け加えることができるだろう。

本書の序章で、スロヴェニアの哲学者アレンカ・ジュパンチッチの言葉を紹介した。彼女はこう言っていた。大義のために死ぬことを望む過激派や狂信者たちを、私たちはおそろしいと思うと同時にうらやましくも思っている、と。[5]

なぜ人は過激派や狂信者たちをうらやむのか？　いまや私たちはこの問いに明確に答えることができる。過激派や狂信者たちは、「なんとなく退屈だ」の声から自由であるように見えるからだ。

彼らをおそろしいと同時にうらやましくも思えるとき、人はこの声に耐えきれなくなりつつあり、目をつぶり、耳をふさいで一つのミッションを遂行すること、すなわち奴隷になることを夢みているのだ。

そして、言うまでもなく、ここに言う過激派や狂信者たちの姿は、コジェーヴの言う「本来の人間」の姿にぴたりと重なる。彼らこそはまさしく、「歴史的価値」にもとづいて、与えられたものを否定し、己の命を賭ける「本来的人間」ではないのか？コジェーヴよ、お前は自分がテロリストに憧《あこが》れる人々の欲望を煽《あお》っていることが分かっているのか？お前の壮大な勘違いはけっして無垢《むく》ではあり得ないのだ。[6]

習慣のダイナミクス

人間はおおむね退屈の第二形式の構造を生きており、そのなかでなんとかやりくりをしながら生きている。これの意味するところについてさらに考えてみよう。

動物は人間と比べて強い本能をもっている。もちろん種による差、個体による差はあるが、人間に比べればはるかに安定した環世界を、出生と同時に獲得する。[7]

それに対し人間の場合は、出生後に非常に不安定な生を送る。「不安定」とはここで、環世界が日に日に変化していくことを意味する。形の認識、自己と他者の区別の認識、言語の獲得など、発達心理学や精神分析が明らかにしてきた通り、人間の発達はめまぐるしい環世界の変化、新しい環世界への移行を伴っている。

人間の出生は原則として早産であるらしい。人間の高度に発達した大脳は巨大化したため、十分に発達しきった段階では母胎の外に出ることができなくなってしまった。だから、不十分な発達段階のままで外に出てくるのである。

すると人間にとって、生き延び、そして、成長していくこととは、安定した環世界を獲得する過程として考えることができる。いや、むしろ、自分なりの安定した環世界を、途方もない努力によって、創造していく過程と言った方がよいだろう。

はじめて保育園や幼稚園、あるいは学校といった集団生活のなかに投げ込まれた子どもは強烈な拒否反応を示す。それは、それまでに彼ないし彼女が作り上げてきた環世界が崩壊し、新しい環世界へと移行しなければならないからである。これは極めて困難な課題である。だからしばしば失敗も起こる。

人間の環世界のなかで大きなウエイトを占めているのが、「習慣」と呼ばれるルールである。習慣というと、毎日の繰り返し、ある種の退屈さを思い起こすかもしれない。それこそラッセルは退屈を、「事件を望む気持ちがくじかれたもの」と定義していたが、習慣という言葉にはこのラッセルの定義に通ずるところがあるようにも思える。

しかし、人間の環世界が習慣に強い影響を受けるものであり、そしてそれぞれの環世界は途方もない努力によって獲得されねばならないのだとしたらどうだろう？　習慣に対する見方は一変するはずである。習慣とは困難な過程を経て創造され、獲得されるものだ。習慣はダイナミックなものである。

しかも、ひとたび習慣を獲得したとしても、いつまでもそこに安住はできない。習慣はたびたび更新されねばならない。学年が変われば、担任が変われば、学校が変われば、家族関係が変われば、友人が変われば、上司が変われば、同僚が変われば、習慣を更新しなければならない。私たちはたえまなく習慣を更新しながら、束の間《つかま》の平穏を得る。

肝試しと習慣

習慣をもうすこし環世界論に近づけて考えてみよう。環世界論の考え方から言えば、習慣を創造するとは、周囲の環境を一定のシグナルの体系に変換することを意味する。信号が赤なら止まり、青なら進むというように、生きている環境の全体を記号に変えていくのだ。

いつも通っている道であるのに、ある建物が壊されるともともとそれがどんな姿をしていたのか思い出せないことがしばしばある。それは、認識する必要のないものとしてその建物を処理していたからである。

はじめて訪れた街ではすべてが新しく、何もかもが目に入ってくる。そこに住んでいる人なら気にもとめないようなどうでもよいことでも気になる。

しかし、ひとたびそこに住み始めるなら、毎日の見慣れた風景にいちいち反応したりしない。周囲の環境をシグナルの体系に変換していくとはそういうことである。

なぜこのような変換が行われるのだろうか？　新しいものに出会うことは大変なエネルギーを必要とするからである。毎日、目に入ってくるすべてのものに反応しているととても疲れてしまう。[8] 習慣はその繁雑な手続きから人間を解放してくれる。

新しい環境に入っていくことは、たとえて言えば肝試しに似ている。肝試しの最中は、暗闇《くらやみ》のなかである。ものがよく見えない。そんななか、どこから何が出てくるのかが分からない。心身は緊張し、強烈なエネルギーが必要とされる。

だが同じ肝試しを何度も繰り返したらどうなるか？　当然怖くはなくなる。そしてエネルギー消費量が減る。肝試しのルートがシグナルに変換されてしまうからである。習慣とは、肝試しに慣れるためのルールのようなものだ。

考えること

しかし、現実の生活は肝試しとは違う。どこが違うのかといえば、肝試しの場合には「キャー」と言いながら決められたルートを通ることしかできないが、現実の生活では自分で考えて対応できるし、対応することを迫られるというところだ。「この先生は何をすると怒るのか？」「だれと仲良くなればいいか？」「このあたりはどこで買い物をすればよいのか？」新しい環境は人に考えることを強いる。そうやって考えるなかで、人は習慣を創造していく。習慣が獲得されれば、考えて対応するという繁雑な過程から解放される。習慣を創造するとは、環境を単純化されたシグナルの体系に変換することだから。

ここから、考えるということについて興味深い結論が引き出せるだろう。

しばしば世間では、考えることの重要性が強調される。教育界では子どもに考える力を身につけさせることが一つの目標として掲げられている。

だが、単に「考えることが重要だ」と言う人たちは、重大な事実を見逃している。それは、人間はものを考えないですむ生活を目指して生きているという事実だ。

人間は考えてばかりでは生きていけない。毎日、教室で会う先生の人柄が予想できないものであったら、子どもはひどく疲労する。毎日買い物先を考えねばならなかったら、人はひどく疲労する。だから人間は、考えないですむような習慣を創造し、環世界を獲得する。人間が生きていくなかでものを考えなくなっていくのは必然である。

ドゥルーズにおける「考えること」

この問題をすこし哲学的に考えてみよう。

ジル・ドゥルーズ［1925-1995］という哲学者は考えることについて次のように言っている。哲学者たちはこれまで、人間はものを考えることを好むと述べてきた。しかしそれはまったくの間違いである。人間はめったにものを考えたりなどしない。ならば人間はどういうときにものを考えるというのか？ ドゥルーズはこう答える。人間がものを考えるのは、仕方なく、強制されてのことである。「考えよう！」という気持ちが高まってものを考えるのではなくて、むしろ何かショックを受けて考える。[9] 考えることの最初にあって、考えることを引き起こすのは、何らかのショックである。ということは、考えることを引き起こすものは、けっして快適なものではない。ドゥルーズはそのショックのことを、「不法侵入」とも呼んでいる。[10]

どうして考えを引き起こすものが、ショックであり「不法侵入」なのだろうか？ ドゥルーズはそれ以上のことは述べていないが、私たちは先に見た習慣の理論からこれに明確に答えることができるだろう。

人は習慣を創造し、環世界を獲得していく。そうすることで周囲をシグナルの体系へと変換する。なぜそうするのかと言えば、ものを考えないですむようにするためである。四六時中新しいものに出会って考えていては生きていけない。

ならば逆に、人がものを考えざるを得ないのは、そうして作り上げてきた環世界に変化が起こったときであろう。つまり、環世界に何か新しい要素が「不法侵入」してきて、多かれ少なかれ習慣の変更を迫られる、そうしたときであろう。

そのときには、その新しい要素のことを考えて、対応しなければならない。何事も考えないですむように環世界を構築してきた人間としては、そのような「不法侵入」はショックであろう。

このように、ものを考えるとは、それまで自分の生を導いてくれていた習慣が多かれ少なかれ破壊される過程と切り離せない。

ハイデッガーの生きた環世界の崩壊

一つ興味深い例をあげよう。

ハイデッガーは晩年、宇宙から映し出された地球の映像を見て愕然《がくぜん》としたと言う。[11]

ドイツ語の Erde、また多少ニュアンスに違いはあるものの英語の earth やフランス語の terre には、「大地」という意味と、「地球」という意味がある。ハイデッガーにとって「大地 Erde」とは、すべてがその上で生起し、また消滅していく、生の条件そのものであった。ハイデッガーは二〇世紀の哲学者でありながらも、天動説に支配されたような環世界を生きて思索していた。

ところが、テレビに映った地球の映像は、その Erde が疑いもなく一つの物であるという事実をハイデッガーに突きつけた。ハイデッガーが生きた環世界のなかで、それまで大地（という条件）であったものが、地球（という物）になってしまったのだ。しかもそれがテレビ画面にすっきり収まっているのだ。これがハイデッガーの環世界への不法侵入であり、彼の大地観を破壊するショックでなくて何だろうか？

すこし大それた例をあげてしまったかもしれない。ここまで大袈裟《おおげさ》な例でなくてもよい。よくよく考えてみれば、私たちの周囲はそうした「不法侵入」に満ちている。なぜそう言えるのかと言えば、そもそも私たちの環世界が環境の単純化によって成立しているからである。

一度には処理しきれぬほどの情報が私たちの周囲を飛び交っている。たとえば大学に行く道の看板、キャンパスで会った知り合いの顔色、街路樹の色の変化、自転車のチェーンの具合、道端に落ちているチラシ。あらゆるものが自分の環世界のなかに「不法侵入」してくる可能性をもっている。

しかし、習慣の獲得によって、私たちはそうした「不法侵入」に対する盾を手に入れている。だから、周囲に満ち溢《あふ》れる、思考のきっかけから守られるのだ。繰り返すが、守られなければ生きていけないのである。

そして時折、その盾は十分に作用しないことがある。世界中の哲学者たちをうならせる哲学を紡《つむ》ぎ出したハイデッガーでさえ、自らが培《つちか》ってきた盾を破壊されることがあるのだ。

快原理

人間は考えないですむ方向に向かって生きていく。このことは人間の精神にとっての快とは何かを考えることでも説明できる。

精神分析学の創始者ジークムント・フロイト［1856-1939］は、人間の精神生活はあらゆる面において快をもとめる快原理によって支配されていると言っている。[12] 精神、正確に言えば無意識は、快をもとめ、不快を避ける。精神の複雑な動きも、その根源はこの単純な傾向性によって支配されている。

問題はここに言われる「快」が何かということである。それはたとえば「快楽」という言葉で想像するような激しい興奮状態のことではない。その正反対である。生物は興奮状態を不快と受け止める。生物は自らを一定の状態に保とうとする。だから一見したところでは不思議に思われるかもしれないが、生物にとっての快とは興奮量の減少であり、不快とは興奮量の増大なのである。生物はつまり、ある一定の状態にとどまることを快と受け止めるのだ。

そうするとすぐにこうした反論が出てくるだろう。性の快楽は人間が強くもとめる快楽であるが、これは興奮量の増大としか考えられないのではないか？　ならばフロイトの言う快原理はこの単純な事実と矛盾しているのではないか？

フロイト自身がこの反論をあげて、答えを出している。性の快楽は快原理と矛盾しないのである。なぜなら性の快楽は、高まった興奮を最大限度まで高めることで一気に解消する過程に他ならないからである。オルガズムを得ると、興奮は一気にさめ、心身は安定した状態を取り戻す（フロイトは性的絶頂の後の身体は死と似た状態にあるとも述べている）[13]。性の快楽はこの安定した状態への復帰のためにあるのだ。

人間は日常生活のなかで性的な興奮の高まりをどうしても避けられない。性の快楽はそれを一気に高めることで、そこから心身を解放する。つまりこれも、興奮量の減少を目指す、快原理とまったく矛盾しないのだ。

すこし話が逸《そ》れた。生物が興奮量の増大を不快に感じるという事実は、ここまで環世界論を通じて論じてきたことに一致する。習慣は人間を一定の安定した状態に保つ。何かを反復することで習慣が生じる——ということは、何かが快いからそれを反復するのではなくて、反復するから習慣が生じ、それによって快が得られるのである。[14]だが、快原理による説明はおそらく生物全般の一般的傾向としては正しいのだろうが、人間についてはさらに説明を追加しなければならない。なぜなら、この快の状態は、退屈という不快を否応《いやおう》なしに生み出すからである（なぜフロイトは快原理と退屈の関係を論じなかったのだろう?）。

人間は習慣を作り出すことを強いられている。そうでなければ生きていけない。だが、習慣を作り出すとそのなかで退屈してしまう。

先に、人間は気晴らしと退屈とが入り交じった、退屈の第二形式をおおむね生きていると述べた。そのことはここからも確認できるだろう。習慣を作らねば生きていけないが、そのなかでは必ず退屈する。だから、その退屈を何となくごまかせるような気晴らしを行う。人間は本性的に、退屈と気晴らしが独特の仕方で絡み合った生を生きることを強いられているのだとすら言いたくなる。

人間らしい生からはずれること

ここから最後にもう一度、退屈の三形式に話を戻そう。

まず確認しよう。ハイデッガーは退屈の第二形式と比べると、第一形式の方が自己喪失の度合いが高いと言っていた。そして第一形式の構造は、第三形式の構造と通底していることが明らかになった。

第一形式＝第三形式の構造において人は、何かの奴隷《どれい》になることで「なんとなく退屈だ」の声から自由になろうとしている。第二形式にはそのようなあり方は見あたらない。たしかに投げやりな態度はあるが、しかし、そこには自分に向き合う態度もある。しかもそれは「安定と均整」をもっている。

人間であるとは、概《おおむ》ね第二形式の退屈を生きること、そして時たま、第三形式＝第一形式に逃げてまた戻ってくることである。したがって、人間であることはつらい。人間であるとは退屈に向き合って生きることを意味するから。とはいえ、人類は退屈と向き合って生きていくための手段をさまざまに開発してきた。それをわたしたちはもっと発展させることができる。それをもっと享受《きょうじゅ》することができる。

だが、人間に残された可能性はそれだけではない。人間には更にもう一つの可能性がある。それは、つらい人間的生からはずれてしまう可能性である。どういうことか？

人間は容易に一つの環世界から離れて、別の環世界へと移行してしまうのだった。一つの環世界にひたっていられない。故《ゆえ》に、第二形式のような気晴らしと退屈の絡《から》み合ったものを生きる。退屈しつつも、さまざまな気晴らしを恒常的に自らに与える。今日は映画に行き、明日はパーティーに行く。パーティーでは食事が出され、次は音楽、そして葉巻も配られる。退屈さもそれなりにはあるが、楽しさもそれなりにある。これが人間らしい生である。

しかしこの人間らしい生が崩れることがある。何らかの衝撃によって己の環世界を破壊された人間が、そこから思考し始める時である。世界を揺るがすニュースでもいい、身近な出来事でもいい、芸術作品でもいい、新しい考えでもいい。環世界に「不法侵入」してきた何らかの対象が、その人間を摑《つか》み、放さない。その時、人はその対象によって〈とりさらわれ〉、その対象について思考することしかできなくなる。

考えるとは何かによって〈とりさらわれ〉ることだ。その時、人はその対象によってもたらされた新しい環世界のなかにひたる他なくなる。

そして、衝動によって〈とりさらわれ〉て、一つの環世界にひたっていることが得意なのが動物であるのなら、この状態を〈動物になること〉と称することができよう。人間は〈動物になること〉がある。

退屈することを強く運命付けられた人間的な生。しかしそこには、人間らしさから逃れる可能性も残されている。それが〈動物になること〉という可能性である。

人間的自由の本質

人間はおおむね退屈の第二形式の構造を生きていると指摘することの重要性がここから出てくる。そこには投げやりな態度もある。だが同時に、自分に向き合う態度もある。つまりそこには、考えることの契機となる何かを受け取る余裕がある。

それに対し第三形式＝第一形式への逃避は、非常に恐ろしい事態を招く。そこに逃げ込んでしまうと、ものを考えることを強いる対象を受け取れなくなってしまうからである。

思いだそう。第一形式では、ある特定のものが言うことを聞いてくれないが故に、人は退屈し、空虚のなかに放置された。しかし、ハイデッガー自身が言っていたように、あの田舎駅の周りは空虚ではないのだ。駅舎も街道も街路樹もある。そこにはそれまで自分が生きてきた環世界に「不法侵入」するものが存在しているかもしれないのだ。

この町ではこんな食べ物があるのか……。あれ、なんで商店街がどこも閉まっているのだろう？　こんなにキレイな街なのに……。人も親切だ。でも、こんなに商店が閉まっているなら、生活は苦しいんじゃないだろうか。都会にいて、ニュースでは知っていたけど、地方の商店街が苦しいってのはこういうことなのか……。

もちろんこれは一例である。街に関心をもっているのに何も受け取れないということも十分あり得る。しかし、第三形式＝第一形式に逃げ込んだ人間は、受け取れる可能性のある対象すら受け取れないのだ。奴隷になってしまっているからだ。

ここで誤解してはならない。人間は習慣なくしては生きられない。人間はどうあっても、気晴らしと退屈の混じり合った生を生きざるを得ない。だから、この条件を超越して、考えることのきっかけをすべて受け取ろうと考えたり、人に「目を開け！」「耳を凝《こ》らせ！」などと強制してはならない。それは「人間は世界そのものを受け取ることができる」という信念の裏返しである。そしてその信念は人間の奴隷化に帰する。

人間が環境をシグナルの体系へと変換して環世界を形成すること、つまり、さまざまなものを見たり聞いたりせずに生きるようになることは当然である。大切なのは、退屈の第三形式＝第一形式の構造に陥らぬようにすること、つまり奴隷にならないことである。

人間にとって、考えること、〈動物になること〉が可能であることの根拠は、おそらく前章で見た環世界間移動能力にある。人間はその他の動物に比して極めて高度な環世界間移動能力をもつ。繰り返すが、動物にも環世界間移動は可能である。しかし人間はその他の動物とは比べものにならないほどこの能力を発展させてきた。

人間は自らの環世界を破壊しにやってくるものを、容易に受け取ることができる。自らの環世界へと「不法侵入」を働く何かを受け取り、考え、そして新しい環世界を創造することができる。この環世界の創造が、他の人々にも大きな影響を与えるような営みになることもしばしばである。たとえば哲学とはそうして生まれた営みの一つだ。

しばしば幸運な例外もあるだろうが、人間はおおむね人間的な生を生きざるを得ない。だが、人間にはまだ人間的な生から抜け出す可能性、〈動物になること〉の可能性がある。もちろん、人間は後に再び人間的な生へと戻っていかざるを得ない。人間は習慣を求めるし、習慣がなければ生きていけないのだから。だが、ここにこそ人間的自由の本質があるのだとしたら、それはささやかではあるが、しかし確かな希望である。あるときに人間が開けてしまった退屈という名のパンドラの箱にはたしかに希望が残っているのである。

結論

〈暇と退屈の倫理学〉の試みに、ここでさしあたりの結論を出さねばならない。

この試みがさまざまな分野を経由しながら進んできたことからお分かりいただけるとおり、暇と退屈という問題は実に多くの分野と関わりをもっている。だからこの問題については、哲学や倫理学はもちろんのこと、考古学、歴史学、人類学、経済学、政治学、社会学、心理学、精神分析学、文学、さらには、生物学や医学なども含めたさまざまな学問分野の知見を活《い》かして、今後もさらなる検討が加えられていかねばならない。

筆者としてはこの試みが今後さまざまな分野で引きつがれていくことを期待している。それを述べたうえで、本書の結論を提示しておきたい。結論は三つある。順に説明していこう。

一つ目の結論

本書は〈暇と退屈の倫理学〉と題されている。倫理学であるから、やはり、何をなすべきかが言われねばならないだろう。倫理学とは、いかに生きるべきかを問う学問であるから。しかし、本書が一つ目の結論として掲げたいのは、こうしなければ、ああしなければ、と思い煩《わずら》う必要はない、というものである。

これは、「あなたはいまのままでいい」とか「あなたはあなたのままでいい」とか「いまのままのあなたを皆が認めるべきだ」とか、そういったことでは断じてない。その正反対である。

いまこの結論を読んでいるあなたは本書を通読した。本書を通読することによって、暇や退屈についての新しい見方を獲得した。暇や退屈がなぜ人を苦しめるのかを理解し、それらを人類史のなかに位置づけ、暇や退屈を考えるうえで注意しなければならない諸点について知識を得、暇や退屈について論じられてきたことを知り、〈暇と退屈の倫理学〉が向かうべき方向を見た。

それこそが〈暇と退屈の倫理学〉の第一歩である。自分を悩ませるものについて新しい認識を得た人間においては、何かが変わるのである。本書を読むこと、ここまで読んできたことこそ、〈暇と退屈の倫理学〉の実践の一つに他ならない。

だから、正確には、あなたは既に何事かをなしている、と言うべきかもしれない。あなたはいまこれから〈暇と退屈の倫理学〉を実践し始めるのではなく、もうその実践のただなかにいる。

スピノザと分かることの感覚

この点を敷衍《ふえん》し、残りの結論への橋渡しをするために、一人の哲学者の考えを紹介しておこう。

スピノザ［1632-1677］という哲学者がいる。彼は真理やその理解についてとてもおもしろいことを考えた。私たちは何かを理解することがある。「分かった！」と思えるときがある。そのとき、もちろんその対象のことを理解したわけである。たとえば、数学の公式の説明を受けてそのような感覚を得たのなら、その公式を理解できたわけである。

しかしそれだけではない。人は何かが分かったとき、自分にとって分かるとはどういうことかを理解する。「これが分かるということなのか……」という実感を得る。人はそれぞれ物事を理解する順序や速度が違う。同じことを同じように説明しても、だれしもが同じことを同じように理解できるわけではない。だから人は、さまざまなものを理解していくために、自分なりの理解の仕方を見つけていかなければならない。

どうやってそれを見つけていけばよいか？　特別な作業は必要ではない。実際に何かを理解する経験を繰り返すことで、人は次第に自分の知性の性質や本性を発見していくのである。なぜなら、「分かった」という実感は、自分にとって分かるとはどういうことなのかをその人に教えるからである。スピノザは理解という行為のこのような側面を指して「反省的認識」と呼んだ。[1]認識が対象だけでなく、自分自身にも向かっている（反省的）からである。

だから大切なのは理解する過程である。そうした過程が人に、理解する術《すべ》を、ひいては生きる術を獲得させるのだ。

逆に、こうした過程の重要性を無視したとき、人は与えられた情報の単なる奴隷《どれい》になってしまう。こうしなければならないからこうするということになってしまう。たとえば、数学の公式の内容や背景を理解せず、これに数値をあてはめればいいとだけ思っていたら、その人はその公式の奴隷である。そうなると、「分かった！」という感覚をいつまでたっても獲得できない。したがって、理解する術も、生きる術も得られない。ただ言われたことを言われたようにすることしかできなくなってしまう。[2]

なぜ結論だけを読むことはできないか？

本書の結論についても同じことを言わねばならない。以下、これまでに得られた成果をまとめ直し、〈暇と退屈の倫理学〉が向かう二つの方向性を結論として提示する。ただし、それら二つの結論は、本書を通読するという過程を経てはじめて意味をもつ。論述を追っていく、つまり本を読むとは、その論述との付き合い方をそれぞれの読者が発見していく過程である。本書は暇と退屈について述べてきた。しかし、同じことを同じように説明しても、だれもが同じことを同じように理解するわけではない。

たとえば、本書でパスカルの気晴らしについての議論を紹介した。自分だったらあのときのあの行動はウサギ狩りと似たようなものだったかもしれないな、と思うことができれば、彼の議論は実に身近になる。本書の後半ではハイデッガーの退屈論を細かく検討した。なんでハイデッガーはパーティーに出かけてもあんな風に退屈しているんだろうか、と思うことができれば、ハイデッガーの議論に距離をとって読み進めることができる。もちろんハイデッガーに同感しながら読み進めてもよい。

読者はここまで読み進めてきたなかで、自分なりの本書との付き合い方を発見してきたはずだ（もしそれが発見できなかったなら、ここまで通読するのは難しかったであろう）。それが何よりも大切なのである。それが暇と退屈というテーマの自分なりの受け止め方を涵養《かんよう》していく。それこそが一人一人の〈暇と退屈の倫理学〉を開いていく。そうやって開かれた一人一人の〈暇と退屈の倫理学〉があってはじめて、本書の結論は意味をもつ。

したがって、以下の結論だけを読んだ読者は間違いなく幻滅するであろう。また同じ意味で、本書の結論だけを取り上げて、そこに論評や非難を浴びせることも無意味である。論述の過程を一緒に辿《たど》ることで主体が変化していく、そうした過程こそが重要であるのだから。

以下に掲げられる結論はどちらも、それに従えば退屈は何とかなるという類《たぐい》のものではない。その方向性へと向かう道を、読者がそれぞれの仕方で切り開いていくことになる、そういう類の結論である。[3]

二つ目の結論

以上を前提として導き出される二つ目の結論、それは、贅沢を取り戻すことである。贅沢《ぜいたく》とは浪費することであり、浪費するとは必要の限界を超えて物を受け取ることであり、浪費こそは豊かさの条件であった。

現代社会ではその浪費が妨げられている。人々は浪費家ではなくて、消費者になることを強いられている。物を受け取るのではなくて、終わることのない観念消費のゲームを続けている。

浪費は物を過剰に受け取ることだが、物の受け取りには限界があるから、それはどこかでストップする。そこに現れる状態が満足である。

それに対して、消費は物ではなくて観念を対象としているから、いつまでも終わらない。終わらないし満足も得られないから、満足をもとめてさらに消費が継続され、次第に過激化する。満足したいのに、満足をもとめて消費すればするほど、満足が遠のく。そこに退屈が現れる。

これこそが現代の消費社会によって引き起こされる退屈の姿であり、本書ではこれを疎外《そがい》と呼んだ。

いかにしてこの状態を脱したらよいだろうか？　消費行動においては人は物を受け取らない。だから消費が延々と続く。ならば、物を受け取れるようになるしかない。物を受け取ること、それこそが贅沢への道を開く。

楽しむための訓練

しかし、そこにはいくつか課題がある。ここに言う〈物を受け取ること〉とは、その物を楽しむことである。たとえば、衣食住を楽しむこと、芸術や芸能や娯楽を楽しむことである。

楽しむことは、しかし、けっして容易ではない。容易ではないから、消費社会がそこにつけ込んだのである。

ラッセルはこんなことを言っている。「教育は以前、多分に楽しむ能力を訓練することだと考えられていた」[4]。ラッセルがこう述べることの前提にあるのは、楽しむためには準備が不可欠だということ、楽しめるようになるには訓練が必要だということである。

食を例にとろう。食を楽しむためには明らかに訓練が必要である。複雑な味わいを口のなかで選り分け、それをさまざまな感覚や部位（口、舌はもちろん、喉《のど》、鼻、更には目や耳、場合によっては手など全身）で受け取ることは、訓練を経てはじめてできるようになることだ。こうした訓練を経ていなければ、人は特定の成分にしかうまみを感じなくなる。

たしかに私たちは毎日食べている。しかし、実は食べてはいないかもしれない。単なる栄養として物を口から摂取しているかもしれない。あるいは、おいしいものをおいしいと感じているのではなくて、おいしいと言われているものをおいしいと言うために口を動かしているかもしれない。

もしそうならば、私たちは食べることができるようにならねばならない。

日常的な快

食は〈物を受け取ること〉についての最も日常的な例である。私たちの最も身近なところにある楽しみである。それを例にあげたのには訳がある。「楽しむためには訓練が必要だ」と言うと、どうもハイカルチャーのことが想像されてしまうきらいがある。実際、ラッセルは食のような楽しみのことは考えていない。彼は上の引用文に付け加えて、訓練を必要とする楽しみとは、すなわち、「てんで教養のない人たちには縁のない繊細な楽しみである」と述べている（こういうところがラッセルという哲学者の限界である）。

ラッセルが言っていることは間違いではない。古典文学を楽しむためには、相当な訓練が必要である。ギリシャ語が読めなければ、ギリシャ語で書かれた古典文学は楽しめない。漢文が読めなければ、漢詩は楽しめない。

絵画や音楽でも同じである。抽象表現主義の絵画をいきなり見ても、どでかいキャンヴァスに原色が塗られているだけで何が何だか分からない。しかし、そうした絵画が出てきた歴史を知るなら、それらを楽しむことができるようになる。音楽も同じだ。

そうした楽しみがもっともっと享受《きょうじゅ》されるようになることは大変望ましいことである。しかし、訓練が必要なのは別に「教養」を必要とする娯楽だけではないのだ。食のような身体に根ざした楽しみも同じく訓練を必要とするのである。[6] 本書はだからこそ、そのような日常的な楽しみに、より深い享受の可能性があることを強調したいのである。

再びパーティーについて

ハイデッガーが掲げた退屈の第二形式の事例、あのパーティーの場面を思い出して欲しい。あのパーティーでは周囲の何もかもが面白く、愉快であった。そんななかで周囲に調子を合わせているあり方にハイデッガーは付和雷同の態度を見出《みいだ》し、空虚が自己のなかで育成すると述べた。

しかし、あの場にあるのはそれだけだっただろうか？　パーティーでは食事が出されていた。音楽が流れていた。そして葉巻があった。ハイデッガーはなぜそれらについてもっと語らなかったのだろうか？　いや、そもそも、なぜハイデッガーはそれらを楽しめなかったのか？

葉巻はシガレットとは異なり、タバコの葉の芳醇《ほうじゅん》な香りを残している。葉巻はニコチンを摂取する手段というよりは、その香りを楽しむためのもの、お香のようなものだ。その香りには日中の仕事の疲れを癒《いや》し、人を穏やかな気分にさせる効果がある。ハイデッガーはなぜその葉巻を楽しみ、講義で疲れた自分の体を癒そうとしなかったのか？

食事はどうだったのだろう？　「慣例通りの食事」とハイデッガーは言っていた。しかし、慣例通りとは結局どういうことなのか？　アペリティフやオードブルから食事が始まるということだろうか？　食事の内容は実際はどうだったのだろうか？　不味《ま》かったなら不味《ず》かったでいい。美味《おい》しかったならもうけものだ。とにかく不思議なのは、ハイデッガーがその食事についてきちんとした判断を下さないことである。音楽についてもそうだ。

要するに、あの場でハイデッガーが退屈したのは、彼が食事や音楽や葉巻といった物を受け取ることができなかったから、物を楽しむことができなかったからに他ならない。そしてなぜ楽しめなかったのかと言えば、答えは簡単であって、大変残念なことに、ハイデッガーがそれらを楽しむための訓練を受けていなかったからである。

消費社会と退屈の第二形式

人間であるとは、おおむね退屈の第二形式を生きること、つまり、退屈と気晴らしとが独特の仕方で絡《から》み合ったものを生きることであった。そして、何かをきっかけとしてそのなかの退屈がせり出してきたとき、人は退屈の第三形式＝第一形式へと逃げ込むのだった。

ならばこう言えよう。贅沢を取り戻すとは、退屈の第二形式のなかの気晴らしを存分に享受することであり、それはつまり、人間であることを楽しむことである、と。

退屈の第二形式はハイデッガー退屈論の実にすぐれた発見である。この点はどれだけ強調しても強調しすぎることはない。私たちはいま、ハイデッガーの推奨した決断主義とは異なる結論を論じているけれども、それが可能であるのは、ハイデッガーがこの第二形式を発見してくれたからでもある。

この退屈の第二形式という概念を使えば、消費社会についてもさらに別様の定義が可能である。つまり消費社会とは、退屈の第二形式の構造を悪用し、気晴らしと退屈の悪循環を激化させる社会だと言うことができる。

人間はおおむね気晴らしと退屈の混じり合いを生きている。だから退屈に落ち込まぬよう、気晴らしに向かうし、これまでもそうしてきた。消費社会はこの構造に目をつけ、気晴らしの向かう先にあったはずの物を記号や観念にこっそりとすり替えたのである。それに気がつかなかった私たちは、物を享受して満足を得られるはずだったのに、「なんかおかしいなぁ」と思いつつも、いつの間にか、終わることのない消費のゲームのプレイヤーにさせられてしまっていたのだ。浪費家になろうとしていたのに、消費者になってしまっていたのだ。

人類は気晴らしという楽しみを創造する知恵をもっている。そこから文化や文明と呼ばれる営みも現れた。だからその営みは退屈の第二形式と切り離せない。ところが消費社会はこれを悪用して、気晴らしをすればするほど退屈が増すという構造を作り出した。消費社会のために人類の知恵は危機に瀕している。

モリス、芸術、社会変革

序章で名前をあげたウィリアム・モリスのことを思い出していただきたい。彼は、「明日革命が来たらどうしよう」と思いながら、「革命後」の豊かな生活について考えを巡《めぐ》らせていたのだった。彼は芸術が民衆のなかに入っていかなければならないと考えた。

それはかつての貴族の持ち物が単に民衆に手渡されるということではない。生活のなかに芸術が入っていくこと、つまり、日用品、生活雑貨、家具、住宅、衣服等々、民衆が日常的に触れるもののなかに芸術的価値が体現されることだ。それが「民衆の芸術」である（モリスは言及していないのだが、ここに食も付け加えることができるだろう）。

　そのときに現れる生活とは、そのなかに生きる私たち一人一人が、そうした芸術作品を味わうことのできる生活である。楽しむためには訓練が必要だと言ったが、おそらくモリスの構想のなかでは、その訓練が生活のなかで日常的に行われるのである。なぜなら人は毎日芸術的な価値に触れることになるからである。たとえば、味わうに値する食事を口にすることになるからである。

　人はパンのみにて生きるにあらずと言う。いや、パンも味わおうではないか。そして同時に、パンだけでなく、バラももとめよう。人の生活はバラで飾られていなければならない。

　人の生活がバラで飾られるようになれば、人間関係も産業構造もすこしずつ変化していくだろう。非正規雇用を構造的に要請するポスト・フォーディズム的生産体制も見なおしを余儀なくされるだろう。それは大きな社会変革につながる。〈暇と退屈の倫理学〉は革命を目指してはいない。だが、社会総体の変革を目指している。

三つ目の結論

二つ目の結論が、人間らしい生、すなわち退屈との共存を余儀なくされた生をどう生きていくかという問いに関わっていたとすれば、三つ目の結論は、その生からはずれていくことに関わっている。

ハイデッガーは動物は〈とらわれ〉という一種の麻痺《まひ》状態にあり、人間はそうではないと言った。動物は特定の衝動から自由になることができないが、環世界を生きているわけではない人間はそうではない、と。退屈することは人間が自由であることの証《あか》しであるとされ、そこから決断によって退屈を人間的自由へと反転させる論理が導きだされた。

しかし、動物が〈とらわれ〉の状態にあるというのも、人間が環世界を生きてはいないというのも間違いである。環世界を生きることは〈とらわれ〉の状態にあることを意味しない。そして人間も動物も環世界を生きている。

とはいえ、人間がその他の動物と全く同じかといえば、そういう訳でもなかった。人間は他の動物に比べ、相対的に、しかし相当に高い環世界間移動能力を持っている。そしてこの事実こそ、人間であることのつらさの原因でもあった。なぜならそれは、人間が一つの環世界にひたっていることができず、容易に退屈してしまうことを意味するからだ。

人間が人間らしく生きることは退屈と切り離せない。ならば、こう考えられるはずである。人が退屈を逃れるのは、人間らしい生活からはずれた時である、と。そして、動物が一つの環世界にひたっている高い能力をもち、何らかの対象にとりさらわれていることがしばしばであるのなら、その状態は〈動物になること〉と称することができよう。

〈動物になること〉の日常性

人間は高度な環世界間移動能力をもち、複数の環世界を移動する。だから一つの環世界にとどまること、そこにひたっていることができない。これが人間の退屈の根拠であった。

だが、人間はその環世界間移動能力を著しく低下させる時がある。どういう時かと言えば、それは、何かについて思考せざるを得なくなった時である。人は、自らが生きる環世界に何かが「不法侵入」し、それが崩壊する時、その何かについての対応を迫られ、思考し始めるのだった。思考する時、人は思考の対象によってとりさらわれる。〈動物になること〉が起こっている。「なんとなく退屈だ」の声が鳴り響くことはない。

しかし、思い出そう。習慣という人間の環世界を大きく支配するルールを分析して分かったのは、環世界の崩壊と再創造は日常的に起こっているという事実だった。そう、現実は刻々と変化するのであり、全く同じ習慣を同じように適用することで生きていけるはずがない。人は日常的に環世界を再創造している。

ということはつまり、私たちは実は日常的に〈動物になること〉を経験していることになる。それは決して特別なことではない。それに、考えてみればそれも当たり前ではないだろうか？ 退屈している状態にどっぷりと浸《つ》かり続けることはむしろ困難である。「なんとなく退屈だ」の声は、ふと聞こえるのであって、その声がたえまなく耳元で大音量で流れている状態など考えられない。〈動物になること〉はありふれているのだ。

楽しむことと思考すること

しかし、それでも私たちはしばしば退屈する。なぜなら、人間は高い環世界間移動能力を持っているからだ。何かにとりさらわれても、すぐにそこから離れてしまう。

環世界に何かが「不法侵入」しても、すぐさまそれを習慣によって見慣れたものにしてしまう。

ならばどうすればよいか？　より強いとりさらわれの対象を受け取れるようになるしかない。習慣化によってすぐさま対応できる「不法侵入」ではない何かにとりさらわれるようになるしかない。

だが、それはいかにして可能だろうか？

ここで第三の結論は折れ曲がり、第二の結論に向かっていく。

既に何度も述べたように、人間はおおむね退屈の第二形式を生きている。人間らしい生活とは、そのなかで退屈を時折感じつつも、物を享受し、楽しんでいる、そういった生活である。

ハイデッガーが述べていた通り、そこには「安定と均整」があるのだった。つまり余裕がある。

人は決断して奴隷状態に陥るなら、思考を強制するものを受け取れない。しかし、退屈を時折感じつつも、物を享受する生活のなかでは、そうしたものを受け取る余裕をもつ。

これは次のことを意味する。楽しむことは思考することにつながるということである。なぜなら、楽しむことも思考することも、どちらも受け取ることであるからだ。人は楽しみを知っている時、思考に対して開かれている。

しかも、楽しむためには訓練が必要なのだった。その訓練は物を受け取る能力を拡張する。これは、思考を強制するものを受け取る訓練となる。人は楽しみ、楽しむことを学びながら、ものを考えることができるようになっていくのだ。

これは少しも難しいことではない。

食べることが大好きでそれを楽しんでいる人間は、次第に食べ物について思考するようになる。美味しいものが何で出来ていて、どうすれば美味しくできるのかを考えるようになる。映画が好きでいつも映画を見ている人間は、次第に映画について思考するようになる。これはいったい誰が作った映画なのか、なぜこんなにすばらしいのかを考えるようになる。他にいくらでも例が挙げられよう。

こうして考えると、〈動物になること〉という第三の結論は、〈人間であること〉を楽しむことという第二の結論を、その前提としていることが分かるのである。

待ち構えること

先にスピノザの反省的認識の話をした。人は物事を理解しながら、理解するとはどういうことなのかを学んでいくのだった。楽しみについても同じようなことが言える。当たり前のことだが、どんなにすばらしいものであっても、誰もがそれにとりさらわれるわけではない。ならば自分はいったい何にとりさらわれるのか？　人は楽しみながらそれを学んでいく。

思考は強制されるものだと述べたジル・ドゥルーズは、映画や絵画が好きだった。彼の著作には映画論や美術論がある。そのドゥルーズは、「なぜあなたは毎週末、美術館に行ったり、映画館に行ったりするのか？　その努力はいったいどこから来ているのか？」という質問に答えてこう言ったことがある。「私は待ち構えているのだ」[7]。ドゥルーズは自分がとりさらわれる瞬間を待ち構えている。〈動物になること〉が発生する瞬間を待っている。そして彼はどこに行けばそれが起こりやすいのかを知っていた。彼の場合は美術館や映画館だった。

彼が使った「待ち構える être aux aguets」という表現は、動物が獲物《えもの》を待ち構えるという意味をもつ。動物はどこに行けば獲物が捕らえやすいかを知っている。本能によって、経験によって、それを知っている。人間の場合、ここでは本能をあてにすることはできない。少しずつ学んでいくしかない。そして第二の結論で述べたように、楽しむことの訓練は日常生活のなかで果たしうる。

自分にとって何がとりさらわれの対象であるのかはすぐには分からない。そして、思考したくないのが人間である以上、そうした対象を本人が斥《しりぞ》けていることも十分に考えられる。

しかし、世界には思考を強いる物や出来事があふれている。楽しむことを学び、思考の強制を体験することで、人はそれを受け取ることができるようになる。〈人間であること〉を楽しむことで、〈動物になること〉を待ち構えることができるようになる。これが本書『暇と退屈の倫理学』の結論だ。

〈暇と退屈の倫理学〉の次なる課題――暇の「王国」に向かって

さて、本書にとっての最初の問いは、どうしても退屈してしまう人間の生とどう向き合って生きていくかということだった。それに対し、〈人間であること〉を楽しみ、〈動物になること〉を待ち構えるという結論が導きだされた。

この結論は、もちろん、最初の問いに答えたものである。しかし、ここまでの本書の歩みとこの結論とを並べてみると、この問いとは別の方向性が見えてくる。どういうことかと言うと、楽しむことを知り、思考させられ、待ち構えることができるようになった人間のなかでは、この能力が、退屈とどう向き合って生きていくべきかという問いを離れ、別の方向へと拡張されていくのではないかと言いたいのである。それを最後に述べて本論を閉じたい。

何かおかしいと感じさせるもの、こういうことがあってはいけないと感じさせるもの、そうしたものに人は時折出会う。自分の環世界ではあり得なかったそうした事実を前にして、人は一瞬立ち止まる。そして思考する。しかし、それを思考し続けることはとても難しい。なぜなら、人は思考するのを避けたいからである。

けれど、〈動物になること〉をよく知る人なら、何かおかしいと感じさせるものを受け取り、それについて思考し続けることができるかもしれない。そして、そのおかしなことを変えていこうと思うことができるかもしれない。

退屈と気晴らしが入り交じった生、退屈さもそれなりにはあるが、楽しさもそれなりにある生、それが人間らしい生であった。だが、世界にはそうした人間らしい生を生きることを許されていない人たちがたくさんいる。戦争、飢饉《ききん》、貧困、災害──私たちの生きる世界は、人間らしい生を許さない出来事に満ち溢《あふ》れている。にもかかわらず、私たちはそれを思考しないようにして生きている（ドゥルーズはこう言っている。「私たちは、自分の時代と恥ずべき妥協をし続けている。この恥辱の感情は、哲学の最も強力な動機のひとつである」[8]）。

退屈とどう向き合って生きていくかという問いはあくまでも自分に関わる問いである。しかし、退屈と向き合う生を生きていけるようになった人間は、おそらく、自分ではなく、他人に関わる事柄を思考することができるようになる。それは〈暇と退屈の倫理学〉の次なる課題を呼び起こすだろう。すなわち、どうすれば皆が暇になれるか、皆に暇を許す社会が訪れるかという問いだ。

マルクスは「自由の王国」の根本的条件は労働日の短縮であると言っていた。誰もが暇のある生活を享受する「王国」、暇の「王国」こそが「自由の王国」である。誰もがこの「王国」の根本的条件にあずかることのできる社会が作られねばならない。そして、物を受け取り、楽しむことが贅沢であるのなら、暇の「王国」を作るための第一歩は、贅沢のなかからこそ始まるのだ。

あとがき

もう二〇年も前のことになる。

高校生だった俺は、夏休みにアメリカ合衆国のコロラド州に一カ月間滞在した。ホームステイだった。

はじめて海外に行ったのがこのときで、何もかもが新鮮だった。自分専用のバスルームが与えられたことに驚き、お昼の弁当に必ずポテトチップがつくことに驚き、ホストファミリーの少年が湾岸戦争の開始を擁護していることに驚いた。

ある時、女の子の三人組と知り合いになった。彼女たちはいたく敬虔《けいけん》なクリスチャンだった。彼女たちは俺を聖書の勉強会に連れて行った。確か、近くの牧師の自宅の一室だったと思う。

俺はそれまで聖書を手に取ったことすらなかった。聖なる書物だというのに、彼女たちが持っている聖書の文面がそれぞれ微妙に異なっているのが不思議でならなかった。しばらくして、それらが翻訳だからだということに気がついた。

　牧師は聖書の一節を解説した。そしてそれが終わると、「一緒に祈りましょう」と言った。

　その時、俺は口を開いた。

「なぜ祈るのか?」

　牧師の答えは覚えていない。しかし、俺はこう言ったのを覚えている。

「アフリカでは人が飢えで死んでいる。なのに祈るだけなのか?」

　別にけんか腰で言ったわけではなかったと思う。ただ、祈るという行為が不思議だったのだ。

　勉強会が終わったあと、俺をそこに連れてきた女の子の一人と話をした。

「コーイチローはいったいどういう考えを持っているのか? 仏教の考えなのか?」

　確かそんなことを聞かれた。

「俺は仏教徒ではない。俺はいま自分のフィロソフィーをつくっているところだ」

　そう答えたのをはっきり覚えている。それは俺が人に向かって「フィロソフィー」と口にしたはじめての場面だった。

　彼女はそれを説明してくれと言った。俺は、いまつくっているのだからまだ説明はできないと言った。

別に哲学に詳しい高校生だったわけではない。哲学の本など読んだことはなかった。だから、あの時に「フィロソフィー」という言葉が自然と口から出てきたことは、自分でもどこか不思議だった。

この本を書き上げてみて、これはあの時に言った「フィロソフィー」かもしれないと思った。別に二〇年の間、同じ問題を考え続けてきたわけではない。そうではなくて、「俺はこういうことを考えているんだ。君はどう思う?」と手渡せるものができたという意味である。

この本で取り上げた問題は何よりも自分自身が抱いていた悩みだった。〈暇と退屈の倫理学〉という言葉を思いついたのは本当にずっと後のことだが、とにかく本文で取り上げた退屈の苦しさを自分もずっと感じていた。しかし、それを考察してみることはなかなかできなかった。

斜に構えて世間をバカにし、この悩みをやり過ごそうとしたこともあった。誰かのせいにしたこともあった。決断しかないと思い込んだこともあった。不満のはけ口を求めて、周囲にやたらとくってかかっていたこともあった。

だが、ある時にこの自分の悩みを考察の対象にすることができるようになった。確か大学院の博士課程に入る頃だったと思う。どうしてそういうことができるようになったのか、自分でもよく分からなかったのだが、いま考えてみると、ある程度勉強したからだと思う。哲学とか思想とかいった分野のことをすこしだが勉強して、自分の悩みとどう向き合っていけばよいかが分かってきたのである。勉強というのはなんとすばらしいものであろうか。

そうやって始めた考察を今の段階でまとめてみたのが本書である。この本は人に「君はどう思う?」と聞いてみるために書いた。自分が出した答えをいわば一枚の画として描き、読者のみなさんに判断してもらって、その意見を聞いてみたいという気持ちで書いた。だから、意見をお伝えいただけるととてもうれしく思う。

本の後書きには多くの場合、担当してくれた編集者の方について、その方がいなければ本書は書き上がらなかっただろうという趣旨のことが書いてある。俺はこの本の編集を担当してくださった赤井茂樹さんに対してそれ以上のことを書きたいと思う。

赤井さんとの仕事は当初、全く別の内容の本になるはずであった。しかしそれがどうしても書けず、思い悩んだあげくに、以前から構想だけはしていた〈暇と退屈の倫理学〉というテーマに思い至り、とりあえず序文を書いて赤井さんにお見せした。このテーマでやり直させて欲しいとお願いした。

赤井さんは勝手な提案を快く受け入れてくださった。それだけではなかった。序文は硬い論文調で書かれていたが（序文はレーニンの『帝国主義論』を論じるところから始まっていた）、このような文体ではもったいない、より多くの人に読んでもらえるような工夫をしていきましょう、とご提案くださった。

書いたり、書き直したりした文章を赤井さんにお送りし、毎回、感想や提案をいただいたことがどれだけ励みになったか分からない。本当に心からお礼を言いたい。

本書は、明治学院大学フランス文学科、多摩美術大学芸術学科、高崎経済大学経済学部の各大学で行った講義がもとになっている。講義の場を与えてくださった大学の関係者の方々に改めて感謝したい。そして、講義を受講してくれた学生たちにありがとうと言いたい。学生たちが示してくれた共感は、「暇と退屈の倫理学」というテーマの仕事を継続していく上での大きな支えであった。

ある時、本書でも取り上げた「定住革命」の話をした。いつもジャージ姿、いかにも「部活の帰りに寄ってるだけ」で、授業中は寝てばかりだった女子学生が、突然目を開いて真剣に授業を聞き出し、授業終了後に長い感想文を提出した。その学生は学期末にホイジンガの『ホモ・ルーデンス』を論じたすばらしいレポートを書いてきた。ある時はサミュエル・ベケットの『ゴドーを待ちながら』を取り上げた。この作品を上演したDVDが見つからなかったので、しかたなく俺が朗読した。学生たちはゲラゲラと笑っておもしろがった。ベケットなど名前も聞いたことがない、文学など全く関心がないといった風情《ふぜい》の学生たちが、次の週、配付したプリントを全部読んできた。

ゼミナール形式でハイデッガーの『形而上学《けいじじょう》の根本諸概念』を読んでいた時には、ある学生が「どうしても退屈の第二形式が分からない」と言ってきた。彼は、なぜハイデッガーがパーティーに際して退屈するのかが分からずに悩んでいた。しかし、向かいに座っていた女子学生は、いや、ハイデッガーの言うこの退屈は自分にはよく分かると真剣な目をしてつぶやいた。

すばらしい研究や芸術作品や哲学は、人に訴えかける力をもっている。それを教えてくれたのは学生たちである。

本書がそうした研究や芸術作品や哲学との出会いの一助になることを願っている。

二〇一一年九月　國分功一郎

注

序章「好きなこと」とは何か？

1 「私見では、西欧諸国の最も知的な青年たちは、自分の最もすぐれた才能を十分に発揮できる仕事が見つからないことに起因する不幸に陥りがちであることを認めなければならない。しかし、東洋諸国では、そういうことはない。今日、知的な青年たちは、世界じゅうのどこよりも、たぶんロシアにおいて最も幸福である。そこには、創造すべき新世界があり、新世界を創造する際に拠《よ》るべき熱烈な信仰がある。〔…〕インドや中国や日本では、政治がらみの外的事情のために、若い知識階級の幸福が妨げられている。しかし、西欧に見られるような内的な障害は存在しない。若者たちにとって重要と思われる活動がどっさりある。こういう活動が成功するかぎり、若者たちは幸福である」(Bertrand Russell, *The Conquest of Happiness*, Liveright, 1996, pp. 116-117〔バートランド・ラッセル『ラッセル幸福論』安藤貞雄訳、岩波文庫、一九九一年、一六二―一六三頁《ページ》〕)

2 John Kenneth Galbraith, *The Affluent Society*, 40th Anniversary Edition, Mariner Books, 1998, p. 2〔ジョン・ガルブレイス『ゆたかな社会』(決定版) 鈴木哲太郎訳、岩波現代文庫、二〇〇六年、一五頁〕

3 *Ibid.*, p. ix〔同前、「四十周年記念版への序文」、六頁〕

4 *Ibid.*, p. 127〔同前、二〇三―二〇四頁〕

5 Max Horkheimer, Theodor W. Adorno, *Dialektik der Aufklärung — Philosophische Fragmente*, Theodor W. Adorno, *Gesammelte Schriften*, Band 3, Suhrkamp, 1997〔ホルクハイマー、アドルノ『啓蒙《けいもう》の弁証法――哲学的断

想』徳永恂訳、岩波文庫、二〇〇七年〕

6　*Ibid.*, pp. 145-146〔同前、二五八－二五九頁〕

7　「あなた方（そしてわれわれ）が熱望していたものがすべて獲得されたときに、今度は何をするのか。われわれがそれぞれ分に応じて働いているあの大変革は、他の変化と同じように、夜の盗人のようにやってくる。われわれの気のつかぬうちにそれは脚元にやってくる。しかし、この変革の完成が突然、劇的にやってきて、すべての心正しい民衆によって認められ、歓迎されると仮定して、その時にわれわれは何をするのか。ふたたび痛ましい労働の幾時代かのために新しい腐敗をつみかさねはじめることのないようにするには、われわれは何をすべきか。新しい旗がかかげられたばかりの旗竿《はたざお》から立ち去り、新秩序を宣言するラッパの音がまだ耳もとに響いているとき、今度はわれわれはどこに向かっていくのか。どこに向かっていく必要があるのか。／われわれの仕事、日々の労働以外の何に向かっていくのであろうか」(William Morris, "The Art of the People (1879)", *William Morris on Art and Socialism*, edited by Norman Kelvin, Dover Publications, 1999, p. 22〔ウィリアム・モリス「民衆の芸術」『民衆の芸術』中橋一夫訳、岩波文庫、一九五三年、一二一－一三頁。旧字体は新字体に改めた〕)

8　「ゆえに芸術の目的は、人々に彼らの暇な時間をまぎらし、休息にさえあきることのないようにするために美と興味ある事件とを与えることによって、また仕事をする際には希望と肉体的な快楽とを与えることによって、人々に幸福感を味わせることにある。要するに人々の労働を楽しく、休息を豊かにすることにある。したがって真の芸術は人類にとって純粋の祝福なのである」(William Morris, "The Aims of Art", *Signs of Change: Seven Lectures, Delivered on Various Occasions*, Longmans, Green and

Co., 1896, p. 122〔モリス「芸術の目的」『民衆の芸術』、四四－四五頁〕〕

9　吉本隆明「マチウ書試論——反逆の倫理」『マチウ書試論・転向論』講談社文芸文庫、一九九〇年

10　Alenka Zupančič, *Ethics of the Real: Kant and Lacan*, Verso, 2000, p. 5〔アレンカ・ジュパンチッチ『リアルの倫理——カントとラカン』冨樫剛訳、河出書房新社、二〇〇三年、二〇頁〕

11　あの「テロ事件」が、私たちのなかにあったこの気持ちに目を向けるのを妨げていることに注意しなければならない。飽きるほど報道された衝突時の映像と非人道的な殺戮《さつりく》の残虐《ざんぎゃく》さは、この認めたくない事実から私たちの目をそらせてしまった。それは事件の犯人たちを特別視し、「対テロ戦争」へと世界を巻き込んでいった北米の一国家の策略に乗ることに他ならない。あの事件の犯人たちは特別ではない。そしてあの犯罪も特別ではない。あれは殺人事件、大量殺人事件である。殺人事件は殺人事件として捜査され、その犯人は殺人犯として裁かれねばならない。

第一章　暇と退屈の原理論

1　Lars Fr. H. Svendsen, *Petite philosophie de l'ennui*, Fayard, 2003, p. 72〔ラース・スヴェンセン『退屈の小さな哲学』鳥取絹子訳、集英社新書、二〇〇五年、六八頁〕

2　Pascal, *Pensées, texte établi par Léon Brunschvicg*, GF-Flammarion, 1976, §347, p. 149〔パスカル『パンセ』前田陽一・由木康訳、中公文庫、一九七三年、断章番号三四七、二二五頁〕

3　「気を紛らすこと。
　人間のさまざまな立ち騒ぎ、宮廷や戦争で身をさらす危険や苦労、そこから生ずるかくも多くの争いや、情念や、大胆でしばしばよこしま

な企て等々について、ときたま考えた時に、私がよく言ったことは、人間の不幸というものは、みなただ一つのこと、すなわち、部屋の中に静かに休んでいられないことから起こるのだということである。生きるために十分な財産を持つ人なら、もし自分の家に喜んでとどまっていられさえすれば、なにも海や、要塞《ようさい》の包囲線に出かけて行きはしないだろう。軍職をあんなに高い金を払って買うのも、町にじっとしているのがたまらないというだけのことからである。社交や賭《か》け事の気晴らしを求めるのも、自分の家に喜んでとどまっていられないというだけのことからである」(*Ibid.*, §139, p. 86〔同前、断章番号一三九、九二頁〕)

4 *Ibid.*, §139, pp. 87-88〔同前、断章番号一三九、九三-九五頁〕

5 «[...] le tracas qui nous détourne d'y penser [à notre malheureuse condition] et nous divertit.» (*Ibid.*, §139, p. 87〔同前、断章番号一三九、九三頁〕)

6 *Ibid.*, §139, p. 89〔同前、断章番号一三九、九七-九八頁〕

7 «Il faut [...] qu'il se pipe lui-même.» (*Ibid.*, §139, p. 90〔同前、断章番号一三九、九八頁〕)

8 「このように、人間というものは、倦怠《けんたい》の理由が何もない時でさえ、自分の気質の本来の状態によって倦怠に陥ってしまうほど、不幸な者である。しかも、倦怠に陥るべき無数の本質的原因に満ちているのに、ビリヤードとか彼の打つ球とかいったつまらないものでも、十分に気を紛らすことのできるほどむなしいものである。

だが、いったい何が目的でこんなことをするのだと、君は言うだろう。それは、翌日友人たちの間で、自分はだれそれよりも上手にプレーしたと自慢したいためなのだ。同じように、他の人たちは、それまで誰も解けなかった代数の問題を解いたということを学者たちに示したいために書斎の中で汗を流す。そしてまた、あんなにたくさんの他の人たちが、後で彼らが占領した要塞について自慢したいために極度の危険に身をさらす。それも私に言わせれば同じように愚かなことである。そして最後に、他の人たちは、これらのこと全部を指摘するために身を粉にするのである。これも、そうすることによってもっと賢くなるためではなく、ただ単にこれらのことを知っているぞと示すためである。この人たちこそ、この連中の中で最も愚かな者である。なぜなら、彼らは愚かであることを知りながらそうなっているからだ。前の人たちについては、もしもそのことを知っていたなら、もはや愚か者とはなっていないだろうということが考えられる」(*Ibid.*, §139, p. 89〔同前、断章番号一三九、九七頁〕) 強調は引用者。

9　パスカルは気晴らしについて書いた紙の欄外に、「むなしさ。こういうことを他人に示す喜び」という文句を書き記している (*Ibid.*, §139, p. 88〔同前、断章番号一三九、九四頁〕)。ここに言われる「おろかな」人は、まさしくこの「喜び」を生きる糧《かて》としていることになるだろう。

10「苦悩への欲望〔Die Begierde nach Leiden〕——みながみな退屈に耐えられず、自分自身に我慢できなくなっている幾百万という若いヨーロッパ人を、たえずくすぐったり刺激したりする何かをしたいというあの欲望のことに考えがおよぶとき、私は、彼らのうちにこんな欲望があるに違いないと思うのだ。すなわち、自分の苦しみの中から、行動し行為するためのもっともらしい理由を引きだそうとして、何としてでも何かに苦しもうとする欲望である」(Friedrich Nietzsche, *Die fröhliche Wissenschaft*, Erstes Buch, §56, Reclam, 2000, p. 80〔フリードリッヒ・ニーチェ『悦《よろこ》ばしき知識』ニーチェ全集第八巻、断章番号五六、信太正三訳、ちくま学芸文庫、一九九三年、一二六

頁〕）

11 Leo Strauss, "German Nihilism", *Interpretation*, Spring 1999, Volume 26, Number 3, Queens College, New York〔レオ・シュトラウス「ドイツのニヒリズムについて——一九四一年二月二六日発表の講演」國分功一郎訳、『思想』第一〇一四号、二〇〇八年一〇月、岩波書店〕

12 ここで言われる「近代文明」を「戦後民主主義」に置き換えると、そのまま、冷戦終結後の日本社会を生きた若者たちについての分析になる。九〇年代以降、若者の右傾化が盛んに問題にされたが、その問題は結局次のように要約できる。上の世代は、自分たちが若者たちに押しつけてきた諸々の理念についてこれまですこしも省察していなかったし、ただそれらを盲信していただけだった。だから時代の変化に対応した答えをもとめる若者たちの訴えにすこしも答えることができなかった。若者はその偽善を憎み、嘲《あざけ》り、上の世代が否定してきたものに立ち返ろうとした。そこで「日本」や「伝統」や「愛国心」が現れた。しかし、若者はそうしたものについて何も知らない。だから、若者の反動は反動の域を超えることはできず、インターネット上で空虚に繰り返される日本近隣諸国民への差別発言に収斂《しゅうれん》していった。原武史は『滝山コミューン一九七四』（講談社、二〇〇七年）において、戦後民主主義の「みんな平等」の理念によって小学校のなかに造られた恐るべき秩序を自らの体験を通して見事に描き出したが、そこで描かれた戦後民主主義の姿は、その後の日本の若者の傾向と並べて検討されねばならない。

13 *The Conquest of Happiness*, p. 15〔『ラッセル幸福論』一一頁〕

14 彼らの議論はその内容においても呼応する点があることも注目される。ハイデッガーは「大地」の重要性を強調した哲学者だった。ラッセルもまた同じことを述べている。今日の人々の不幸の原因を、大地との接触の欠如にもとめているのである。「私たちは〈大地〉の子である。私たちの生は〈大地〉の生の一部であって、動植物と同じように、そこから栄養を引き出している」(*Ibid.*, p. 54〔同前、七二頁〕)。ハイデッガーがその後ナチズムに急接近していくことを考えるなら、この時期に反ファシズムの思想家であるラッセルがハイデッガーと同時に退屈論を構想したことは、極めて重要な意味をもつ。退屈論はファシズム的な解決策を招き寄せる。ラッセルはそれに抵抗するだろう。しかし、ラッセルはハイデッガーと共通する論点を提示している。なお、ナチスが政権を取るのは、すぐ後、一九三三年のことである。

15 *Ibid.*, p. 49〔同前、六三頁〕強調は引用者。

16 *Ibid.*, p. 113〔同前、一五七頁〕

17 *Ibid.*, p. 123〔同前、一七二頁〕

18 *Ibid.*, pp. 116-117〔同前、一六二－一六三頁〕序章注1の引用を参照されたい。

19 *Ibid.*, p. 121〔同前、一七〇頁〕

20 「本物の熱意、つまり、実は忘却を求めているたぐいではない熱意〔Genuine zest, not the sort that is really a search for oblivion〕は、人間の持って生まれた資質の一部である」(*Ibid.*, p. 132〔同前、一八七頁〕)強調は引用者。

21 *Petite philosophie de l'ennui*, p. 83〔『退屈の小さな哲学』七九頁〕

22 「意味は、いろいろな方法で探すことができ、さまざまな形で見つけることができる。何か定められたものの中にあることもあれば（たとえば宗教の共同体）、これから実現されるべきもののなかにもある（たとえば階級のない社会）。また、何かの集団であらわされることもあれば、反対に個人の時もある。西洋ではロマン主義期以降、実存の意味はもっぱら個人の範《はん》疇《ちゅう》に入り、個人の計画、個人の信じるものを実現して、初めて意味があることになっている。

僕が理解する「個人の意味」は、さしずめ「個人の信条」、または「ロマン主義的」とでも呼びたいところだ」(*Ibid.*, p. 42〔同前、三七頁〕)

23 前近代においては集団が個人の意味を与えてくれていたというのは、間違いではないだろうが、大雑把にすぎるだろう。スヴェンセンもそれは認めていて、「正しく機能している社会では、人は人生で意味を見出《みいだ》しやすく、機能していない社会ではそうではない」とも言っている(*Ibid.*, p. 43〔同前、三八頁〕)。前近代においては人は意味の欠如に苦しんだことがなかったとか、近代においては人は意味の欠如に常に苦しんでいるとか、そういうわけではない。近代と言っても一様ではないのであって、集団が意味を与えてくれる社会というのはつい最近までであったし、いまもあるだろう。だから、スヴェンセンの主張は、前近代＝集団主義的／近代＝ロマン主義的という図式に集約してしまうとあまりにも雑で使い物にならない。むしろ、〈ロマン主義と退屈〉という彼の提示したテーマを有意義に利用すべきだろう。

24 *Ibid.*, p. 83〔同前、八〇頁〕

25 なお、スヴェンセンも紹介している通り、ロマン主義は世に現れた時点で既にその問題点を明確に指摘されていた。当時からこの思潮には問題があると思われていたのだ。それを明確に述べたのが、ヘーゲル〔1770-1831〕である。その批判は簡単にまとめればこうなる。ロマン主義者は極端に自分にこだわる。自分ばかり見ている。だから自分以外のものの価値を認められない。その結果、すべては空虚になる。何しろ自分以外のものは無価値なのだから。したがってロマン主義者は無価値な空虚のなかでただ一人、この上ない価値を保持するものとなる。それはいわば、自分が作り上げた空虚な王国のなかで、我が物顔に振る舞っている暴君のようなものである。しかし、空虚のなかで暴君なのだから、彼自らも空虚になっていく他ない。彼が見るもの、体験するもの、すべては無価値なのだ。ならば、彼は空虚に向き合う他ないだろう。こうして当然ながら最終的に退屈に陥る……。

26　*Ibid.*, p. 142〔同前、一三九頁〕

第二章　暇と退屈の系譜学

1　西田正規『人類史のなかの定住革命』講談社学術文庫、二〇〇七年

2　岡村道雄『日本の歴史01——縄文の生活誌』講談社学術文庫、二〇〇八年〔この文庫版は、二〇〇〇年一一月に発覚した遺跡捏造《ねつぞう》事件を踏まえて書き改められた改訂版をもとにしている〕

3　石器はどこかで製作した完成品をその遺跡にもち込んだり、逆にそこで製作した完成品を移動先の別の遺跡にもち出したりするため、同一の遺跡で製作した石器を接合して元の原石に戻そうとした場合、三分の一程度しか復元できないことが多いという（『縄文の生活誌』三五頁）。このことは、一つの原石を石器の材料として使いきる間に、三カ所もの居住地を移動していたことを示すデータとなる。日本では、別の遺跡で見つかった石器がもともと一つの原石からつくられたことが判明する「遺跡間接合」という大変興味深い事例が見つかっている（同前）。たとえば神奈川県綾瀬《あやせ》市吉岡遺跡で見つかった石器と、藤沢市用田鳥居前遺跡で見つかった石器とが、同一の原石よりつくられていたことが判明するといった事例である。このことはこの時代の遊動がかなり頻繁に行われたことを示す具体的な証拠となっている。

4　遊動生活を行う集団はいまも世界に存在している。西田氏は、フィリピンのネグリートのキャンプを調査したときの経験を報告している。あるとき、強い雨が降り、水位の増した流れがキャンプの近くまで来た。それを危険と判断した人たちが、持ち物をまとめ、薪《まき》などを集め、

安全な高台にまで移動するのに要した時間は、ほんの四、五分であったという。「彼らは自然の偉大な力でさえも、ほんの数分の手間をかけるだけで軽くいなしてしまった」(『人類史のなかの定住革命』一三頁)

5　日本に於《お》ける稲作については、考古学から言語学まで応用してそのルーツを探り当てている池橋宏『稲作渡来民――「日本人」成立の謎《なぞ》に迫る』(講談社選書メチエ、二〇〇八年)が大変興味深い。

6　『人類史のなかの定住革命』四六頁

7　岡村道雄によれば、考古学的には、定住住居、ゴミ捨て場、墓の存在をもって定住集落と定義できるという(『縄文の生活誌』七九-八〇頁)。

8　『人類史のなかの定住革命』三二頁

9　同前、三三頁。また、西田も強調しているように、呪術《じゅじゅつ》的世界観など、いわゆる農耕文化の特徴とされていたものもむしろ定住社会の特徴と見るべきである。

10　同前、三三頁。強調は引用者。

11　やや話は飛ぶが、旅行が最大のレジャーとして人々に好まれている理由も、ここから説明ができるだろう。旅行とは擬似的な遊動生活である。人々は、時折、遊動生活をシミュレートして、遊動生活時代へのあこがれを満足させているのかもしれない。

12　Martin Heidegger, *Bauen Wohnen Denken*, Gesamtausgabe, Band 7, Vittorio Klostermann, 2000, p. 149〔マルティン・ハイデガー「建てる 住む 思考する」大宮勘一郎訳『KAWADE道の手帖《てちょう》 ハイデガー』河出書房新社、二〇〇九年、一三〇-一三一頁〕強調は引用者。

13　Martin Heidegger, *Sein und Zeit*, M. Niemeyer, 2006, p. 54〔マルティン・ハイデッガー『存在と時間』細谷貞雄訳、ちくま学芸文庫、一九九四年、上巻、一三三頁〕

14　Martin Heidegger, *Brief über den*

»*Humanismus*«, Gesamtausgabe, Band 9, Vittorio Klostermann, 2000, p. 358〔マルティン・ハイデッガー『「ヒューマニズム」について』渡邊二郎訳、ちくま学芸文庫、一九九七年、一二九頁〕

15 Heidegger, *Bauen Wohnen Denken*, p. 163〔「建てる 住む 思考する」一四六頁〕

第三章 暇と退屈の経済史

1 Thorstein Veblen, *The Theory of the Leisure Class*, A.M. Kelley bookseller, 1975, pp. 37-38〔ソースティン・ヴェブレン『有閑階級の理論』高哲男訳、ちくま学芸文庫、二〇〇二年、五〇頁〕

2 *Ibid*., p. 7〔同前、一七頁〕

3 *Ibid*., p. 19〔同前、三〇頁〕。なお、ヴェブレンの「原始未開状態」における平和な社会という考えは、かつてマルクス主義者たちが言っていた原始共産制にほぼ対応するものと考えられる。

4 「略奪文化が発生する最低の条件は、産業的な条件に左右される。生活の糧を入手するために働く人々の必要を上回って剰余――戦いによって手に入れるに値する剰余――が生まれるほど産業体系の能率が向上するまで、どのような集団あるいは階級にとっても、略奪は集団的で慣例的な方策になりえない。同様に、人間を恐ろしい動物にするほど武器が発達しなかった時期に、略奪文化が存在しうるはずもない。もちろん初期における道具と武器の発達とは、異なる二つの観点からみた同一の事実である」(*Ibid*., p. 20〔同前、三一頁〕)。しかし、略奪は相手側に剰余生産物があろうとなかろうと行われるのではないだろうか? ヴェブレンの説明はかなり説得力を欠くように思われる。

5 *Ibid*., p. 22〔同前、三三頁〕

6 所有という制度の発生についてもうすこし詳しく説明しておこう。「これは自分のモノである」というのは当たり前のことであって、そうした考えがある時期に始まったなどとは想像もできないと思われるかもしれない。しかしよく考えてみて欲しい。いま自分の手に握られているモノが自分のモノであるというのは分かる。しかし、自分がいま手に握っているわけではないモノを自分が「所有」しているとはいったいどういうことだろうか？

たとえば私たちは「土地を所有する」と言う。しかし、土地を所有するとはいったいどういうことだろう？　そこに名前が書いてあるわけではないし、ましてやそれを手で摑《つか》んでいるわけでもない。なのになぜそんなものが「所有」の対象になるのだろうか？

登記簿に記してあるからというのが予想される答えだ。では登記簿に記してあるとなぜそれを所有できるのだろうか？　法律によってその所有権を保証されているからだ。だが、法律というのは人間の決めごとである。これは重要な論点である。どういうことかと言うと、所有は自然なものではなく、人間の決めごととして存在しているのである。言い換えると、法律が及ばない範囲では「所有」は存在しない。

いかなる国にも属さない、だれのものでもない土地があったとしよう。それを「これは俺のモノだ」と言ったとしても、もし後から「いや俺のモノだ」という人が出てきたらもうどうしようもない。ケンカになるだけだ。

法律はそうしたケンカが起きないように所有権を定めた。ということは、所有はけっして自然に基礎をおいた制度ではないということだ。前章での遊動生活者の話を思い起こそう。遊動生活者は多くの財産をもつことができないし、もつ必要がない。道具は貸し借りし、食べ物などは平等に分配する。もちろん、取った取られたのいさかいぐらいはあるだろうが、土地を囲ったり、モノをため込んだり、財産を相続したりといった、所有権を制度化した社会に特有の行いは見られないのである。

7 「こうして補助的で派生的な有閑階級が発生することになるが、その職務は本来的で正当な有閑階級が好評判を確保できるように、代行的に閑暇を遂行することである。この代行的な有閑階級は、その習慣的な生活様式がもつ独特な特徴によって、固有の有閑階級と区別される。少なくとも表面的には、主人階級の閑暇は労働を毛嫌いする性向の解放であり、また主人自身の幸福や生活の満足度を高めるものと見なされている。しかし、生産的労働を免除された使用人階級の閑暇は、いうなれば彼らにとって強制された行為であって、通常あるいは本来的にも、彼ら自身の快適さに向けられるというわけではない。使用人の閑暇は自分自身の閑暇ではない」(*Ibid.*, p. 59〔同前、七三頁〕)

8 ヴェブレンは、発達した代行的閑暇においては、女よりも男の方が好まれるようになると言っている。「このように、顕示的閑暇を遂行する特別の使用人集団を雇用する慣行がかなり進展した後では、それをはっきりと見せつけるという用途のためには、女よりも男のほうが好まれるようになる。制服を着用した給仕用の従僕や奉公人に求められるように、特に逞《たくま》しく容姿のすぐれた男は、女よりもはるかに力強く、しかもずっと経費がかさむことが明らかである。彼らはより多くの時間とエネルギーの消費を表しているから、この仕事にさらに適しているのである」(*Ibid.*, p. 57〔同前、七〇頁〕)

9 *Ibid.*, p. 58〔同前、七一頁〕

10 その社会は「なおもあまりに多くの強制と階級的敵愾心《てきがいしん》に満ちあふれている」(*Ibid.*, pp. 63-64〔同前、七七頁〕)

11 *Ibid.*, p. 94〔同前、一〇九頁〕

12 なお、経済学においてはケインズが、『雇用・利子および貨幣の一般理論』(一九三六年)によって、利子生活者たちに「安楽死して欲しい」との宣告を下すことになる。

13　*Ibid.*, p. 15〔同前、二六頁〕
14　*Ibid.*, p. 93〔同前、一〇九頁〕
15「それ〔製作者本能〕は、人間が物や努力の浪費を非難するように仕向ける。製作者本能はすべての人間に内在するものであり、それゆえどんな逆境の下でも、おのずと現れるものである。したがって、特定の支出が実際いかに浪費的であったとしても、見かけ上の目的という手段をつかって、少なくともある程度まことしやかな言い訳を行う必要が生じてくる」(*Ibid.*, p. 93〔同前、一〇八頁〕)
16「特殊な事情の下では、その本能が高貴な階級と下賤《げせん》な階級との間の上下の区別や、武勇に対する好みになってしまう、ということは以前の諸章で指摘した通りである」(*Ibid.*, p. 93〔同前、一〇八－一〇九頁〕)
17「生活の環境や伝統が能率をめぐって人と人とを比較するという習慣をもたらすようなところでは、製作者本能は、結局、人と人との間の競争的な、あるいは妬《ねた》みを起こさせるような比較をもたらすことになる。どの程度までこうなるかは、人々の気質にかなりのところ依存している。このような個人間の妬みを起こさせるような比較が習慣的に行われているような共同社会では、名誉の基礎としての効用をもつがゆえに、目にみえる成功が追求すべき目的になってくる。名誉の獲得と悪評の回避は、人の能力を証明するものになる。結果的に、製作者本能は競争心に基づく力の誇示をもたらすことになる」(*Ibid.*, pp. 15-16〔同前、二六－二七頁〕)
18　Theodor W. Adorno, »Veblens Angriff auf die Kultur«, *Prismen*, Theodor W. Adorno, *Gesammelte Schriften*, Band 10-1, Suhrkamp, 1997, p. 82〔テオドール・アドルノ「ヴェブレンの文化攻撃」『プリズメン』渡辺祐邦・三原弟平訳、ちくま学芸文庫、一九九六年、一一三－一一四頁〕。『有閑階級の理論』の邦訳にあわせるため、一部訳文を変更した。

19　アドルノは「製作者本能」については次のように言っている。ヴェブレンは「平和愛好的文化」という「楽園」を想定した。「楽園は実証主義者のアポリアである。彼はそれでも楽園と工業時代とを同じ人間学的分母で通分しようとし、製作者本能を発明する。彼によれば、人間はすでに堕罪以前から額に汗して飯を食べたがっていたというのである」(*Ibid*., p. 90〔同前、一二五頁〕)

アドルノの次の指摘も大変興味深い。「今日、文化はすっかり広告の性格、すなわち単なるまやかしという性格を帯びてしまったが、ヴェブレンにおいては、文化はもともと広告以外の何ものでもなかった。つまり、それは権力や戦利品や利潤の誇示である」(*Ibid*., p. 78〔同前、一〇七頁〕)

20　「〔…〕合目的的な充用を探し求めようとするエネルギーのもつ圧力が、別の方向のはけ口を見つけさせることになった。また、有用な努力につきまとう不名誉も、強制的な奴隷《どれい》労働の消失とともに、それほど鋭敏に感じ取られないような段階に入っていった。こうしてそれ以後、製作者本能が、ますます持続性と一貫性の度を強めて自己主張し始めることになった。／最も抵抗感のない職業はある程度変わりはじめ、従来略奪的な活動にはけ口を見いだしていたエネルギーが、いまや部分的に、表向き有用な目的に向けられるようになる。見るからに無益な閑暇は非難されるようになるのであって、これは、平民的な生まれである大部分の有閑階級について、とくによくあてはまることである。というのも、平民的な生まれであることによって、彼らは、「品位あふれる閑暇」〔otium cum dignitate〕という伝統と仲違《なかたが》いすることになるからだ」(*The Theory of the Leisure Class*, p. 95〔『有閑階級の理論』一一一頁〕)。引用部の末尾は、邦訳では非常に分かりにくい日本語になってしまっているので注意されたい。原文を参照して大幅に訳文に手を加えた。

21　本章冒頭に掲げたもう一つの問い、すなわち、退屈しているとき、その人は必ず暇のなかにいるのかどうかについては、次章で検討する。

22　Paul Lafargue, *Le droit à la paresse*, Editions Allia, 2003, p. 11〔ポール・ラファルグ『怠ける権利』田淵晋也訳、平凡社ライブラリー、二〇〇八年、一四頁〕

23　*Ibid.*, p. 64〔同前、六六－六七頁〕

24　以下の記述は、栗木安延『アメリカ自動車産業の労使関係――フォーディズムの歴史的考察』(社会評論社、改訂版、一九九九年) を主に参照している。

25　フォード社には保安部という部署が設立されていた。これはピストルなどで武装した暴力集団であった。保安部は更に監視員と呼ばれる秘密部隊を組織している。監視員は一般労働者として工場で働きながら、労働者の監視を行っていた。また労働組合や共産党に潜入して、会議の状況を報告するスパイ活動も行っていた。栗木安延『アメリカ自動車産業の労使関係』の第二部第一章を参照されたい。

26　「アメリカでは、労働の合理化と禁酒主義とは疑いもなく関連していた。労働者の私生活にかんする産業家たちの調査、労働者の「道徳」を管理するためにいくつかの経営体で創設された査察機関〔先に述べたスパイによる監視のこと――引用者注〕は、新しい労働の方法の必要から出たものである」(Antonio Gramsci, «Americanismo e fordismo», *Quaderni del carcere*, Volume terzo, Edizione critica dell'Instituto Gramsci, Giulio Einaudi editore, 1977, pp. 2164-2165〔アントニオ・グラムシ「アメリカニズムとフォーディズム」『新編　現代の君主』上村忠男編訳、ちくま学芸文庫、二〇〇八年、三七二頁〕)。なお、グラムシはいま引用した箇所に続いて、次のように述べている。「これらのイニシアティヴを(たとえ失敗におわったにしても）嘲笑《ちょうしょう》し、そこに「ピューリタニズム」の偽善のあらわれしかみないならば、アメリカ的現象の重要性と意義、そして客観的価値をつかみとるいっさいの可能性をみずから奪ってしまうことになるだろう。それは、新しい型の勤労者と人間を未曾有《みぞう》の速さと史上かつてみられなかった目的意識とをもってつくりだそうとする、これまでにあらわれた最大の集合的な努力でもあるのだ」。アメリカ社会をピューリタニズムによって説明するのはよくみられることだ。しかし、禁酒法に現れていたのは、新しい型の労働者を創造するという前代未聞《みもん》のプロジェクトだった。

27　グラムシは性の問題についても述べている。「もう一方の性の問題もアルコールの問題と関連している。性機能を濫用したり、不正規な仕方で使用したりすることは、アルコール中毒についで、神経エネルギーのもっとも危険な敵である。また、「しつこくつきまとう」労働が人々を酒と女に走らせるというのは、日常的に観察されるところである。フォードが査察機関を結成して、かれの従業員の私生活に干渉し、従業員たちの賃金の使い方、生活の仕方を管理しようとこころみたのは、こういった傾向のひとつの徴候である」（*Ibid*., p. 2166〔同前、三七五頁〕）強調は引用者。

28　*Ibid*., p. 2139〔同前、三五〇頁〕

29　「いわゆる高賃金は、この必要から出てきたひとつの要素である。それは生産と労働の体系に適合する労働者総体を選択して安定的に維持するための道具なのだ。しかし、高賃金は諸刃《もろは》の剣《つるぎ》である。勤労者には、増えた金銭を「合理的に」消費させる必要がある。かれの筋肉と神経の効率を維持し、更新し、できることなら増大させるためにこそ費やすべきであって、それを破壊したり損耗したりするために費やしてはならないのである。労働力破壊のもっとも危険な原因であるアルコールにたいする闘争が国

家の役割となるのは、ここにおいてである」（*Ibid.*, p. 2166〔同前、三七四頁〕）
30　*The Affluent Society*, p. ix〔『ゆたかな社会』六頁〕
31　*Ibid.*, p. 128〔同前、二〇四頁〕
32　*Ibid.*, p. 2〔同前、一五頁〕強調は引用者。
33　フェルディナント・ラッサール『憲法の本質・労働者綱領』森田勉訳、法律文化社、一九八一年、一四六－一四七頁
34　*The Affluent Society*, p. 244〔『ゆたかな社会』三八八頁〕
35　「労働の報酬は仕事にあるのではなく、給料にある」（*Ibid.*, p. 249〔同前、三九六頁〕）
36　*Ibid.*, p. 250〔同前、三九七頁〕
37　*Ibid.*, p. 251〔同前、三九八－三九九頁〕
38　*Ibid.*, p. 252〔同前、三九九頁〕
39　*Ibid.*, p. 252〔同前、四〇〇頁〕
40　*Ibid.*, p. 251〔同前、三九八頁〕強調は引用者。
41　*Ibid.*〔同前〕強調は引用者。
42　*Ibid.*, p. 250〔同前、三九七頁〕
43　本書では取り上げることはできないが、この消費スタイルの問題が環境問題と結びついていることは言うまでもない。〈暇と退屈の倫理学〉という課題は環境問題にも関わっている。

第四章　暇と退屈の疎外論

1　「豊かさがひとつの価値となるためには、十分な豊かさではなくて、あり余る豊かさが存在しなければならず、必要と余分との間の重要な差異が維持されなければならない。これがあらゆるレベルでの浪費の機能である」（Jean Baudrillard, *La société de consommation — ses mythes, ses structures*, Denoël, 1970; Collection «Folio/essais», Gallimard, 1986, p. 52〔ジャン・ボードリヤール『消費社会の神話と構造』今村仁司・塚原史訳、紀伊國屋書店、一九九五年、四二頁〕）

2　「消費の対象が物質的な物・生産物でないことをはっきり言っておかなくてはならない。そういうものは、必要と満足感の対象にすぎない。あらゆる時代において人々は、買い、所有し、楽しみ、使ったが、決して《消費》はしなかった。「未開人」の祭り、封建領主の浪費、一九世紀ブルジョワの贅沢《ぜいたく》、そういうものは消費ではない」(Jean Baudrillard, *Le système des objets*, Gallimard, 1968; Collection «Tel», Gallimard, 1978, pp. 275-276〔ジャン・ボードリヤール『物の体系――記号の消費』宇波彰訳、法政大学出版局、新装版、二〇〇八年、二四五―二四六頁〕)

3　「消費には限界がないということがこれによって説明される。もしも消費が、ひとびとが素朴に受け取ること、つまり吸収し、むさぼることであれば、ひとびとは満足に達しなくてはならないだろう。もしも消費が必要の体系に対して相対的であるならば、ひとびとはひとつの満足に向かわなくてはならないだろう。しかしそうではないことをわれわれは知っている。ひとびとは次第に多く消費することを望んでいる。消費へのこのような強迫衝動は、(今まで酒を飲んできた者はこれからも飲むだろうといった) 何らかの心理的な運命によるものではなく、また社会的威信という単純な強制によるものでもない。もしも消費が抑え切れないものにみえるならば、それはまさに消費が (或《あ》る限界を越えると)、必要の満足とも、現実原則とも無関係な、完全な観念論的行為だからである」(*Ibid.*, p. 282〔同前、二五一頁〕)

4　*Ibid.*, p. 277〔同前、二四六頁〕

5　ボードリヤールはこんな広告の例をあげている。「お好みによって七六色六九七種類の内装のベンツの中から、あなたのベンツをお選びください」。「自分の個性を発見してそれを発揮すること、それは本当に自分だけの楽しみを発見することです。そのためにはほんのわずかなものがあれば十分。私は長いことかかってやっと気がつきました。髪の毛をほんの少しだけ明るい色合いにすることで、私の肌や眼の色にぴったり合ったハーモニーが生まれるということに」。彼はこれらについて、皮肉混じりにこうコメントする。もしある人が自分自身であるなら、どうして「本当に」自分自身になる必要があるのだろうか? もし偽りの「自分自身」が存在するとしたら、「ほんの少しだけ明るい色合い」を加えるだけで、自分自身を取り戻すのに十分なのだろうか? (*La société de consommation*, p. 123〔『消費社会の神話と構造』一一〇－一一一頁〕)

6 消費社会における「個性」の問題は改めて論じられる必要がある。土井隆義は、流行歌が子どもたちに「オンリー・ワンへの強迫観念」を強制している事態を分析している。子どもたちはだれもが夢と個性をもち、「ただ一人の自分」でなければならないと強い強迫を受けていると言う(土井隆義『「個性」を煽《あお》られる子どもたち――親密圏の変容を考える』岩波書店、二〇〇四年)。個性を煽る消費社会は子どもたちをも追い詰めているのだ。

7 *Le système des objets*, pp. 282-283〔『物の体系』二五一－二五二頁〕

8 *La société de consommation*, p. 99〔『消費社会の神話と構造』八六頁〕

9 Marshall Sahlins, *Stone Age Economics*, Aldine-Atherton, 1972〔マーシャル・サーリンズ『石器時代の経済学』山内昶訳、法政大学出版局、一九八四年〕

10 *Ibid.*, pp. 30-32〔同前、四二－四五頁〕

11 *Ibid.*, p. 14〔同前、二四頁〕

12 *Ibid.*, p. 34〔同前、四九頁〕

13 *Ibid.*, p. 27〔同前、三九頁〕

14 佐原真は、サーリンズは最も恵まれた環境にいる食料採集民を取り上げているにすぎず、一般的には食料採集民は食料生産民に比べて貧困であると指摘している（佐原真『衣食住の考古学――佐原真の仕事5』金関恕・春成秀爾編、岩波書店、二〇〇五年、二〇頁）。佐原の言うとおり、狩猟採集民がパラダイスに生きているわけではないだろう。ただ、だとしてもサーリンズの指摘の重要性は変わらない。狩猟採集民の生活の豊かさが彼らの浪費生活に結びついているということ、これは、消費社会を生きる私たちの価値観の転倒に役立つ。

15「いくつかの未開社会の例とは反対に、我々の生産至上主義的産業社会は稀少性《きしょうせい》に支配されており、市場経済の特徴である稀少性という憑依《ひょうい》観念につきまとわれている。我々は生産すればするほど、豊富なモノの真只中《まっただなか》でさえ、豊かさと呼ばれるであろう最終段階〔…〕から確実に遠ざかっていく」（*La société de consommation*, p. 90〔『消費社会の神話と構造』七七頁〕）

16 ジャン＝リュック・ゴダールの映画、『新ドイツ零年』（一九九一年）では、冷戦の崩壊によって東ドイツからの帰国を余儀なくされた西側スパイ、レミー・コーションがクリスマス前のお店のショーウインドーを見ながらこうつぶやく。「クリスマスと共に恐怖がやって来る。店はガラクタでいっぱいだ。しかし、必要なものはみつからない」

17 消費の論理は、「文化全体、性行動、人間関係、幻覚、個人的衝動までをも支配している」（*Ibid.*, p. 308〔同前、三〇二頁〕）

18 *Ibid.*, p. 248〔同前、二三五頁〕強調は引用者。

19 *Ibid.*, p. 249〔同前、二三六－二三七頁〕

20「余暇の中の時間は「自由」時間ではなく、支出された時間であり、全く無駄になっているとは言えない。というのは、この時間は社会的意味での個人にとって地位を生産する時間なのである」（*Ibid.*, p. 249〔同前、二三六頁〕）

21「消費する人間は自分自身を、享受《きょうじゅ》を義務づけられた存在として、享受と満足の企てとして見なすのである。〔…〕消費者つまり現代社会の市民にとって、幸福と享受のこの強制から逃れることは論外だ。この強制は、新しい倫理においては労働と生産の伝統的強制と同じものである。現代人が労働によって生産にかける時間はますます少なくなっているが、自分自身の欲求と安楽の絶えざる生産と改良にかける時間はますます多くなっている。彼はいつでも自分のあらゆる潜在力、あらゆる消費能力を動員するよう心がけなければならないのである。そのことを忘れると、彼は、どうしても幸福でなければならないのだと、穏やかに、だがしつこく思い知らされるだろう。だから、現代人が受動的だというのは正しくない。彼は常に活動しているし活動的でなければならない。さもなければ、自分のもっているものに甘んじて反社会的存在になるという危険を冒すことになるだろう」(*Ibid.*, pp. 112-113〔同前、九九－一〇〇頁《ページ》〕)

22 たとえば革命の闘士チェ・ゲバラは、いまでは完全にキャラクター扱いされている。

23 この映画はそのことをも含み込んでいるかのようにして、タイラーの組織する破壊工作を描いている。破壊の場面にはコミカルな音楽が流れ、陳腐さを漂わせている。最終計画の実現のシーンも徹底して漫画チックである。

またこの映画が、苦しむことへの欲望だけでなく、組織されること、規律を与えられることへの欲望を描き出していることも指摘しておきたい。メンバーたちは絶対的な秘密主義を守りながら(組織では質問をしてはいけないことになっている)、自分たちが何のために訓練を受け、作業をしているのかも分からぬまま、ただただタイラーの命令を実践することによろこびを感じている。毎日の生活が大恐慌《だいきょうこう》だが、世界大戦も大恐慌もない毎日。彼らは使命を与えられることでそこから「解放」される。したがって、与えられる使命の内容はどうでもよい。自分が何か大きなことにたずさわっているという感覚だけがあればよい。第一章で紹介したパスカルの定理が思い起こされる。気晴らしは退屈を紛らしてくれるものならなんでもよいのだ。

24　*Ibid.*, p. 306〔同前、三〇〇頁〕。なお、ボードリヤールの頑な、ある意味では保守的とも言える消費社会批判を読んできた私たちにとってはいささか驚きであるが、彼の議論は消費社会の擁護として受け止められている。これはかつてもいまも、ボードリヤールを論じた者たちが実際にはボードリヤールのテキストなどこれっぽっちも読んでいなかったことの証拠に他ならない。また彼の著作は、消費社会を巧みに演出していった資本家たちによって好意的に受け止められ、また活用されたことも指摘しておきたい。たとえば、堤清二がボードリヤールの『消費社会の神話と構造』を読んで無印良品を作ったのは有名な話である。

25　ガルブレイスのような「ゆたかな社会」を信奉する連中であれば、この情念に対し、「ゆたかさに順応するのは容易ではない」などと言うだろう（*Ibid.*, p. 280〔同前、二六八頁〕）。消費社会のなかで波乗りできない人たちをバカにして、記号と戯《たわむ》れることを勧める論者は後を絶たない。だが彼らは消費社会のなかで自分たちも我慢していることに気づいていないだけだ。

26　ここでボードリヤール消費社会論の問題点について指摘しておきたい。彼は消費社会のなかに「現代の疎《そ》外《がい》」を見ていた。そして同時に、この「疎外」の概念がもつ危険性にも注意を払っている。たとえば、質素な生活の推奨によって消費社会を批判するやり方を、彼は「道徳主義」と呼んで批判している。また、〈資本主義の狂乱によって乱された人間の生〉と、〈取り戻すべき穏やかな本来的人間性〉とを対立させる議論に対しても敏感である。そのような議論を彼は「「疎外」に関するエセ哲学」と呼んでいる。

しかし、最後の最後のところで、どうも彼の警戒心は徹底されていないように思われる。

ボードリヤールは、消費社会はなぜ疎外をもたらす社会であると言えるのかという反論に答えてこう言っている。なぜ消費社会が疎外の社会なのかと言えば、この社会が「抑圧の社会」であるからだ。現代社会には、アノミー、不可解な暴力、鬱《うつ》状態（疲労、自殺、ノイローゼ）が横行している。これこそがその証拠である（*Ibid.*, p. 280〔同前、二六八頁〕）。

これはこれで間違いではない。たしかに、消費者への選択の自由の強制は一種の抑圧であろう。そこで流通し、消費される観念（たとえば「個性化」）は、人々に多大なるストレスを与えているとも言えるだろう。そのような状況は、彼が消費社会論を世に問うた四〇年前よりもさらにいっそう深刻化しているとさえ言えるかもしれない。

しかし、これはおそらく答えとしては十分ではない。なぜなら、消費社会はアノミーや不可解な暴力や鬱状態を生み出していると言うにとどまるなら、それ以前の社会はそうしたものから自由であったという話になってしまうからである。失われたかつての社会を取り戻すべきだという議論になってしまうのである。

実際、ボードリヤールはチャラチャラした消費社会擁護論者のように思われている節が（なぜか）あるのだが、実像はまったく逆であって、古きフランスの左翼よろしく、古きよき秩序を結果として肯定している面が非常に強い。このことはボードリヤールがかつて八〇年代の日本であれほど論じられたにもかかわらず、まったく理解されなかった、いまも理解されていない点である。だから彼がこだわった消費と浪費の区別などだれも言及しなかったのである。この点は強く主張しておきたい。

実際にはボードリヤールは次のようにも言っ

ていた。消費社会がもたらす新しい社会的強制には「新しい型の解放の要求でしか対応できない」（*Ibid.*, p. 281〔同前、二六九頁〕）。彼は少なくとも明示的には、〈取り戻すべき穏やかな本来的人間性〉などに依拠することなく、「新しい型の要求」の出現をもとめていた。

彼は解放について語っていた。だから消費を相対化する浪費の概念を打ち出していた。

問題はこの「新しい型の解放」が何なのかをボードリヤールが十分に示せなかったことである。彼はこの「解放」の要求がいまのところ消費社会の拒否という形態しか生み出していないことを嘆いている（*Ibid.*, p. 281〔同前、二六九－二七〇頁〕）。ならば、それとは異なるどういった「新しい型の解放」があり得るのだろうか？　彼はこの問いに踏み込もうとしなかった。

これはないものねだりの批判かもしれない。だが、疎外という言葉を用いるときにはこの点に意識的でなければならないはずだ。消費社会の否定面をあげつらっているだけでは、消費社会以前の社会が、取り戻すべき、戻るべき「本来的なもの」として、こっそりと頭をもたげてくることになるのである。

27　今村仁司「解説」、フリッツ・パッペンハイム『近代人の疎外』粟田賢三訳、岩波書店、同時代ライブラリー、一九九五年、一七〇頁

28　Jean-Jacques Rousseau, *Discours sur l'origine et les fondements de l'inégalité parmi les hommes*, «Pléiade», Œuvres complètes, Tome III, coll. Gallimard, 1964, pp. 151-152〔ルソー『人間不平等起源論』中山元訳、光文社古典新訳文庫、二〇〇八年、九六－九七頁〕

29　なお、ホッブズによれば「万人の万人に対する闘争 bellum omnium contra omnes」たる自然状態は、四六時中ドンパチをやっている状態ではないことも付言しておこう。危険があるかもしれないという疑惑が常に支配している状態、そしてそれ故《ゆえ》に容易に具体的な闘争・戦争

が生じうる状態、それがホッブズ的な自然状態である。ホッブズは自然状態を描写するに当たってもう一つ、「人間は人間に対してオオカミである homo homini lupus」という文句を用いているのだが、それは自然状態のそのような性質を描いたものである。これは「人を見たら泥棒と思え」という意味に近いラテン語の警句であるが、ホッブズはこれを自然状態こそがこの警句の妥当する状態であると考えた。だれを見ても怪しく思える。これが〈希望の平等〉が支配する自然状態なのである（ホッブズ『リヴァイアサン』水田洋訳、岩波文庫、改訳版、一九九二年）。

30　ホッブズの理論はしばしば、社会契約の締結に関してあまりにも非現実的であるとして批判されている。つまり、自然状態にある人間がみんなでいっせいに「せーのっ」と言って自然権を放棄するなどあり得ないと言われているのだ。たしかにホッブズはこの点に関してうまく理論化できていない。しかし、その点を突いてホッブズの理論を乗り越えた気になったのでは、それはあまりに浅はかであろう。ホッブズによる自然状態の描写は極めてリアルなものだ。特に人間の平等という事実を使って無秩序を説明した点に反論するのは難しいだろう。

また、実のところホッブズは社会契約のみによって国家の成立を説明したわけではないことにも注目せねばならない。ホッブズは国家の成立過程に注目して、〈設立によるコモンウェルス〉と〈獲得によるコモンウェルス〉とを区別している（「コモンウェルス」は単に「国家」の意）。前者はいわゆる社会契約によって成立した国家である。それに対し後者は、ある共同体が他の共同体を征服することで成立する国家を指している。そしてホッブズはこれらのどちらもが正当な根拠をもった国家であると主張するのである。

これが意味していることは何か？　自然状態

のことを思い出して欲しい。そこでは相互不信が蔓延《まんえん》しているため、人々は徒党を組み、また自分たちを脅かしかねない他の人間集団を征服するのだった。つまり、〈獲得によるコモンウェルス〉は自然状態論から無理なく導き出される国家成立理論である。

ならばこう考えねばならない。現実的にあり得るのは〈獲得によるコモンウェルス〉である。人間たちは自然状態を生きるなかで、征服したりされたりを繰り返してきた。そして、共同体がある程度の規模となり、力の均衡が起こると、完全な安定ではないにせよ、比較的安定した共同体間の秩序が生成する。こうして国家が生まれる。

ならばなぜ社会契約論、そして〈設立によるコモンウェルス〉がホッブズによって主張されたのだろうか？　その理由は明白である。征服を繰り返して生まれた国家は、比較的な安定を手に入れた後で自らを正当化しなければならない。この国家の臣民が国家の権力に従うことは正当であると臣民たちに説明しなければならない。そのときに利用されるのが〈設立によるコモンウェルス〉という概念であり、社会契約というフィクションであるのだ。

つまりホッブズは、既存の国家の正当性を担保しようとして社会契約説を唱えたのだが、やはり哲学者だったからだろうか、正直者だったからだろうか、実際の国家の設立を理論化してしまったのである。これは実に驚くべき（そしてすこし微笑《ほほえ》ましい）ことである。

したがってこうまとめることができる。国家は現実世界では〈獲得によるコモンウェルス〉として生成する。そして生成した後に、後付として、社会契約や〈設立によるコモンウェルス〉といった概念をもちだして自らを正当化する。社会契約は近代的な概念だが、それ以前では神話などがその役割を果たしたのだろう。

たとえば日本列島ではかつて諸々の豪族が勢

力争いを繰り返していた〈自然状態〉。そのなかで一つの豪族が巨大な支配権を獲得する〈〈獲得によるコモンウェルス〉の成立〉。支配が安定してくると、『古事記』などの書物をもちいて自らの支配の正当性を確立する〈〈設立によるコモンウェルス〉に相当する建国神話〉。

ホッブズの理論はすこしも非現実的ではない。それはリアルで正直な理論とみなされるべきである。

31 *Discours sur l'origine*..., p. 146〔『人間不平等起源論』八四－八五頁〕

32 *Ibid.*, p. 161〔同前、一一八頁〕

33 「誰かが、私をそれまで暮らしていた樹木から追い払うとしたら、私はその樹木から降りて、別の樹木に移るだけだ。ある場所で誰かが私を苦しめるとしても、その人は私が別の場所に移るのを妨げることはできないだろう。私よりもはるかに強く、しかも邪悪で、怠惰で、凶暴な人間がいるとしても、自分は何もせずに、自らの生活の糧を私に持ってこさせることができるものだろうか」(*Ibid.*, p. 161〔同前、一一八頁〕)

このロジックを理解する上で、マルクスが『資本論』で挙げている悲喜劇的な例が参考になるだろう。経済学者E・G・ウェイクフィールドは植民地経済の研究において、資本が単なる物ではなく、物によって媒介された人と人との間の社会的関係であることを発見した。「貨幣や生活手段や機械その他の生産手段の所有も、もしその補足物なる賃金労働者、すなわち、自由意志によって自分を売らざるを得ない他の人々を欠くならば、いまだある人間に、資本家の極印を押すものではない」。つまり、単にカネや物を持っているだけでは人は資本家にはなれない。他人を労働者として自らに従わせることはできない。

さて、マルクスが挙げるのはこのウェイクフィールドが紹介するピール氏の例だ。彼は五万ポンドの生活手段と生産手段を、イギリスから西オーストラリアのスワン・リヴァーに持っていった。「ピール君はその他に労働者階級の男女と子ども三千人を同伴したほど周到だった。目的地に着いたとき、「ピール氏には、彼のために寝床を用意したり、河から水を汲《く》んだりする一人の召使いもいなかった」。何もかも用意しながら、イギリスの生産関係をスワン・リヴァーに輸出することだけは忘れていた不幸なピール君!」(Karl Marx, *Das Kapital*, Erster Band, Dietz, 1974, p. 793〔カール・マルクス『資本論』向坂逸郎訳、岩波文庫、一九六九年、第三分冊、四二〇頁〕)

「イギリスの生産関係」を社会状態と置き換えることができるだろう。利害関係や法によって構築された一定の社会的関係がなければ、隷従や抑圧は実効的に作用しない(たとえば、家族を養うためには、自分の身分や資格では満足できる労働条件でなくとも働かなければならない等々)。隷従や抑圧はその意味で社会状態を前提しており、したがって、自然状態には存在し得ない。

34　もちろん「自然の出来事」による被害があまりに大きくなれば、「仕方ない」とは思えなくなるだろう。そのときに何が起きるだろうか? 自然を一個の人格と見なし、それをうらむというメカニズムが発生する。更には、その自然という人格が自分たちに意地悪をすることの理由をもとめ、自分たちが何か悪いことをしたから、あの自然という人格が自分たちにお仕置きをしているのだと考えて、自分たちを納得させるようになるだろう。これが自然宗教の発生のメカニズムである。

35　「自然状態では利己愛は存在しない。〔…〕利己愛は、自分の力のおよばないものとの比較から生まれるものであり、このような感情が野生人の魂のうちに芽生えるとは考えられない。同じ理由から、野生人は憎悪《ぞうお》の感情も復讐《ふくしゅう》の欲望も抱くことはないだろう。〔…〕要するに、野生人は他の同胞を、別の種の動物と同じ眼差《まなざ》しでしか眺めることがないのである。弱い相手から獲物《えもの》を奪ったり、強い相手には自分の獲物を献上したりすることはあるだろうが、こうした略奪行為を、自然の出来事としかみなさないのである。だから、そのことで驕《おご》ったり、恨みに思ったりすることもないのである」(*Discours sur l'origine...*, p. 219〔『人間不平等起源論』二五七－二五八頁〕)

36　更に言えば、社会状態であろうと、平等と思えない構成員の間であれば、同じようにうらみやおごりが生まれることはない。たとえば、私たちは一生懸命に働いてお金を稼ぐが、それを税金として国家に奪われる。これは略奪である。どういう理由がつけられようと、お金をもっていってしまうのだから、これは略奪である。しかし、それを「仕方ない」と思えるのは、国家と自分が平等な構成員であるとは思っていないからである。もちろん「仕方ない」とは思えない人がいて脱税を行うし、「仕方ない」とは思えない人があまりにも増えれば革命が起こる。

37　ジル・ドゥルーズはルソーの自然状態論を解説して、次のように述べている。「自然状態にあると仮定された人間は邪悪ではありえない。なぜなら人間の邪悪さと邪悪な行為を可能にする客観的条件は、自然それ自体の中には存在しないからである」。彼はルソーの次の言葉を引いている。「人間は、いうならば、出会うことによって攻撃しあったのであるが、彼らはめったに出会わなかった。いたるところに戦争があり、それでも大地は平和であった」。それに対し、「社会は、邪悪である方が好都合であるような状況のなかにたえず私たちをおく。虚栄心によって、私たちは、自分たちが生まれつき邪悪であると信じようとする。しかし真実はもっと手におえない。私たちは、それと知らずに、それに気づきさえしないうちに、邪悪になる。

私たちが誰かの相続人であるとき、無意識のうちに、どうにかして彼が死ぬことを願わずにいるのは難しい」(Gilles Deleuze, «Jean-Jacques Rousseau précurseur de Kafka, de Céline et de Ponge», *L'île déserte et autres textes*, Minuit, 2002, pp. 73-74〔ジル・ドゥルーズ「カフカ、セリーヌ、ポンジュの先駆者、ジャン＝ジャック・ルソー」宇野邦一訳『無人島 1953-1968』河出書房新社、二〇〇三年、一〇七－一〇九頁〕)

38 *Discours sur l'origine*..., p. 123〔『人間不平等起源論』三六頁〕

39 『大辞泉』「本来」の項。

40 簡単に説明しよう。マルクスの疎外論と呼ばれるものは、主として、一八四四年に書かれた『経済学・哲学草稿』と呼ばれるテキストで展開されているそれを指す。このテキストは一九三二年に『マルクス・エンゲルス全集』においてはじめて公表された。その後、思想界において実存主義的傾向が高まりを見せていくにつれて、マルクスの疎外論は強い関心を引くようになり、四〇年代後半から六〇年代にかけて強い影響力をもつこととなった。

たとえばマルクスはそのなかで次のように述べている。「疎外は、たんに生産の結果においてだけではなく、生産の行為のうちにも、生産的活動そのものの内部においても現れる。〔…〕では、労働の外化は、実質的にはどこにあるのか。／第一に、労働が労働者にとって外的であること、すなわち、労働が労働者の本質に属していないこと、そのため彼は自分の労働において肯定されないでかえって否定され、幸福と感ぜずにかえって不幸と感じ、自由な肉体的および精神的エネルギーがまったく発展させられずに、かえって彼の肉体は消耗し、彼の精神は退廃化する、ということにある。だから労働者は、労働の外部ではじめて自己のもとにあると感じ、そして労働のなかでは自己の外にあると感ずる。〔…〕だから彼の労働は自発的なものではなくて強いられたものであり、強制労働である」(Karl Marx, *Ökonomisch-philosophische Manuskripte (1844)*, Karl Marx Friedrich Engels Gesamtausgabe, Ergänzungsband, Erster Teil, Dietz, 1974, p. 514〔カール・マルクス『経済学・哲学草稿』城塚登・田中吉六訳、岩波文庫、一九六四年、九一-九二頁〕)

『経済学・哲学草稿』を書いていた頃のマルクスは一般に「初期マルクス」と呼ばれる。エンゲルスがマルクスの思想を要約して、彼こそは史的唯物論《ゆいぶつろん》という歴史法則を発見したと述べていたこともあり、マルクスの思想はそれまで、主として資本主義の法則を明らかにしたものとして読まれていた。

だが、上記引用部から明らかなように、初期マルクスの思想においては人間性への眼差しが疎外論として大々的に展開されていた。そのため、『経済学・哲学草稿』の思想は、それまでにない新しいマルクス像を差し出してくれるものとして大いに歓迎された。その結果、『資本論』のなかのこれまではさほど重視されていなかった次のような箇所に読者は引きつけられることとなった。

「資本主義体制の内部では、労働の社会的生産力を高めるためのすべての方法が個々の労働者の犠牲において実行されること、生産の発展のためのすべての手段が生産者の支配搾取《さくしゅ》手段に変じ、労働者を部分人間に不具化し、彼を機械の付属物に引下げ、彼の労働の苦痛をもって労働の内容を破壊し、独立の力としての科学が労働過程に合体されるにしたがって労働過程の精神的諸力を彼から疎外すること、これらの手段は彼がそのもとで労働する諸条件を歪《ゆが》め、労働過程中きわめて狭量陰険な専制に彼を服させ、彼の生活時間を労働時間に転化し、彼の妻子を資本のジャガーノート車輪の下に投げこむこと

〔…〕」(*Das Kapital*, Erster Band, p. 674〔『資本論』第三分冊、二三一頁〕)

資本主義下の工場労働者は特定の作業を強制され、いわば工場設備の一部、その部品にさせられ、「部分人間に不具化」されてしまう。これをマルクスは、疎外された労働と呼んだ。

41　Fritz Pappenheim, *The Alienation of Modern Man*, Monthly Review Press, 1959〔フリッツ・パッペンハイム『近代人の疎外』粟田賢三訳、岩波書店、同時代ライブラリー、一九九五年〕。パッペンハイムの本は一九五九年にアメリカで出版されている。当時のアメリカではまだ『経済学・哲学草稿』がよく知られていなかったため、パッペンハイムは同書のなかで疎外論そのものの同国への導入を試みている。

42　しかし、パッペンハイムが参照するテンニースの考え方そのものがあまりにも通俗的である。ゲゼルシャフトかゲマインシャフトかという考え方は一つの偏見であって、この偏見にとらわれている限り、社会のさまざまな問題への解決策は絶対に見えてこないだろう。安冨歩は中国社会が「共同体」(=ゲマインシャフト)などの強固な集団を欠いており、強いネットワーク性をもつことを指摘しながら、共同体/市場という二項対立とは別の枠組みで社会を思考することを提案している(安冨歩『経済学の船出』NTT出版、二〇一〇年、二七頁)。

43　「マルクスは、疎外された労働の危険とそれが人間の自由に及ぼす脅威とを力説したにもかかわらず、決してたんに疎外の否定的な破壊的な面にだけ注目したのではない」(*The Alienation of Modern Man*, p. 91〔『近代人の疎外』一〇四-一〇五頁〕)

44　「彼〔マルクス〕はヘーゲルと同じく、人類は疎外の苦しみとそれを克服するための闘争を通過することによって、自己自身のところへ帰るのだという確信を抱いていた。マルクスによれば、このことが労働過程に真の意味を与えるのである。人間は自分のエネルギーを外の世界へ投げ出す。彼の生命は生産物にしみこんで、「客体化」される。〔…〕生産物がもはや生命の外側にとどまらず、生命のなかに再び統合されるときには、この割れ目は閉ざされる」(*Ibid.*, p. 91〔同前、一〇五頁〕) 強調は引用者。

45　Hannah Arendt, *The Human Condition*, University of Chicago Press, 1958; 2nd ed., 1998〔ハンナ・アレント『人間の条件』志水速雄訳、ちくま学芸文庫、一九九四年〕

46　『資本論』の第三巻にも、青年マルクスの著作にも、ある基本的な矛盾が現われているのである。マルクスの労働にたいする態度、したがって彼の思想のほかならぬ中心的概念にたいする態度は、終始一貫、多義的である。労働は「自然によって押しつけられた永遠の必要」であり、人間の活動力の中で最も人間的で生産的である一方、革命は、マルクスによれば、労働者階級を解放することではなく、むしろ、人間を労働から解放することを課題にしている」(*Ibid.*, p. 104〔同前、一六〇頁〕)

47　『人間の条件』では「労働 labor」と「仕事 work」だけでなく、そこに「活動 action」を加えた三区分で、人間の「活動的生活 vita activa」を論じている。概要を説明しておこう。

「労働」とは、人間の肉体によって消費される必要物の生産に関わる営みを言う。食料や衣料の生産などがそれだ。

対し、「仕事」とは、人間の個々の生命とは別個に世界に存在し続けていくモノの創造に関わる営みを言う。芸術作品の創造はその典型例である。物理的に存在するモノでなくとも、たとえば法制度や経済システムなどを創造することも「仕事」の対象である。個々の人間の生命とは別個に存在し続け、世代を超えて利用されていくものと考えれば、道具の生産もこれにあたる。だから「労働」と「仕事」の区別は相対的である。たとえば同じ椅子《いす》であっても、使用の対象となるか消費の対象となるかによって、それが「労働」の対象であるのか、「仕事」の対象であるのかが変わってくる（*Ibid.*, pp. 136-137〔同前、一二四－一二五頁〕）。

最後に「活動」とは、多数で生きねばならないという人間の運命に関わる営みであり、つまりは政治である。そしてこれこそが、アレントの強調したいものだ。

アレントによれば近代とは、「活動」を頂点とした伝統的ヒエラルキーが転倒し、それまで蔑《さげす》まれていたはずの「労働」が賛美されるにいたった時代である。この転倒はジョン・ロック［1632-1704］が労働をすべての財産の源泉として発見したときに始まる。アダム・スミス［1723-1790］が同じ主張を強力に展開したことによって労働の評価は上昇を続け、マルクスの思想において頂点に達した（*Ibid.*, p. 101〔同前、一五七頁〕）。

かつて労働が蔑視《べっし》の対象であったという主張は、本書でもヴェブレンを参照しながら確認したところである。このテーゼを確認しておくために、アレントの言葉をいくつか引用しておこう。

「労働に対する軽蔑は、もともと、必然〔必要〕から自由になるための猛烈な努力から生まれたものであり、痕跡《こんせき》も、記念碑も、記憶に値する偉大な作品も、なにも残さないような骨折り仕事にはとても堪えられないという労働に対する嫌悪感から生まれたものである」（*Ibid.*, p. 81〔同前、一三五頁〕）

「古代において労働と仕事が軽蔑されたのは奴隷だけがそれにたずさわっていたためであるという意見は、近代歴史家の偏見である。古代人は逆に考え、生命を維持するための必要物に奉仕するすべての職業が奴隷的性格をもつから、奴隷を所有しなければならないと考えていたのである。奴隷制度が擁護され正当化されたのは、まさにこのような根拠からであった」（*Ibid.*, p.

83〔同前、一三七頁〕）「古代の奴隷制は、安い労働を手に入れるための仕組みでもなければ、利潤を搾取する道具でもなく、実に人間生活の条件から労働を取り除こうとする試みであった」（*Ibid.*, p. 84〔同前、一三七頁〕）

48 「彼らが仕事と労働を同一視したために、本来仕事だけがもっているいくつかの能力が労働に与えられた」（*Ibid.*, p. 102〔同前、一五七頁〕）

49 *Ibid.*, pp. 104-105〔同前、一六〇頁〕

50 *Ibid.*, p. 104〔同前、一六〇頁〕

51 *Ibid.*, p. 87, note 17〔同前、二〇四頁、注17〕。なお、『人間の条件』の英語原文では、アレントはマルクスのこの文言をドイツ語のまま、次のように引用している。"Das Reich der Freiheit beginnt in der Tat erst da, wo das Arbeiten ... aufhört." 中断符（"..."）があることから、「欠乏と外的有用性によって決定される」に相当する箇所をアレントが意図的に削除したことがはっきりと分かる。邦訳では中断符が翻訳に反映されていないため、この事実はまったく見えなくなってしまっている。

52 もう一つだけ例をあげよう。アレントはマルクスの『ドイツ・イデオロギー』から、「そこで問題なのは、労働を解放することではなく、労働を止揚することである」という言葉も引いている。この一節もまた、アレントが述べているのと正反対のことを意味している。アレントの目にもそれは明らかだったのではないのだろうか？「止揚《アウフヘーベン》する」が「廃止する」の意味でないことは哲学を学んだ者の常識である（*Ibid.*, p. 87, note 17〔同前、二〇四頁、注17〕）。

53 *Das Kapital*, Dritter Band, p. 828〔『資本論』第九分冊、一六一―一七頁〕

54 Karl Marx / Friedrich Engels, *Die Deutsche Ideologie*, hrsg. von Wataru Hiromatsu, Kawadeshobo-shinsha, 1974, p. 34

〔カール・マルクス、フリードリッヒ・エンゲルス『ドイツ・イデオロギー』花崎皋平訳、合同出版、新版、一九九二年、六八頁〕

55　マルクスに比するなら、アレントは格段に本来性志向が強いと言わねばならない。〈活動〉、〈仕事〉、〈労働〉のヒエラルキーが近代において転倒したと言うとき、アレントが思い描いているのは〈活動〉の優位があった古代ギリシャの民主制である。また、アレントはこの転倒とともに、私的領域と公的領域の区別が消失し、社会的領域という新しい領域が出現したことも指摘している。〈活動〉の、したがって政治の本来の領域である公的領域が社会的領域に飲み込まれていったのが彼女にとっての近代である。アレントは極めて慎重な著述家であり、『人間の条件』の論述はこのような要約を容易には受け入れない。しかし、〈活動〉、〈仕事〉、〈労働〉のヒエラルキーが転倒して〈労働〉が賛美されるようになったと言い、その〈労働〉を論じた最大の思想家たるマルクスを痛烈に批判する点に鑑《かんが》みるに、彼女がこの「転倒」に対して否定的な価値判断を下していることはやはり否定しがたい。アレントにとっては、近代人の疎外は、人間の「本来」の姿によって克服されるべきものなのである。そして、本来性の概念にもとづいて疎外という現象を論じるアレントは、同じフォーマットをマルクスにも適用してしまうのである。

56　本来性なき疎外の概念は、一九六〇年代以降のフランスの哲学、いわゆる「フランス現代思想」において盛んに論じられた同一性なき差異の概念に対応している。普通、私たちは差異というものを、何かと何かがあって、その間に見出《みいだ》されるものと考える。哲学的に言い換えれば、自己同一的なもの（l'identique）があって、その間に差異（différence）が見出されると考える。この場合、差異は自己同一的なものに対して二次的である。しかし、自己同一性の概念に疑問を抱いていた当時のフランスの哲学者たち、特にジル・ドゥルーズは、二次的でない差異、「純粋な差異の概念」を考察しようとした。自己同一的なものに先だつ差異を考察しようとした。

ここで私たちが考察している本来性なき疎外の概念にも同じようにアプローチできる。疎外は、まず自己同一的な状態である本来的な状態があって、そこからのズレ、すなわち差異として考えられてしまう。そう考えている限り、疎外を論じることが本来性への訴えになってしまうことは必然である。しかし、ルソーやマルクスの読解を通じて明らかになったように、もともと疎外を論じていた哲学者たちはそれとは違う道筋で考えていたのである。

こうして本来性なき疎外の概念から改めて見てみると、同一性なき差異という概念は、単なる言葉遊びでも、抽象的な哲学ゲームでもなく、強い政治的含意をもっていたことが分かる。それは新しい政治的パースペクティヴを開くためのさまざまな可能性をもっており、疎外概念の再検討もまたその可能性の一つである。しかし、そうした点は、「フランス現代思想」の流行のなかではまったく論じられることがなかった。とりわけ日本においてはそうであった。本章は、当時の哲学者たちが提示しつつも、まったく顧みられずに残されたこの課題への応答であり、この課題を顧みなかった当時の思潮に対する抵抗である。

同一性なき差異の概念の哲学的基礎づけについては、以下の論文を参照されたい。國分功一郎「訳者解説」(ジル・ドゥルーズ『カントの批判哲学』國分功一郎訳、ちくま学芸文庫、二〇〇八年)

第五章　暇と退屈の哲学

1　「哲学とはほんらい郷愁であり、どこにいても家に居るように居たいと願うひとつの衝動である〔Die Philosophie ist eigentlich Heimweh, ein Trieb überall zu Hause zu sein.〕」(Martin Heidegger, *Die Grundbegriffe der Metaphysik : Welt-Endlichkeit-Einsamkeit,* Gesamtausgabe, Band 29/30, Vittorio Klostermann, 1983; 3. Auflage, 2004〔マルティン・ハイデッガー『形而上学《けいじじょう》の根本諸概念——世界-有限性-孤独』ハイデッガー全集第29／30巻、川原栄峰、セヴェリン・ミュラー訳、創文社、一九九八年、一二頁〕)

おそらくノヴァーリスが言いたいのは次のようなことである。哲学は普遍的なものを扱う。真理とか自然とか本性とか原理とか。これは哲学が、どこにいっても通用する概念について思考するということを意味している。自分のふるさとでしか通用しない考えにひたっていたならば、その人は、たとえばふるさとから上京して別の地域に暮らしながら、自分のふるさとに郷愁を抱くことだろう。自分の考えが通用しない土地を生きているのだから。哲学もまた自分の考えが通用する場所に生きていたいという衝動をもっている。その意味で哲学は郷愁に貫かれている。しかし同時に哲学は、普遍的なもの、どこに行っても通用する概念について思考している。とすると、哲学にとってはいかなる土地もふるさとになる。だから、哲学は郷愁であるけれども、それと同時に、いかなる土地にいても家にいるようにいたいという気持ちをもっていると言われるのだ。そして、そういう願い、衝動に駆られているからこそ、哲学は普遍的なものを思考するのである。つまり、このノヴァーリスの定義は、「郷愁」と「どこにいても家に居るように居たいと願うひとつの衝動」という二つの要素から構成されており、特に後者の要素は前者の要素の意味を理解するうえで決定的に重要である。

なお本文では説明していないが、ハイデッガーには、この後者の要素を十分に理解しているとは思えない節がある。ハイデッガーはただ「郷愁」を強調してしまう。そうすると哲学は、ふるさとから上京した者がふるさとを願う気持ちへとすり替えられてしまう。それはノヴァーリスのこの定義からはずれてしまうように思われる。

2 *Ibid.*, p. 86〔同前、九四－九五頁〕

3 「哲学はいつも或る根本気分において生起する〔*Philosophie geschieht je in einer Grundstimmung*〕」（*Ibid.*, p. 10〔同前、一五頁〕）

4 「では、一つの根本気分を呼び覚まそう！ ところがそうなると直ちに次の問いが生じてくる。いったいどんな気分を呼び覚まそうというのか？ あるいはどんな気分を我々の中で目覚めさせようというのか？ 我々を根底から貫いて気分づけている一つの気分とは？ いったい我々とは誰なのか？」（*Ibid.*, p. 103〔同前、一一四頁〕）

5 *Ibid.*, p. 105〔同前、一一五頁〕。実際にはその他に、ルートヴィッヒ・クラーゲスの著書『魂の敵対者としての精神』、マックス・シェーラーの講演「和解の時代における人間」、レオポルト・ツィーグラーの著書『ヨーロッパ的精神』の三つも言及されているのだが、ここでは解説をいたずらに拡大しないため、最もよく知られたシュペングラーの著書のみを掲げた。

6 *Ibid.*, p. 112〔同前、一二三頁〕

7 「これを「流行哲学」という名で呼んで馬《ば》鹿《か》にしようと試みれば、それで何かが克服されたことになるのだろうか？ 我々はそのような安易な手段をとるべきではないし、また、とろうとは思わない」（*Ibid.*, p. 115〔同前、一二六頁〕）

8 *Ibid.*, p. 115〔同前、一二七頁〕

9 「この退屈を知らない人がいるだろうか？ ——それにもかかわらず、この誰でも知っているものが本来何であるかを単刀直入に言ってのけることのできるひとがいるだろうか？」

(*Ibid.*, p. 119〔同前、一三二頁〕)

10 ドイツ語では（1）は Gelangweiltwerden von etwas、（2）は Sichlangweilen bei etwas (*Ibid.*, p. 138〔同前、一五三頁〕)

11「何かによって退屈させられることにおいては、文字通り我々はその退屈なものによってしっかりと摑まえられている」(*Ibid.*, p. 138〔同前、一五三頁〕)

12「この場合には退屈はこの特定の退屈なものから生じているのではなく、逆にこの退屈は他の諸物を覆《おお》って拡散する」(*Ibid.*, pp. 138-139〔同前、一五三－一五四頁〕)

13 *Ibid.*, p. 140〔同前、一五五頁〕

14「たかだか我々の今の例において、待つこと自身が退屈なこと、退屈させるものだというだけのことであって、退屈がそれ自身で既に待つことであるというわけではない」(*Ibid.*, p. 141〔同前、一五六頁〕)

15「焦《あせ》りは退屈と同一でもなければ、退屈の一特性でもない。辛抱強い退屈というものもなければ、焦り気味の退屈というものもないのだ」(*Ibid.*, p. 141〔同前、一五六頁〕)

16 ここで「気晴らし」と翻訳されたのは Zeitvertreib というドイツ語で、『形而上学の根本諸概念』の邦訳では「暇つぶしの気晴らし」となっている。一般的な日本語の用法からはずれた訳語なので、本書では主に「気晴らし」と翻訳する。

17「ただ時間を過ごすことが問題なのではない。そうではなくて、時間をやり過ごすこと、時間がより速く過ぎ去るように仕向けることが問題なのである。つまり時間がのろいのである」(*Ibid.*, p. 146〔同前、一六二頁〕)

18「ぐずついている或るものは、それこそ、遠慮気味で控えめで、困らせたりはしないはずである。それがどうして困らせたりすることになるのか？」(*Ibid.*, p. 150〔同前、一六五－一六六頁〕)

19 「気晴らしにおいて、同時に我々は、自分たちを一つの仕事につかせようと試みる」(*Ibid.*, p. 152〔同前、一六八頁〕)

20 「仕事に携わることそのもの、そしてそのことだけが関心の的である」(*Ibid.*, p. 152〔同前、一六九頁〕)

21 *Ibid.*, p. 152〔同前、一六九頁〕

22 「これらの物が我々に全く何事もしかけてこない、我々を完全にほったらかしにしている」(*Ibid.*, p. 154〔同前、一七二頁〕)

23 「目の前にあるこの駅舎は、それに付属している列車がまだ来ていないので、我々のためには駅舎として言うことを聞いてくれず(sich versagen)、我々を空虚に放置している」(*Ibid.*, pp. 155-156〔同前、一七二頁〕)

24 「しかし、人は抗議したくなるかもしれない。〔…〕このことに責任があるのは、もっぱら、時刻表を見誤ったために早く来すぎた我々自身ですよ」(*Ibid.*, p. 156〔同前、一七三頁〕)。ハイデッガーはこれに対し、こう答えている。たしかにそうかもしれない。「早く来すぎたことには我々に責任があるかもしれないし、そこにはそんなにわずかしか列車が運行していないということをドイツ国鉄が惹起《じゃっき》したのかもしれない」。だが、いま問うているのはそういうことではない。「我々は、いかなる原因からいまのこの退屈が発生したのかとは問うていない」。なぜなら、ここに起こっている退屈とは何なのかを問うているのだから……。ハイデッガーはこのようにこの疑問を退けている。しかし、おそらくこの疑問は重要である。この点は後に検討する。

25 「この特有の時間とは或《あ》る仕方で駅舎というものの理想的時間である。すなわちそれは列車発車の直前である」(*Ibid.*, p. 159〔同前、一七六頁〕)強調は引用者。

26 「物は明らかにそれぞれ自分の時間をもっており、我々がそのつどちょうどそれの時間にその物に出会うようにするとしたら、おそらく退屈は現れずじまいになるだろう」(*Ibid.*, p. 159〔同前、一七六頁〕)

27 *Ibid.*, p. 165〔同前、一八二－一八三頁〕

28 *Ibid.*, p. 165〔同前、一八三頁〕

29 *Ibid.*, p. 166〔同前、一八三頁〕

30 *Ibid.*, p. 167〔同前、一八四頁〕

31 「思い出そうとしても思い当たらない。あの夕べの一部始終とその経過とがはっきり念頭に浮かぶが、それでも我々は気晴らしということになると何も確認することができない」(*Ibid.*, p. 167〔同前、一八四頁〕)

32 「ちょうどそこへ再び葉巻の箱がまわってきて手渡される」(*Ibid.*, p. 169〔同前、一八六頁〕)

33 「我々はいま自分の殻の中で思い煩《わずら》い打ち沈んで葉巻と事を構えているわけではなくて、葉巻を吸いながらきちんと会話に参加し、一晩中めずらしく上機嫌でいるのだ」(*Ibid.*, p. 170〔同前、一八七頁〕)強調は引用者。

34 *Ibid.*, p. 170〔同前、一八八頁〕

35 *Ibid.*, p. 174〔同前、一九二頁〕

36 ハイデッガーはこの投げやりな態度には二つの意味があると言っている。「第一に、そこ〔パーティー〕で演じられていることへと自分を任せてしまうという意味〔…〕。第二に、自分を置き去りにする、つまり自分すなわち本来的自己を置き去りにするという意味」(*Ibid.*, p. 180〔同前、一九九－二〇〇頁〕)

37 *Ibid.*, p. 177〔同前、一九六頁〕

38 「そこで演じられていることに調子を合わせて表向き満たされているかのように付和雷同しているうちに或る種の空虚が自らを造成する」(*Ibid.*, p. 180〔同前、二〇〇頁〕)強調は引用者。

39 ハイデッガーによれば、「この空虚とは我々の本来的自己が置き去りにされているということである」(*Ibid.*, p. 180〔同前、二〇〇頁〕)

40 「時間はいわば控えめに引き下がっている」(*Ibid.*, p. 183〔同前、二〇四頁〕)

41 「〔退屈の第二形式の中にいる〕我々はどうして時間を失いたくないのか？ 我々は時間を必要とし、利用したいからである。何のためにか？ 我々の日常的な仕事に携わるためにである。我々はもうずっと以前からこのような仕事の奴隷《どれい》〔Sklave〕になってしまっているのだ。とすると、我々が時間をもたないのは、我々自身が、ちょうど今そこで起こっているすべての雑事に調子を合わせて付和雷同することをやめにすることができないからなのだ。結局、第一形式のこの〈時間を－もた－ない〉〔*Keine-Zeit-haben*〕は、あの第二形式の、自分に時間を許容したうえでの時間の浪費よりも、もっと大きな自己喪失〔*eine größere Verlorenheit des Selbst*〕なのだ。多分、この第二形式の〈時間をもっている〉〔Zeithaben〕の内には、より大きな現存在の均整〔Ausgeglichenheit〕と安定〔Sicherheit〕があるのであろう——これは正気であること〔ein Bei-sich-selbst〕の一種であり、このことは少なくとも、現存在における本質的なものは仕事熱心や大忙しによって無理矢理に手にいれることなどできないということを予感はしている。〔…〕第一形式の〈時間をもたない〉は最も厳格な真面目《まじめ》さのように見えるが、実はおそらく、現存在のもつ諸々の俗物性〔Banalitäten〕への最大の喪失なのである」(*Ibid.*, p. 195〔同前、二一六－二一七頁〕)

42 *Ibid.*, p. 202〔同前、二二五頁〕

43 「我々は前述の退屈の二形式を、次のように命名することによって既に性格づけていた。すなわち、或る特定の状況において何かによって退屈させられると、或る特定の状況の折に何かに際して退屈するの二つだ。では、この第三形式の深い退屈は？ これを我々はいかに命名すべきであるか？ 我々はこのことを試み、そして次のように言いたい。なんとなく退屈だ、

〔Es ist einem langweilig〕、と我々が言う場合、あるいはもっと適切には、我々がそのことを黙ったまま知っている場合、この深い退屈は退屈させる、と」（*Ibid.*, p. 202〔同前、二二五頁〕）

44 「なんとなく退屈だ Es ist einem langweilig」というドイツ語の文を簡単に説明しておこう。主語はEsである。これは英語ならItに相当する。Esは何か特定のものを指しているわけではない。英語であれば、It rains〔雨が降る〕という場合のItと同じだ（いわゆる非人称主語）。langweiligは「退屈である」「つまらない」「単調な」を意味する形容詞。Esを主語としてこの形容詞を用いる文は、よく用いられる慣用的表現である。たとえばEs war ihr sehr langweiligと言えば、「彼女はとても退屈していた」という意味だが、字義通りには、「彼女にとってそれは大変退屈だった」と翻訳できる。ハイデッガーがあげた一文において「……にとって」の位置を占めるのは、einemという語である。これは不定代名詞と呼ばれる品詞の単数中性三格で、だれというわけでもない、ある人を指す。つまり、「なんとなく退屈だ」と翻訳されているこの文は、字義通りには次のようなことを意味している——「それEs」は、「ある人にとってeinem」、「退屈langweilig」「であるist」。これを邦訳では、「なんとなく退屈だ」と翻訳しているわけである。

45 「なんとなく退屈だというこのことは、思いがけず、そして我々がそれを全然期待していないまさにそういうときに生じることがあり得る。もちろん、この根本気分が突然裂開するような状況もいろいろあり得る。この諸状況は、個人的経験、動機付け、運命に応じて、個人的に全く種々さまざまである」（*Ibid.*, p. 203〔同前、二二六頁〕）

46 *Ibid.*, p. 204〔同前、二二六頁〕

47 「この退屈には気晴らしが欠けている」

(*Ibid.*, p. 204〔同前、二二七頁〕)
48　*Ibid.*, pp. 204-205〔同前、二二七－二二八頁〕
49　「第三形式においては我々は、何らかの仕方で聞くことへと強制されている」(*Ibid.*, p. 205〔同前、二二八頁〕)
50　*Ibid.*, p. 207〔同前、二三〇頁〕
51　*Ibid.*, p. 210〔同前、二三四頁〕
52　「なんとなく退屈だ」は、我々を「余すところなき全くの広域へと置いてしまう」(*Ibid.*, p. 215〔同前、二三九頁〕)
53　「現存在を現存在として根源的に可能ならしめることへと無理にも向けられていること」(*Ibid.*, p. 216〔同前、二四一頁〕)
54　*Ibid.*, pp. 211-212〔同前、二三五頁〕
55　*Ibid.*, p. 212〔同前、二三五頁〕
56　「拒絶の内には或る他のことへの一つの指示が横たわっている〔…〕この指示は、干されている諸々の可能性の告知なのである」(*Ibid.*, p. 212〔同前、二三六頁〕)
57　「退屈の第一形式とこれに属している独特の気晴らしのあの特徴的な不安定は、この退屈の単なる心的随伴現象などではなく、この退屈の本質に属している。ということは、何かによって退屈させられることのなかで、退屈させられている人は――それとははっきり気づかないままに――この「なんとなく退屈だ」から逃げ去ろうとしているのだ。すなわち〔…〕「広域と先端部において示される現存在の」可能性から自分で自分を連れ去ろうとしているのだ」(*Ibid.*, p. 234〔同前、二六〇頁〕)
58　実際のところ、第一形式と第二形式は、第三形式によって引き起こされる退屈のすべての形式を網羅したものではない。ハイデッガーが、「退屈の諸形式そのものは流動的である。多種多様な中間形式がある」と述べている点に注意しておこう(*Ibid.*, p. 235〔同前、二六一頁〕)。この二つは、さしあたり、分析の手引きとして提示されたものである。とはいえ、範例的な意味をもつ。この二つを通じて分析を進めれば――まさにここまでに見てきた通り――退屈の本質に迫ることができる。また、「中間形式」という意味では、この第二形式が独特な位置を占めているともハイデッガーは言っている。第二形式の特殊性については第七章で詳しく検討することになる。

59　「呪縛《じゅばく》するものそのもの、つまり時が告げ知らせつつ解放して自由にする事柄、この事柄は、現存在の自由そのものに他ならない」(*Ibid.*, p. 223〔同前、二四八頁〕)

60　「現存在の自由ということのことは、現存在が自分を自由にするということのうちにのみある。しかし、現存在が自分を自由にするというこのことが起こるのは、そのつどただ、現存在が自分自身へと向けて、決断するときだけ、すなわち、現存在が現-存在としての自分のために自分を開くときだけである」(*Ibid.*, p. 223〔同前、二四八-二四九頁〕)

第六章　暇と退屈の人間学

1　「岩板の上にトカゲが横たわっているが、たしかに、トカゲにとって岩板は岩板として与えられているわけではなく、トカゲは岩板の鉱物学的性質を問題にして問うことなどできない。トカゲは日向《ひなた》で日向ぼっこしているが、たしかに、トカゲにとって太陽は太陽として与えられているわけではなく、トカゲが太陽に関して宇宙物理学的問いを設定して答えを出すなどということはできない。〔…〕トカゲが岩板の上に横たわっていると我々が言うとき、本当は、我々は「岩板」という語を削るべきなのだ。トカゲがその上に横たわっているそのものは、たしかにトカゲに何らかの仕方で与えられてはいるが、しかし岩板として識《し》られているわけではない」(*Die Grundbegriffe der Metaphysik*, p. 291〔『形而上学《けいじじょう》の根本諸概念』三二〇-三二一頁〕)

2　しかし先取りして言っておくなら、ここで「石」が現れるのは、おそらく、この三つの分類が何らかの矛盾ないし無理を抱えていることの証拠である。

3　Jakob von Uexküll, Georg Kriszat, *Streifzüge durch die Umwelten von Tieren und Menschen*, Fischer, 1992〔ユクスキュル、クリサート『生物から見た世界』日高敏隆・羽田節子訳、岩波文庫、二〇〇五年〕

4　このダニは不完全な状態で卵から生まれてくるという。肢《あし》は一対足らないし、生殖器官もない。だがその状態でも既にトカゲのような冷血動物を襲うことができる。そして何度も脱皮を繰り返した後、欠けていた器官を獲得する。

5　フィルムは滑らかに動いているのではなく、止まったり動いたりを繰り返していることになる。これを間歇《かんけつ》運動と言う。映写機のシャッターは、その多くが、回転する円盤の一部が切り取られた形になっている。円盤の半分が切り取られているとすれば、半円が廻転していることになる。半円に光があたって光が遮《さえぎ》られているとき、つまりシャッターが閉じているときにはフィルムが移動し、光が遮られないとき、つまりシャッターが開いているときにはフィルムは停止する。映写機がいつもカタカタカタカタという音を立てているのは、この間歇運動のためである。なお、映画を撮影するカメラもまったく同じ構造になっている。投影のためのランプがないだけである。映画発明時には、カメラと映写機は同じ一つの機械だった。

6　「われわれはともすれば、人間以外の主体とその環世界の事物との関係が、われわれ人間と人間世界の事物とを結びつけている関係と同じ空間、同じ時間に生じるという幻想にとらわれがちである。この幻想は、世界は一つしかなく、そこにあらゆる生物がつめこまれている、という信念によって培《つちか》われている。すべての生物には同じ空間、同じ時間しかないはずだという一般に抱かれている確信はここから生まれる。最近になってようやく、すべての生物に通用する空間をもつ宇宙の存在への疑いが物理学者たちの間から生じてきた」(*Ibid*., p. 16〔同前、二八－二九頁〕)

7 *Ibid*., p. 14〔同前、二四頁〕

8 ユクスキュルはこうした環世界の考え方が、空間と時間を感性の直観形式だとしたイマニュエル・カントの学説に一致すると述べている。カントの一つの問題はなぜ自然現象が数学的に説明できるのかということだった。つまり、なぜ外界と私たちの認識とは一致するのかということである。カントはこう考えた。人間は、自然とか宇宙とか外界とかいった物自体、それそのものは認識できない。その物自体の現れ、すなわち現象を、時間と空間という形式で感性が受け取り、そして、受け取った現象を今度は悟性がもっているさまざまな概念によって整理する。外界は私たちの認識と一致するものとしてあらかじめ存在しているのではなくて、時間と空間という感性の形式が、外界の現れを、私たちの認識対象として扱い得るようなものに仕立て上げている。

9 「これ〔ユクスキュルの言う動物の環世界〕が、同じような調子で人間の世界についても言われるようになると、この事柄の全体は哲学的に疑わしいものとなる。確かにユクスキュルは生物学者たちの中では、動物が関連する相手のものは、人間にとってとは違ったふうに動物には与えられているのだということを、繰り返し極めて鋭く強調する人ではある。しかしここが肝心のところであって、ここに決定的な問題が潜んでいるのであり、本当はこの決定的な問題が取り出されねばならなかったはずなのである。というのは、重要なのは、単に人間の世界と比べて動物の世界が質的に相違しているということではないのであり、ましてや遠さ、深さ、広さといったような量的な違いではなく

――与えられたものを動物が人間とは違ったふうに受け止めるかどうか、また、それをいかに受け止めるかということではなくて、重要なのは、そもそも動物が或るものを或るものとして、或るものを存在者として会得《えとく》して受けとることができるかできないかということだからである」（*Die Grundbegriffe der Metaphysik*, pp. 383-384〔『形而上学の根本諸概念』四一五－四一六頁〕）

10 *Ibid.*, p. 416〔同前、四五二頁〕

11 *Ibid.*, p. 350〔同前、三八二頁〕

12 *Ibid.*, p. 352〔同前、三八四頁〕

13 *Ibid.*, p. 352〔同前、三八四頁〕

14 *Ibid.*, p. 347〔同前、三七九頁〕

15 二つの語に込められた価値判断は、これらの語の英語訳を見てみると分かりやすい。〈とらわれ Benommenheit〉は「麻痺《まひ》状態」を意味する benumbment という語で翻訳されている。他方、〈とりさらわれ Hingenommenheit〉は being taken という表現で翻訳されている。

16 *Streifzüge durch die Umwelten von Tieren und Menschen*, p. 101〔『生物から見た世界』一五五頁〕

17 *Ibid.*, pp. 65-66〔同前、一〇一－一〇三頁〕

18 ダーウィン『種の起源』渡辺政隆訳、光文社古典新訳文庫、二〇〇九年、上巻、第七章

19 ダーウィンは、夜、穴を掘ってそのなかに身を隠し、穴の開口部を葉っぱでふさぐ習性をもったミミズを研究した。ミミズはそれまで出会ったことのない葉っぱでも、ダーウィンが用意した紙の破片でも、それらを用いた場合の最良の方法を見つけ出し、穴ふさぎを行った。ここからダーウィンは次のように述べる。「要約すると、物体をトンネルに引っぱり込むやり方は偶然によって決まるものではないし、個々の場合ごとに特異的な本能の存在を認めるわけにもいかないのだから、まず第一の、そして最も自然な推測は、ミミズは最終的に成功するまで

すべての方法を試みるのだということになる。しかし、多くの兆候は、この推測に反するものである。たった一つの代案だけが残る。すなわち、ミミズは体制こそ下等であるけれども、ある程度の知能を持っているということである。誰もが、そんなことはとてもありそうもないと思うだろう。しかし、そのような結論に対して自然に生じる不審の念を正当化するだけの知識を、下等動物の神経系について私たちが持っているかどうかは疑わしい。脳神経節が小さいことに関しては、目的に適応できる一定の力を備えたどれほどの量の遺伝的知識が、働きアリのあの小さな脳の中に入っているかを思い出すべきである」（チャールズ・ダーウィン『ミミズと土』渡辺弘之訳、平凡社ライブラリー、一九九四年、九三-九四頁）

ここでは展開できないが、ここから知性と理性の発生について考察を深めることができるように思われる。知性は何らかの課題に対応した際に発揮される生物の能力である。おそらく人間はその能力を高度に発達させた。その結果、人間の知性は他の生物とは比べようのない特殊な状態を呈するようになり、それが理性と呼ばれてきたのだとは考えられないだろうか。つまり、理性は人間にあらかじめインストールされていた能力というより、生物固有の知性という能力がある条件を満たしたときに発生する状態であり、しかも人間の場合にはそれがある程度の恒常性をもっていた、と。ある種の哲学のなかに見出される「理性信仰」とは、その状態を、絶対的な恒常性をもつものとして理解したときに生まれるのではないか。実際、「理性」は容易に崩壊するし、精神分析が明らかにしたとおり、その下部には無意識の強い影響が見出せる。

20　同じ動物であっても、全く異なる生態を示すことがある。ゴリラの研究者である山極寿一はこんな逸話を紹介している。ニホンザルの群れについてこれまで様々な行動法則が唱えられてきたが、研究者たちは皆違うことを言っている。「それでぼくは、日本列島のサルのフィールドを全部見てまわったんです。〔…〕それでわかったことは、どの研究者がいっていることも、そのフィールドのサルについては正しいということです。／たとえば、箱根のサルの研究者は、一つの群れのサルが全員一カ所にそろうことはないという。確かにそこではそのとおりなんです。しかし、高崎山のサルの場合には、一〇〇〇頭をこす集団が、一カ所にどっと集まっている」（立花隆『サル学の現在』平凡社、一九九一年、二二一－二二二頁）。つまりニホンザルは、自分たちの群れがいる環境、また群れの通時的なフェイズに応じて、独自に環世界を形成しているのである。それは時間が経《た》ったり、環境が変わったりすれば変化する。サルはそうした変化に応じて、新しい環世界に移行する。

21 世界ではじめてチンパンジーへの「人付け」による研究（生活を共にしながら観察する研究）を成功させたジェーン・グドールは、この生き物が「空想にふけっている」と語っている（『チンパンジー――大自然の動物ファミリー1』松沢哲郎監訳、くもん出版、一九九四年）。もちろんそれはグドールの妄想かもしれない。しかし、同書に収められた写真の数々はその可能性を十分に示唆《しさ》するものである。

22 哲学史においてはデカルトによる人間と動物の区別が有名である。デカルトは動物は魂を欠いた機械であると述べた。他方、人間は魂を与えられた機械である。デカルトは精巧に作られたサルの機械があったなら、その機械とサルとを区別する方法はないと述べている (Descartes, *Discours de la méthode*, GF-Flammarion, 1992, pp. 74-75〔デカルト『方法序説』落合太郎訳、岩波文庫、一九九三年、六九頁〕)。ジョルジョ・アガンベンによれば、近代分類学の祖リンネは、「デカルトがサルを見たことがなかったのは確実だ」と述べていたという（ジョルジョ・アガンベン『開かれ――人間と動物』岡田温司・多賀健太郎訳、平凡社、二〇〇四年、四〇頁）。

第七章　暇と退屈の倫理学

1　*Die Grundbegriffe der Metaphysik*, p. 195〔『形而上学の根本諸概念』二一六頁〕

2　「したがって、歴史の終末における人間の消滅は宇宙の破局ではない。すなわち、自然的世界は永遠に在るがままに存続する。したがって、これは生物的破局でもない。人間は自然あるいは所与の存在と調和した動物として生存し続ける。消滅するもの、これは本来の人間である。すなわち所与を否定する行動や誤謬《ごびゅう》であり、あるいはまた一般には対象に対立した主観である。実際、人間的時間あるいは歴史の終末、すなわち本来の人間あるいは自由かつ歴史的な個体の決定的な無化とは、ただ単に用語の強い意味での行動の停止を意味するだけである。これが実際に意味するものは、――血塗られた戦争と革命の消滅であり、さらには哲学の消滅である。なぜならば、人間はもはや自己自身を本質的には変化せしめず、人間が有する世界と自己との認識の基礎である（真なる）原理を変化させる理由もまたないからである。他の一切のものは際限なく保持される。芸術や愛や遊び等々……要するに人間を幸福にするものはすべて保持される」（Alexandre Kojève, *Introduction à la lecture de Hegel : leçons sur la Phénoménologie de l'esprit*, Gallimard, coll. «Tel», 1985, pp. 436-437〔アレクサンドル・コジェーヴ『ヘーゲル読解入門――「精神現象学」を読む』上妻精・今野雅方訳、国文社、一九八七年、二四四―二四五頁注6〕強調は引用者）。なお、本章で引用するのはこの注だけであるので、以後は引用の参照箇所指定は行わない。

3　年代を整理しておこう。既に述べた通り、講義が行われたのは一九三〇年代である。一九四七年に書物として出版されるにあたり、講義原稿には大きな加筆修正が行われた。歴史の終わりについて述べた注は一九四六年に書かれたものだという。出版直後の一九四八年から五八年までの間、コジェーヴは合衆国とソ連を旅行し、この後本文で説明しているような、「歴史の終わり」についての認識を得る。更にその後、一九五九年には日本を旅行し、同じくこの後本文で説明したような、日本についての認識を得る。以上の経験を踏まえて新しい注が書かれ、一九六八年に出版された同書の第二版に収録された。コジェーヴは同年に死亡している。

4　日本ではかつて浅田彰が盛んに日本人のスノビズムという主題を取り上げた（『「歴史の終わり」を超えて』中公文庫、一九九九年）。近年では東浩紀が『動物化するポストモダン――オタクから見た日本社会』（講談社現代新書、二〇〇一年）で、「オタク」と呼ばれるサブカルチャー愛好者たちの集団に、歴史の終焉《しゅうえん》以後、「ポストモダン」期の「動物化」した人間の形象を見ている。ハイデッガーの『形而上学の根本諸概念』とコジェーヴのヘーゲル読解とを絡《から》めるという点においては本書と関連もなくはないジョルジョ・アガンベンの『開かれ――人間と動物』は、動物化の議論を取り上げ、ジョルジュ・バタイユの言う「無頭」の生物との関連を論じている。ジャック・デリダは『マルクスの亡霊たち』（Jacques Derrida, *Spectres de Marx*, Galilée, 1993〔増田一夫訳、藤原書店、二〇〇七年〕）で、コジェーヴの歴史の終焉論、そして、それを取り上げ直して冷戦後の世界にその実現をみたフランシス・フクヤマに言及し、「歴史の終焉」という議論がたびたび繰り返される紋切り型の議論であることを指摘している。

5　*Ethics of the Real*, p. 5〔『リアルの倫理』二〇頁〕

6　なぜこんな勘違いがしでかされるのか？

それはコジェーヴのような哲学者は、自分のような者が人間であり、その他大衆は動物であると思っているからである。彼らは見下したいのである。だから、自分が見下せるような状況分析を行って、見下し、そのうえでその「状況」を嘆いてみせるのである。このような分析に見出されるのは、単なる自己肯定の欲望にすぎない。

7　ジル・ドゥルーズは本能と制度とは満足を得るための二つの異なった手段であると述べている。動物は進化の過程で、ある本能を獲得した。それはそれぞれの動物がもつ傾向性を満足させるためのものである。それに対し人間は本能が壊れつつある動物である。それ故に人間は制度を作り出すことで満足を得ている。たとえば、婚姻制度は性欲を満たすのに役立ち、所有制度は貪欲《どんよく》さを満たすのに役立つ（Gilles Deleuze, «Instincts et institutions», *L'île déserte et autres textes*, Minuit, 2002〔「本能と制度」『哲学の教科書――ドゥルーズ初期』加賀野井秀一訳、河出文庫、二〇一〇年〕）。

8　最近の研究では自閉症者が独特の環世界を生きていることが明らかになってきている。たとえば、シャワーの一本一本が肌を刺すように感じる。周囲がどうでもいいと思っている情報が気になってしまい、本題に入れない等々。彼らはしばしば習慣に強く固執することが知られている。自閉症と退屈の関係についてはここでは問うことができないが、重要な問いであると思われる。自閉症者の世界については、村上靖彦の『自閉症の現象学』（勁草書房、二〇〇八年）を参照されたい。なお、村上の記述を参考にして言えば、本章で延々と私たちが論じている「つらい人間的生」とは、定型発達者の生と言い換えることができるかもしれない。この問題は本書の課題を超えているためここでは論じられないが、自閉症と退屈の関係とあわせて考えられるべき、重要な問題であると思われる。

9 「考えるということはひとつの能力の自然な働きであること、この能力は良き本性と良き意志をもっていること、こうしたことは事実においては全く理解し得ないことである。人間たちは、実際にはめったにものを考えたりしないし、考えるにしても、意欲が高まってというよりむしろ、何かショックを受けて考える。これは、「すべてのひと」のよく知るところである」（Gilles Deleuze, *Différence et répétition*, PUF, 1968, p. 173〔ジル・ドゥルーズ『差異と反復』財津理訳、河出文庫、二〇〇七年、上巻、三五四頁〕）

10 *Ibid.*, p. 181〔同前、上巻、三七二頁〕

11 小林康夫「大地論序説」（『表象の光学』未來社、二〇〇三年）を参照されたい。

12 Sigmund Freud, *Jenseits des Lustprinzips*, *Gesammelte Werke*, XIII, Fischer, 1999〔フロイト「快原理の彼岸」『フロイト全集』第17巻、須藤訓任訳、岩波書店、二〇〇六年〕

13 Sigmund Freud, *Das Ich und Das Es*, *Gesammelte Werke*, XIII, Fischer, 1999, p. 276〔フロイト「自我とエス」『フロイト全集』第18巻、岩波書店、二〇〇七年、四六頁〕

14 ドゥルーズは快原理を解説して、あることが快であるからそれを反復するのではなくて、反復するからこそそのことが快になるのだと言っている。「習慣は〔興奮の〕拘束の受動的総合である以上、快原理に先行しており、その原理をむしろ可能にしているものである。〔…〕快の観念は、習慣から生じるのである。そのような拘束は、快原理の創設をその結果としているのであって、この原理を前提とするようなものを目指すわけがない。〔…〕もちろん経験的なレベルでは、わたしたちは、既得の、あるいは獲得さるべき快に従属したものとしての反復を体験するということはありうる。しかし、今述べたような条件のレベルでは、事態は逆になる。〔興奮の〕拘束という総合は、興奮を支配しようとする意図あるいは努力によっては説明されえない」(*Différence et répétition*, p. 129〔『差異と反復』上巻、二六六－二六七頁〕)。

結論

1　*Spinoza Opera*, Carl Winters Universitätsbuchhandlung, 2. Auflage, 1972, 4 Bände, p. 15〔スピノザ『知性改善論』畠中尚志訳、岩波文庫、二〇〇三年、第三八節、三四頁〕

2　認識についてのスピノザの考えに関しては、以下の書物、特にその第一部を参照していただきたい。國分功一郎『スピノザの方法』みすず書房、二〇一一年

3　スピノザの哲学もそうであった。彼は『倫理学』という書物を著し、人間が自由に生きるためにはどうすればよいかを示した。ただし――「理解」なるものについての彼の考えから容易に想像できるように――そこに描かれているのは、それに従えば自由に生きられるという類《たぐい》の規則ではない。なぜなら、従っているのであれば自由ではないからである。

4　"Education used to be conceived very largely as a training in the capacity for enjoyment." (*The Conquest of Happiness*, p. 44〔『幸福論』五六頁〕) 強調は引用者。

5　ここで一つ、食という例を考えるうえでのヒントになる概念を提示してみたい。近年、ファスト・フードに対抗して、スロー・フードということが言われている。ゆっくり食べる食事ということである。しかし、筆者の考えでは、これらの言葉は哲学的にはまちがった定義にもとづいている。

なぜファスト・フードはすばやく食べられるのだろうか？　それはその食事に含まれている情報が少ないからである。たとえば、質の悪いハンバーガーはケチャップと牛脂の味しかしない。情報が少ないのだから、口の中等々で処理

するのは簡単である。まったく時間がかからない。だからすばやく《ファスト》食べられる。

　それに対し、味わうに値する食事には大量の情報が含まれている。たとえばハンバーグなら、合い挽《び》き肉に独特の味わいがある。牛肉の強いクセと豚のさわやかさだ（残念ながら、強いくさみをもった牛肉は日本国内ではなかなか食べられなくなってきているが）。そこにタマネギの甘みが絡まる。タマネギは炒《いた》めてあるから、そこには甘みだけでなく香ばしさもある。これだけでも処理するのが大変である。さらに、つなぎの具合がうまくいっていると、歯を立ててハンバーグをぷつんと切ったときに、表面の抵抗力と内部の柔軟さが対立的に働き、口を喜ばせる。これはかみしめるたびに何度か与えられる楽しみである。

　味わうに値する食事は大量の情報を含んでいるため、それを身体で処理するのに大変な時間がかかる。つまり、味わうに値する食事は結果としてゆっくり《スロー》食べられることになる。

　ならば次のように言えよう。ファストとかスローとかいった性質は、その食事の含む情報量が多いか少ないかによって決定される。つまり、ファスト／スローは、結果であって原因ではない。それらの結果をもたらすのは食事に含まれる情報の量である。

　スピノザは事物を定義するにあたっては、その原因によって定義しなければならないと述べている。この教えに従うなら、ファスト・フードは情報量が少ない食事、すなわちインフォ・プア・フードと呼ばれるべきであり、スロー・フードは情報量が多い食事、すなわちインフォ・リッチ・フードと呼ばれるべきである。これこそが、両者を結果ないし性質ではなくて、原因によって定義した正確な名称である。

　これはけっして言葉遊びではない。情報量が、少ない食事をゆっくり食べても何の意味もないのである。情報量が多い食事、味わうに値する食事を提供することこそが重要なのだ。スピノザが教える通り、物事を正確に定義することは、正しい実践の道を開く。

6　性的な楽しみ、たとえばその一例であるセックスですら、訓練が必要である。相手とどう身体を組み合わせ、どれぐらいの時間をかけるか、相手の反応にどう反応するか、そうしたことを訓練していなければ性的な快楽も訪れない（だからいわゆる初体験はほろ苦い思い出として描かれる）。

7　*L'abécédaire de Gilles Deleuze*, réalisé par Pierre-André Boutang, DVD, Éditions Montparnasse. «C comme Culture» のチャプター。

8　Gilles Deleuze, Félix Guattari, *Qu'est-ce que la philosophie ?*, Minuit, 1991, p. 103〔ジル・ドゥルーズ、フェリックス・ガタリ『哲学とは何か』財津理訳、河出書房新社、一九九七年、一五四頁〕

付録

傷と運命

——『暇と退屈の倫理学』増補新版によせて

『暇と退屈の倫理学』は、実はその主題に関わる基本的な問いを手つかずのままに残して終わっている。

なぜ人は退屈するのか？――これがその問いに他ならない。

本書は、人間が退屈するという事実を前提した上で、その退屈がいかなるものであるかを記述することに努力を集中している。そのため、退屈そのものの発生根拠や存在理由を十分に解明するには至っていない。

とはいえ、この問いが手つかずのまま残されているということの意味も、このままでは不明瞭《ふめいりょう》であろう。したがって、まずはこの問いを変形し、問われるべき問題を組み立て直してみよう。

本書では、人は習慣を形成し、周囲の環境を一定のシグナル体系に変換して生きていると述べられている（第七章）。これは、新しい外的刺激から身を守り、自らの世界に引きこもることが生の条件であることを意味する。人は慣れない刺激に絶えず晒《さら》されていては生きていけない。

しかし、当然のことながら、刺激がなければ人は退屈する。ラッセルが述べていた通り（第一章）、退屈の反対語は興奮であって、興奮できるような刺激がなければ人は不快な状態に陥る。

するとここに単純な矛盾があることになる。人は刺激から身を守ろうとする。ところが、刺激から身を守ろうとし続けることは不快な状態をもたらす。絶えざる刺激には耐えられないのに、刺激がないことにも耐えられない。退屈する他ない方向に向かって生きながら、退屈は避けたいと思っている。

生を貫くこれら二つの正反対の方向性をどう説明したらよいだろうか？　周囲から身を守るという自然な傾向性に従って生きているだけなのに、それによって退屈という不快な状態が現れてしまうのはなぜなのか？　つまり、人はなぜ退屈するのか？

ここではこの問いに答えるための準備作業を行いたい。以下は、退屈という不快な現象の存在そのものを問う、〈暇と退屈の存在論〉へと向けた一つの仮説の提示である。

*

一つ新しい概念を導入しよう。「サリエンシー saliency」がそれである。これは「突出物」とか「目立つこと」などを意味する語だが、精神医学等で用いられる専門用語としては、精神生活にとっての新しく強い刺激、すなわち、興奮状態をもたらす、未《ま》だ慣れていない刺激のことを指す。

人間は最初、世界に存在するいかなる事物にも、世界で起こるいかなる出来事にも慣れていないはずである。したがって、この世界はサリエンシーだらけであり、それどころか、原則的にはこの世に存在するすべてはサリエンシーであると考えることができる。習慣なるものを広い意味で考えるならば、生きるとは、絶えず習慣を更新しながら、サリエンシーに慣れ続ける過程であろう。我々は習慣によってサリエンシーから身を守りつつ生きている。

習慣によってサリエンシーに慣れるとは、しかし、具体的にはどういうことだろうか？　我々はどうやってサリエンシーに慣れるのか？　慣れをもたらすのは反復である。同じサリエントな現象でも、繰り返し体験されることで、その現象の突出性が弱まっていく。サリエンシーであったものは、次第にそうではなくなっていく。

だが、これでもまだ説明は不十分であろう。同じ現象を繰り返し体験することでそれがサリエントでなくなっていくとは、具体的にはどういうことなのか？

環境やモノの中には、「こうすると、こういうことが起こる」という反復構造が存在している。たとえば、ドアノブを回すとドアが開く。自動販売機にお金を入れてボタンを押すと商品が出てくる。特定の時間と場所で乗り物に乗ると、特定の場所に連れて行ってもらえる。当たり前のように経験しているこれらの現象も、もともとはサリエンシーであった。

環境やモノだけでなく、自分と同じような他者との関係についても同じことが言える。会ったばかりの人間は、こちらの働きかけに対していかなる応答をしてくるのか分からない。些細《ささい》な無礼も許さない人物かもしれないし、他人にほとんど関心をもたない人物かもしれない。働きかけを繰り返し、相手の応答を何度も体験することで、「この人は、こうするとこうなる」という反復構造が見えてくる。そして、それを無意識のうちに予測しながら、相手との人間関係をもつことになる。

すると、繰り返し同じ現象を体験することでそれに慣れていく過程とは、その現象がもっている反復構造を発見し、それについての予測を立てることができるようになる、そのような過程であると考えられよう。サリエンシーに慣れるとは、すなわち、予測モデルを形成することである。

これを「予測」と呼ばねばならないのは、環境やモノ、他者の反復構造は、当然ながらその再現性に限界があるからである。全く同じことが必ず再現されるわけではない。内部のカギが壊れていれば、ドアノブを回してもドアは開かないだろうし、人はその日の気分や体調のせいで、いつもとは異なった応答をすることもしばしばである。

したがって、反復構造とはいっても、反復される事象の再現性には度合いがある。予測モデルが立てにくい、あるいは、予測モデルがしょっちゅう裏切られる現象もあれば、実に高い再現性を備えた現象もある。精巧な予測モデルを立てられる現象は、身近な現象と感じられるであろう。それは自分と地続きのように感じられる現象だからである。逆に、予測モデルが不安定であらざるをえない現象は、疎遠《そえん》なものに感じられるだろう。場合によっては不気味なものと感じられるかもしれない。

すると、〈現象〉とそれを経験する〈自己〉という二項図式そのものを、予測モデルの再現性の度合いという考え方から再定義できることが分かる。どういうことかというと、自己と非自己の境界線そのものが、この度合いによって決められているのではないかということだ。おそらく、予測モデルが立てられる現象の中で、最も再現性の高い現象として経験され続けている何かが、自己の身体として立ち現れる。小児科医の熊谷晋一郎は、これを次のように説明している。「世界体験の中で次々に立ち上がる事象のうち、もっとも再現性高く反復される事象系列群こそが、「身体」の輪郭として生起する」[1]。

これは別に難しい話ではない。たとえば赤ちゃんは最初、うまく自分の身体を扱うことができない。おしゃぶりしたいものを手に取ることができても、それをうまく口に運ぶことができない。どのように動かそうとするとどのように動くのかを教えてくれる、「自分」の腕の反復構造についての予測モデルが、まだ形成されていないからである。そのような状態では、「自分」の身体が高いサリエンシーをもっている。

「自己の身体」がサリエンシーへの慣れのメカニズムの中から生起するのだとしたら、それに対応する「自己」もまた同じメカニズムから生起するものと考えることができるだろう。これについては、ごく簡単に押さえておくにとどめる。参考になるのは、ジル・ドゥルーズがフロイトの精神分析理論を修正・発展させつつ提示した自我のモデルである。

フロイトの精神分析は、エス／自我／超自我という三つの構成要素からなる精神像を描き出した。大雑把に言えば、エスは生命としてのエネルギーそのものであり、自我はそこから析出される形で現れる、意識の担《にな》い手であり、超自我はその自我を監視する、良心や理想の担い手である。ここではその厳密な定義を検討する必要はない。問題はドゥルーズによるその批判的再検討の方である。

ドゥルーズはこのモデルについて、これは精神生活を大局的に、つまりマクロ的に捉《とら》えた時に見出《みいだ》されるものにすぎないと考えた[2]。すなわち、それはミクロな水準で起こっている無数の出来事を、大雑把に――今の言葉で言えば「ざっくりと」――まとめ上げた時に取り出せる傾向にすぎない、と。

ならば、ミクロな水準で起こっていることとは何か？　ドゥルーズによれば、いわゆる自我がエスから生成したと見なされるよりも前の段階では、エスの中に、複数の刺激がもたらす複数の興奮と、その興奮を「拘束」しようとする複数の作用のみがある。やや専門的な話になってしまうが、「拘束」とは精神分析の用語で、興奮が流出するのを制限する精神作用のことを指す。興奮を抑えようとする働きと考えればよい。これは、本稿の議論に置き換えれば、サリエンシーへの慣れに対応する。また、精神分析の権威ある辞典によれば、興奮を抑える「拘束」の作用は、「表象を相互に結合し、比較的安定した形態を構成し維持しようとする」ことで行われる。[3] 比較的安定した形態の構成・維持とは、本稿で言う予測モデルの形成に相当する。

ドゥルーズによれば、こうして拘束された興奮一つ一つが、人間を根本から駆動する欲動となる。つまり、単数形のいわゆる自我が生成するより前の段階では、刺激による興奮を拘束することで発生する欲動が無数に存在している。つまり、一つの自我があるのではなくて、無数のミクロな自我があるということである。ドゥルーズはそうした複数のミクロな自我を「局所的自我」と呼んでいる。いわば、ツブツブ状の自我群である。それらのツブツブがマクロ的に統合される限りで、いわゆる自我は存在する。

環境やモノや他者を経験する自己およびその身体は、最初から存在しているわけではない。まず自己があって、それが環境やモノや他者というサリエンシーを経験するのではない。自己そのものがサリエンシーへの慣れの過程の中で現れる。「自他」という言葉を使って説明するならば、これはすなわち、〈他〉への慣れが行われる過程において、〈自〉が出来上がることを意味する。サリエンシーという〈他〉に対する慣れの過程が〈自〉を生み出す。

＊

世界はサリエンシーなのだから、それに対する慣れを構成する過程には終わりがない。生きるとは、したがって、相対的に安定した予測モデルを作り続ける過程であろう。だが、それだけではない。サリエンシーには度合いがあるのだった。ならば、それに慣れることがなかなかできず、それに慣れようとする運動を繰り返すほかない、そのようなサリエンシーも存在するのではないか？　そのような、慣れることが到底不可能なサリエンシーに遭遇した時、人はどうなってしまうのだろうか？　先ほど言及した熊谷の議論を再び参照しよう。

熊谷は「痛み」を論じたその論考の中で、最近急速に発達している「疼痛研究《とうつう》」、すなわち痛みについての研究が、慢性疼痛の謎《なぞ》を解き明かしつつあることを紹介している。

我々が普段「痛み」と呼んでいるのは、急性疼痛と呼ばれる痛みのことである（専門的には「侵害受容性疼痛」と言う）。切り傷の痛み、喉《のど》の炎症の痛みなど、急性疼痛においては、痛みの原因が明確であり、その原因を取り除けば痛みを取り除くことができる。

それに対し慢性疼痛とは、身体組織から原因らしきものがなくなったにもかかわらず痛みがおさまらない疼痛のことである。そのメカニズムには不明な点が多く、その現象自体がなかなか理解されてこなかった歴史がある（患者は痛みだけでなく、痛みを理解してもらえないという苦しみをも抱え込まねばならなかった）。

最近の研究では、慢性疼痛がどうやら記憶と関係していることが分かってきているという。[4] 疼痛研究をリードする研究者のA・ヴァニア・アプカリアンによれば、慢性疼痛とは、損傷や炎症から来る痛みの刺激が消失した後にも、神経系の中に「痛みの記憶」が残ってしまう状態と考えられている。つまり、痛みの記憶をうまく消去できなくなった状態のことである。

このことは、損傷や炎症といった身体組織の物理的変容のみならず、記憶も、また痛みの原因たりうることを意味している。痛みの記憶、あるいは、記憶としての痛みが、実際に痛みをもたらす。だが、痛む記憶はなぜ痛むのだろうか？　熊谷はこれに答えるべく、問いを次のように立て直す。「なぜある種の記憶は痛まないのに、別の記憶はいつまでも痛むのか」？

「記憶が痛む」と言うと、精神への強いショックによってもたらされるトラウマのようなものを思い起こすかもしれない。熊谷の議論に沿いつつ、本稿の用語で置き換えて説明すれば、トラウマとは、自分や世界がこうなって欲しい、こうなるだろうという予測を、大きく侵害する想定外の出来事の知覚や記憶のことである。

さて、世界はそもそもはサリエンシーの集合であり、また、サリエンシーには度合いがあるのだった。すると、トラウマを残すような出来事の知覚や記憶は、決して特殊なものではないことが分かる。いかなる経験もサリエントである以上、トラウマとなる可能性をもっている。そして、予測をあまりにも大きく侵害する場合に、それはトラウマになる。「トラウマ」はもともとギリシャ語で「傷」を意味する（τραῦμα）。あらゆる経験はサリエントであり、多少ともトラウマ的であるとすれば、あらゆる経験は傷を残すのであり、記憶とはその傷跡だと考えられる。絶えずサリエンシーに慣れようとしながら生きている我々は傷だらけである。[6]いや、より正確に言えば、傷跡だらけである。

すると、次のように考えねばならない。ある種の記憶は痛むが、別の種の記憶は痛まないのではない。記憶はそもそも全《すべ》て痛む。[7]それはサリエンシーとの接触の経験であり、多かれ少なかれ、トラウマ的だからである。だが、痛みを和らげ興奮量を抑えようとする生命の傾向は、そうしたサリエントな経験への慣れを絶えず作り出す。このメカニズムによって、我々は傷を負いながらも、痛みをほとんど感じることなく生きていくことができる。これは、日常生活を送る身体が、目に見えないほどに小さい傷を絶えず無数に負いながらも、自動的にそれを治癒《ちゆ》しているために、そのことがほとんど意識されないという事態と同じである。

容易には慣れることのできないサリエンシーを経験し、治癒困難なトラウマを負うと、人はＰＴＳＤ（再体験、回避行動、感情鈍麻、過《か》覚醒《かくせい》を特徴とする重大な疾患）やフラッシュバック（思い出すと時間が当時に戻ってしまうような特殊な記憶）といった症状に囚《とら》われる。また、慢性疼痛も、何らかの原因で発生した痛みの記憶の持続と考えられるのだった。先に、記憶とは傷跡であると述べたが、記憶こそは心の痛みと身体の痛みを統一的に理解するためのカギとなる概念であるように思われる。[8]

さて、本稿の最初の問題に答えるために必要な概念が大分揃《そろ》ってきた。そろそろ最初の問題に向かって議論を進めよう。

＊

熊谷は、慢性疼痛に関する興味深い事実を紹介している。慢性疼痛を感じている状態にある患者は、外部から与えられる急性疼痛の痛み刺激を「快」と感じるというのだ。言及されているのはアプカリアンによる実験である。慢性疼痛患者と健常者に同じ痛み刺激を加える実験を行ったところ、本人の主観的報告では、どちらのグループも痛み刺激について同程度の不快感が表明されているものの、脳の活動を見てみると、慢性疼痛患者は健常者と全く異なり、急性の痛み刺激をまるで「報酬」のように捉える活動パターンを示していた。また何よりも、患者本人に慢性疼痛の変化について尋ねると、「一様に驚いた様子で「〔慢性疼痛の〕自発痛は減っていました」と報告したという」[9]。

熊谷が言うように、「このことは、慢性疼痛患者が潜在意識の中では急性疼痛を求めている可能性を示唆《しさ》している」[10]。実際のところ、そのような事態は決して想像に難くない。一方の刺激が、他方の刺激に対する感覚を麻痺《まひ》させてしまうという事態は容易に想像できる。では、この知見を、傷跡としての記憶に応用するとどうなるか？

もう少しだけ、新しい概念を導入しよう。熊谷によれば、現在、脳の中に次のような三つのネットワークがあることが分かっているのだという。[11]

（1）デフォルト・モード・ネットワーク（default-mode network: ＤＭＮ）

（2）前頭頭頂コントロール・ネットワーク（front-parietal control network: ＦＰＣＮ）

（3）サリエンス・ネットワーク（salience network: ＳＮ）

ネットワークとはこの場合、脳が或《あ》る特定の状態にある時に、連携して活動している部位群のことを指している。今後、脳神経科学の発展にともない、これらのネットワークは再定義されることになるかもしれない。だが、注目されるべきは、これら三つのネットワークの関係であり、また、それら三つの関係が、或る人と或る人とでは異なっているという事実である。

（1）のデフォルト・モード・ネットワーク（ＤＭＮ）は、安静時や何もしていない時に作動する部位群である。自己参照的な過程や、未来の行為に備えた過去の知識の参照を司《つかさど》っていると考えられている。つまり、暇で静かにしている時に作動しているのがDMNである。

（2）の前頭頭頂コントロール・ネットワーク（FPCN）は、短期的な行動制御、無意識の誤差検出を司っている。行動の基礎となる予測モデルに対して小さな誤差が発生した際、人は無意識のうちにそれに対応しているが、その際の調整を行っているのがここである。たとえば、いつもの通り道にちょっとした置物があっても、人はほとんど何も考えずにそれをよけられる。その際に働いているのはFPCNである。

（3）サリエンス・ネットワーク（SN）は、まさしくサリエンシーに対応する部位群だ（saliency も salience も同じ salient の名詞形）。すなわち、これは予測モデルと大きく異なる誤差が探知された際に発動し、長期的な目的指向的行動の制御や、意識的な予測誤差認知を行う[12]。

脳神経科学はいま猛スピードで発展している学問であるから、これらの説明はあくまでも暫定的《ざんてい》なものにすぎない。だが、これら三つのネットワークの関係に注目すると、痛みについて新しい事実が見えてくる。実は、PTSDや慢性疼痛など、痛みの慢性化においては次の事態が確認されているという。

（1）SNの活動異常。すなわち、サリエンシーに対する過剰な反応。
（2）SNとDMNの結合亢進《こうしん》。すなわち、反省作用の激化。

（3）SNとFPCNの結合低下の傾向。すなわち、自動作用の低下。

これら三つをまとめると次のようになる。痛みの慢性化が起こっている場合、人はサリエンシーに反応しやすくなり、物事を無意識のまま自動的にこなすことができず、過剰に過去の記憶を振り返り、自己に対する反省を繰り返してしまう状態に陥っている。

特に注目するべきは、DMNの活動である。痛みの慢性化は、自己の反省作用と強く結びついている。DMNが参照するデータとは、もちろん、一人一人がこれまでに蓄積してきた記憶である。そして、記憶とはサリエントだった経験の痕跡《こんせき》であり、すなわち傷跡であった。つまり、痛みの慢性化は、記憶という傷跡の過度の参照を伴っているということである。

また、先に紹介した実験結果を思い起こそう。慢性疼痛患者は、急性疼痛が慢性疼痛の痛みを和らげるのを感じた。なぜだろうか？　DMNは、たとえば暇で安静にしている時など、覚醒度合いが低下した際に動き出すネットワークだった。先の実験のような場面では、急性疼痛の痛みが、患者の覚醒度を高めていると考えられる。すなわち、覚醒度合いが低くなると、記憶という傷跡が参照されてしまうために痛みを感じるが、覚醒度合いが高くなると、記憶が参照されず、自動的な運動が始まるので、痛みが和らぐということである。

さて、我々は冒頭の問いについて、一つの仮説を提示できる地点に到達したように思われる。

本書が何度も強調してきたように、我々は何もすることがない状態に耐えられない。つまり、暇になると苦しくなる。その苦しみは実に強力なものであって、身体的な苦しさよりも苦しい。人は、何もすることがない状態、何をしてよいのか分からない状態の苦しさに陥るのを避けるためであれば、よろこんで苦境に身を置く。

なぜか？　それはこの苦境が、記憶という傷跡の参照に歯止めをかけるからではないだろうか。逆に言えば、そのような苦境、あるいは精神的な熱中がないと痛み始める、そのような不快さをもたらす記憶というものが存在しているのではないだろうか。

また、何もすることのない状態の苦しみに対する耐性には、非常に大きな個人差がある。一時間の暇にも耐えられない人もいれば、一日二日の暇に耐えられる人も、一カ月、半年の暇に耐えられる人もいる。それは、記憶という傷跡に大きな個人差があるからではないか。

以上より、人は刺激を避けるにもかかわらず、刺激を求めるという矛盾を、整合的に説明することができる。まとめよう。

人はサリエンシーを避ける方向に向かって生きており、サリエンシーに出会った場合には何とかしてそれに慣れようとする。だが、この慣れの作業は当然ながらコンプリートされない。いくつかのサリエンシーは、その強度ゆえに十分な慣れの作業を経ることなく、痛む記憶として心身に沈澱《ちんでん》する。普段、人はそれを意識の覚醒によって抑えつけている。

さて、人はサリエンシーを避けて生きるのだから、サリエンシーのない、安定した、安静な状態、つまり、何も起こらない状態は理想的な生活環境に思える。ところが、実際にそうした状態が訪れると、何もやることがないので覚醒の度合いが低下してDMNが起動する。すると、確かに、周囲にはサリエンシーはないものの、心の中に沈澱していた痛む記憶がサリエンシーとして内側から人を苦しめることになる。これこそが、退屈の正体ではないだろうか。絶えざる刺激には耐えられないのに、刺激がないことにも耐えられないのは、外側のサリエンシーが消えると、痛む記憶が内側からサリエンシーとして人を悩ませるからではないか。

人が何もやることがなくなった際に、仕事を探し、興奮を求めるのは、内側から発生するサリエンシーに対する対応であると考えられる。また、いかなるサリエンシーに出会い、それらにどれほど慣れてきたのかは個人差がある。というか、サリエンシーに慣れる過程の蓄積こそが個人の性格を作り出す。だからこそ、退屈に耐えられる度合いは個人差が激しい。

常にサリエントな状況に置かれ、落ち着いた時間をほとんど過ごさずに生きてくることを余儀なくされた人は、自らが直面した諸々のサリエンシーに慣れることが困難であっただろうから、何もすることがなくなるとすぐに苦しくなってしまう。[13] 逆に、サリエンシーに慣れるだけの時間と余裕をもって生きてくることができた人は、何もすることがない時間を、休暇として比較的長く、快適に過ごすことができるだろう。

すると退屈とは、「悲しい」とか「嬉《うれ》しい」などと同様の一定の感情ではなくて、何らかの不快から逃げたいのに逃げられない、そのような心的状況を指していると考えられることになる。このことは、退屈を感情としてではなく、「空虚放置」と「引きとめ」という動作的要素をもって定義したハイデッガーの論の妥当性を改めて確証するものであるかもしれない。

ここでは以上の仮説を、最初の問いへの暫定的な答えとして提示したい。

＊

人間は刺激を避けたいにもかかわらず、刺激がなければ不快な状態に陥る。この矛盾の謎は、個々人の心の傷に注目することによって答えられた。この答えは、哲学に一つの態度変更を迫るものでもあるように思われる。最後にその点を論じよう。

退屈を巡る矛盾は、人間というもの、あるいは、人間本性（human nature）を論じている限り解き明かすことはできない。ある人間が、刺激を避けるにもかかわらず刺激を求めるとすれば、それは、そのようになることを強いる個人史をその人間が背負っているからである。すなわち、先の矛盾に答えるためには、それまで生き延びてきた、一つの固有の歴史をもつ人間について考えなければならない。言い換えれば、何もすることがなくなった状態で苦しいと感じるのは、まっさらな人間ではない。というか、先の仮説から推論できるのは、絶対にあり得ないことだが、もしもサリエンシーに遭遇したことのない、傷跡を持たないまっさらな人間がいたとしたら、その人間は何もすることがなくなった状態でも苦しいとは感じないだろう、ということだ。

いま「絶対にあり得ない」と述べた、このまっさらな人間は既に論じられている。本書第四章で論じたジャン＝ジャック・ルソーの自然人こそがそれに他ならない。ルソーの描いた自然人は、自然状態を生きている。彼らを縛るものは何もない。だから彼らは自由気ままに、バラバラに生きている。誰かと誰かが出会い、一晩を共にすることがあっても、その次の日の朝からも一緒にいる理由などない。自然人は気の赴くままに、好きなところに向かっていく。

ルソーの自然人は人間本性のある側面を的確に描いている。確かに、何らの権力も拘束力も所有制度もない自然状態においては、人はそのように振る舞うのだろう。自由気ままに生きるのだろう。だが、その姿は、我々の知っている具体的人間、我々がそれであるところの具体的人間とは異なっている。なぜだろうか？　ルソーの自然人は、それまで生き延びてきた、一つの固有の歴史をもつ具体的人間ではないからである。それは抽象的モデルであり、人間からありとあらゆる要素を捨象して、「人間本性」と哲学が呼んできた何かにまでその存在を極限したものだからである。

ただし、注意しよう。ルソーの自然人の抽象性は、このモデルが考察に値しないということを意味しない。たとえば、自然人たちの間には支配関係があり得ないのだった。自然状態では、私からものを奪うことはできるが、私を従わせることはできない。支配関係は所有関係を前提するからである。これは、抽象化された自然人のモデルがあってはじめて理解できる真理である。このモデルはそうした真理を教えてくれる。第四章で取り上げた「自己愛」「利己愛」の区別などについても同様だ。つまり自然人は、抽象的ではあるが、確かに人間本性の一側面を明らかにしている。

だが、当然ながら、抽象的なモデルには描けないものもある。ルソーの描く自然人は記憶をもたない。全く傷を受けていない、ツルツルの玉のような存在である。ならば、記憶という傷を根拠として発生してくる現象を描くことはできない。

ここで注意するべきは、傷を負うことは、生きている限りそれを経ないわけにはいかない経験だということである。生きているならば必ず傷を負う。これは普遍的な現象である。但しそれはあくまでも後天的なものだ。つまり、傷を負うことは人間にとって普遍的だが、その本性ではない。それはむしろ、絶対に避けられない運命と呼ばれるべきものだ。しかしこの運命は、普遍的であるがゆえに、しばしば本性と混同されてしまう。

哲学は長らく「人間本性 human nature」について考えてきた。しかし、それと並んで、「人間の運命 human fate」について考える必要があるのではないだろうか。そうすれば、運命に基づいて発生する現象であるにもかかわらず、普遍的に観測されるが故《ゆえ》に本性に由来するものとされてきた、そのような現象や特性を、本性から区別することができる。たとえば、退屈を巡《めぐ》る矛盾の謎は、人間の運命に注目してはじめて理解できる。

運命に注目することで理解できるようになるのは、もちろん、これだけではない。ルソーの自然人を出発点としてもう一つ別の論点を提示しておこう。

ルソーの自然人というモデルは、強い説得力と一貫性をもっている。だが、にもかかわらず、読んでいて納得できない点がある。その一つが、ルソーの自然人は誰かと一緒にいたいとは願っていないという点である。自然人は誰のもとにも留まろうとはしない。恋に落ちることもなく、コミュニティを形成することもない。しかし、我々はそうではない。ほとんどの人間は、誰かと一緒にいたいと願い、恋に落ち、またコミュニティを形成する。

ここからは確かに、次のような矛盾的論点を引き出そうと思えば引き出すことができる。すなわち、人間というものは、いったい誰かと一緒にいたいと願うものなのか、そうでないのか？　人間は誰かと一緒にいたいと願っているが、バラバラに自由に生きたいとも願っている。いったいどちらが人間の本性なのか？

そう、本性《ヒューマン・ネイチャー》に注目するならば、この論点は矛盾したものになる。したがってこの問いには、人間の本性の概念では答えられない。この問いに答える、すなわち、この矛盾を解消するためには、人間の運命《ヒューマン・フェイト》から考えなければならない。では、どのように考えを進めればよいか？

記憶は痛むものであった。しかし、サリエンシーに対する慣れの過程を通じて、その痛みを和らげることができる。そして、うまく慣れを作り出すことができない記憶は、痛む記憶として残り続ける。先に我々はそのような痛む記憶の例として、予測モデルを大きく裏切るトラウマ的記憶に言及した。だが、それには他にもパターンがあるのではないだろうか？

再び熊谷の議論を参照しよう。熊谷は、「当事者研究」と呼ばれる、精神疾患の回復メソッドとして開発されたある実践に注目しながら、非常に興味深いことを述べている。反復構造の中には、他者を媒介してはじめて予測モデルを形成できるものがあるのではないかというのである。[14]

当事者研究とは、何らかの症状の当事者である患者本人が、自らの症状について研究する営みである。患者はこれまで、医学や医者にとっての客体に過ぎなかった。だが、うつ病だろうと、アスペルガー症候群だろうと、統合失調症であろうと、医学や医者はそれらの一般的な症状を知っているに過ぎない。それに対し当事者研究では、個別具体的な自分の症状を研究する。たとえば、問題行動を起こしてしまった時、自分はいったいどのような精神状態にあったのか？　自分は世界をどのように知覚しているのか？　そうしたことを明らかにしようと試みる。

とはいえ、これではその実践の半分に過ぎない。当事者研究のポイントは、それが常に他者と一緒になされる点にある。当事者研究では、その成果を必ず複数の聴衆に向かって発表する。ここにこの実践の要点がある。当事者研究は自己反省ではない。それは必ず他者を媒介する。そして、不思議なことに、この実践を繰り返すことで、症状が軽減するなどの治癒効果がもたらされるのである。

　なぜ当事者研究に治癒効果があるのだろうか？　当事者研究はその営みが始まったばかりであり、研究も現在進行形であるから、不明な点も多い。だが、他者を媒介することではじめて発見できる反復構造が存在するのではないかという熊谷の仮説には非常に説得力がある。すなわち、他者を経由してはじめて獲得できる慣れがあるということだ。

　人間は生き延びていく中で、記憶し続ける。つまり傷を負い続ける。だが、その中には、自分だけでは意味を付与できない、つまり消化できない記憶がある。記憶が一人ではうまく消化しきれない理由はさまざまに考えられる。それはその経験が一回性であるからかもしれないし、また、理解者がいないからかもしれない。もし、その記憶の消化を手助けしてくれる者が目の前に現れたなら、人はその人と一緒にいたいと願うのではないだろうか。そして、サリエンシーに対する慣れの作業をコンプリートしていることは考えられないから、ほとんどの人は、自分一人では消化できない記憶を抱え、その作業を手伝ってくれる人を求めている。ならば、人間は、その本性ではなく、その運命に基づいて、他者を求めることになろう。

ルソーが描く自然人は傷を負っていない。記憶ももっていない。だからこそ誰とも一緒にいたいなどとは思わない。しかし、記憶をもつ、すなわち傷を負っている具体的な人間は誰かと一緒にいたいと願う。人間の本質と人間の運命を区別しなければ、いったいどちらが本当の人間の欲望なのかという不毛な議論が生まれてしまう。そして、運命と本性を区別すれば、それを避けることができる。

人間を巡る哲学上の学説の対立はしばしば起こるが、もしかすると、それらの中には、運命と本性の区別によって解決できるものも少なくないかもしれない。この意味で、運命の概念には一定の有効性があるように思われるのである。

1　熊谷晋一郎「痛みから始める当事者研究」石原孝二編『当事者研究の研究』医学書院、二〇一三年、二三五頁《ページ》。なお、この「付録」の基本的なアイディアは、『暇と退屈の倫理学』への応答として熊谷氏が投げかけてくれたさまざまなコメント、それらに基づいて行われている氏と筆者の共同研究にその大部分を負うている。『暇と退屈の倫理学』は実に多くの反響を得ることができたが、熊谷氏からの応答は、筆者にとって決定的な意味を持つものだった。現在、その成果をまとめた共著を準備中である。〔國分功一郎、熊谷晋一郎『〈責任〉の生成——中動態と当事者研究』、新曜社、二〇二〇年〕

2　「エスには複数の局所的自我 moi locaux がひしめいている」(Gilles Deleuze, *Différence et répétition*, PUF, 1968, p. 129〔『差異と反復』財津理訳、河出文庫、二〇〇七年、上巻、二六五頁〕)。これら「複数の微細な受動的自我を寄せ集め」、「能動的」に統合し、エスから区別される形で生成したいわゆる自我は、単数形で「大域的自我 moi global」と呼ばれる(*Ibid.*, p. 133〔同前、上巻、二七三頁〕)。詳しくは、國分功一郎『ドゥルーズの哲学原理』(岩波書店、二〇一三年)を参照されたい。

3　J. Laplanche + J.-B. Pontalis, *Vocabulaire de la psychanalyse*, PUF, 3e édition, coll. «Quadrige», 2002, p. 221〔ラプランシュ+ポンタリス『精神分析用語辞典』村上仁監訳、みすず書房、一九七七年、一三六頁〕

4　熊谷「痛みから始める当事者研究」二二八頁

5　同前

6　「その痕跡《こんせき》を傷と呼ぶならば、私たちは文字通り、傷だらけといってもよいだろう。この傷のうち、一定期間以上残り続けて生命の軌道に影響を与えるものを、私たちは記憶と呼ぶのだ。だとすれば、傷/記憶だらけの私たちが、

それでも日々痛まずに生きていけるという事実のほうが不思議である」（同前、二三〇頁）
7 同前、二二九頁。また熊谷は、ここでは取り上げられないが、記憶に「意味」が与えられることでその痛みが和らぐという仮説を提示している（二三〇頁）。この場合、「意味」とは、A→B→Cのような事象の連鎖に対する予測によって与えられるものと考えられている。
8 「記憶というのが心の痛みと体の痛みを繋《つな》ぐ、蝶番《ちょうつがい》の概念になるかもしれない」（熊谷晋一郎「痛みとアディクションについての試論」東京ダルク支援センター編『依存症者とその家族への「アディクションカウンセラー」養成事業研修報告書』二〇一二年三月）
9 熊谷「痛みから始める当事者研究」二五五頁
10 同前
11 熊谷晋一郎「予期の喪失――トラウマ・痛み・依存症をつなぐもの」『医学のあゆみ』二四七巻一二号、二〇一三年一二月
12 以上、三つのネットワークの関係について、熊谷は次のように分かり易《やす》く説明している。「小さな予測誤差で済んでいるうちは、FPCNが無意識の予測誤差検出と適応的制御を行うだけですむが、予測誤差があるレベルを超えると意識に上り、右AICを中心としたSNが起動し、立ち止まってDMNを起動させ過去の自伝的記憶を検索してプランを練り直すか、それとも立ち止まらずにFPCNを回し続けるかを選択しなくてはならない」（熊谷「予期の喪失」）。
13 薬物依存やアルコール依存に苦しむ人の多くが、幼い時に虐待《ぎゃくたい》を受けているという事実がある。そのような家庭環境にいる場合、子どもは常に緊急事態を生きている。子どもは想像を絶するサリエンシーに晒《さら》されながら、やがて、落ち着いた時間そのものに耐えられなくなってしまう。痛む記憶ばかりが頭を占めていて、そ

れがすぐに現れ出るからである。次の著作を参照されたい。上岡陽江＋大嶋栄子『その後の不自由――「嵐」のあとを生きる人たち』医学書院、二〇一〇年。著者の上岡はある研究会で筆者に、『暇と退屈の倫理学』で描かれた、ハイデッガーの「退屈の第二形式」を生きられるようになることが、依存症からの回復なのだと語った。依存症の患者は、本書の言う「退屈の第一形式と第三形式のサーキット」を生きている。だから少しずつ、「何となく暇で、何となく寂しいけど、こんなもんかな……」と思えるようになることこそ、そこからの回復である、と。「退屈の第二形式」と依存症からの回復との関係については、更なる研究が期待される。

頁14 熊谷「痛みから始める当事者研究」二六〇

文庫版あとがき

文庫版を世に問うにあたり改めて強調しておきたいのは、本書が東日本大震災の年に出版されたという事実である。『暇と退屈の倫理学』の初版が発売されたのは二〇一一年十月のことである。震災から約半年が過ぎた時期であった。

実は出版が見えてきた頃、夏のことではなかったかと記憶しているが、担当編集者の赤井茂樹さんからこのまま出版してもよいかと念のために確認されたことがあった。地震、津波、そして原発事故による被害が甚大《じんだい》であることが社会的にも既に認知されていた時期であった。

赤井さんご自身もこの本の内容には編集者として十分に自信を持ってくださっていた。ただ、この時期に「暇と退屈」について問う書物を出版することについて、念のために私の意向を確認したいと面談を設定してくださったのである。

私は新宿の高層ホテルにある喫茶室で、はっきりと、「このままで大丈夫です」と述べたことを記憶している。私には自信があった。むしろ、今こそこの本が読まれて欲しいという気持ちであった。その期待が裏切られることはなかった。本書は多くの読者を獲得した。「こんな時期になぜ暇とか退屈なのか」とか「人々が忙しさで困っているこの時代になぜ暇と退屈なのか」といった感想を耳にしたことは本当に一度もない。

これは暇と退屈という主題がもつ深淵《しんえん》のような問題系を、日本語の読者の皆さんが理解してくださった証《あか》しである。私はこれまで本書に接してくれた読者の皆さんに本当に心から感謝している。そしてまた、不遜《ふそん》なことを言うならば、私は日本語の読者のレベルの高さにずっと驚かされてきたのである。

二〇一一年以降、日本社会はどんどん悪い方向に向かっていった。本書に対する期待は裏切られなかったが、出版当時に私が抱いていた日本社会に対する期待は全面的に裏切られた。震災の次の年に誕生した政権はそれまでに積み上げられてきた貴重な政治的遺産を次々と破壊し、社会もそれに呼応するかのように荒れ、ネットにも書店にも路上にも憎悪《ぞうお》の嵐《あらし》が吹き荒れた。それが頂点に達した二〇一五年に本書の増補版が出版されているが、その頃、私は精神的な絶望の淵《ふち》にあり、増補版によせたまえがきは今読んでみると自分でも驚くほど悲観的な口調で書かれている。

だが、本書はそうした世相の中でも読み継がれた。今では高校の現代文の教科書にも採用されている。この本の結論の一つは勉強の効用である。人は勉強の結果、楽しみを求めることができるようになると本書は説いた。本書がこのような社会の中を生き延び、読者を獲得してきたのは、自らの拠《よ》り所を憎悪ではなく楽しみとすることの大切さ、したがって勉強の効用なるものに少なからぬ読者の方々が共感してくれたからであろう。

著者として本書の意図や要点を説明する機会をこれまで何度もいただいてきたが、今回、文庫化のために読み直してみて、もはやそのような作業は必要ないと思うようになった。本書は著者である私の手を離れつつある。ちょうど出版から十年がたったこの時に本書の文庫化を思い立ったのは、十歳を迎えたこの子を親元から旅立たせようという気持ちになったからである。私自身はもう少し書き手としての人生を続けていくだろうが、この本はこれからは自分で読者を見つけていくのである。『暇と退屈の倫理学』の未来が、素晴らしい読者の方々との出会いに満ちていることを心から願っている。

二〇二一年十一月　　　　　　國分功一郎

この作品は平成二十七年三月『暇と退屈の倫理学　増補新版』として、太田出版より刊行された。

新潮文庫最新刊

芦沢央著
神の悪手
棋士を目指し奨励会で足掻く啓一を、翌日の対局相手・村尾が訪ねてくる。彼の目的は一体。切ないどんでん返しを放つミステリ五編。

望月諒子著
フェルメールの憂鬱
フェルメールの絵をめぐり、天才詐欺師らによる空前絶後の騙し合いが始まった！　華麗なる罠を仕掛けて最後に絵を手にしたのは!?

午鳥志季・朝比奈秋
春日武彦・中山祐次郎
佐竹アキノリ・久坂部羊著
遠野九重・南杏子
藤ノ木優
夜明けのカルテ
―医師作家アンソロジー―
その眼で患者と病を見てきた者にしか描けないことがある。9名の医師作家が臨場感あふれる筆致で描く医学エンターテインメント集。

霜月透子著
祈願成就
創作大賞（note主催）受賞
幼なじみの凄惨な事故死。それを境に仲間たちに原因不明の災厄が次々襲い掛かる――日常を暗転させる絶望に満ちたオカルトホラー。

大神晃著
天狗屋敷の殺人
遺産争い、棺から消えた遺体、天狗の毒矢。山奥の屋敷で巻き起こる謎に満ちた怪事件。物議を呼んだ新潮ミステリー大賞最終候補作。

カフカ
頭木弘樹編訳
カフカ断片集
―海辺の貝殻のようにうつろで、ひと足でふみつぶされそうだ―
断片こそカフカ！　ノートやメモに記した短く、未完成な、小説のかけら。そこに詰まった絶望的でユーモラスなカフカの言葉たち。

暇《ひま》と退屈《たいくつ》の倫理《りんり》学《がく》

新潮文庫　こ - 73 - 1

令和四年一月一日発行
令和六年五月二十五日二十四刷

著者　國《こく》分《ぶん》功《こう》一《いち》郎《ろう》
発行者　佐藤隆信
発行所　株式会社 新潮社

郵便番号　一六二－八七一一
東京都新宿区矢来町七一
電話　編集部(〇三)三二六六－五四四〇
　　　読者係(〇三)三二六六－五一一一
https://www.shinchosha.co.jp

価格はカバーに表示してあります。

乱丁・落丁本は、ご面倒ですが小社読者係宛ご送付ください。送料小社負担にてお取替えいたします。

印刷・三晃印刷株式会社　製本・株式会社植木製本所

ISBN978-4-10-103541-3 C0112